個別大学の入試改革

東北大学高度教養教育・学生支援機構 編

東北大学出版会

Reforms in admission systems
at individual universities
Institute for Excellence in Higher Education, Tohoku University
Tohoku University Press, Sendai
ISBN978-4-86163-306-5

は じ め に

花輪　公雄（東北大学理事）

　「高等教育ライブラリ」は、東北大学高度教養教育・学生支援機構の前身となる組織の一つである高等教育開発推進センターが、文部科学省より教育関係共同利用拠点として「国際連携を活用した大学教育力開発の支援拠点」の認定を受けたことを機に、研究活動の成果を広く社会で共有していただくために創刊した叢書です。2011（平成23）年に第1巻が刊行され、本書で第14巻を数えることとなりました。

　本書は、2017（平成29）年5月12日（金）に実施された「第26回東北大学高等教育フォーラム（新時代の大学教育を考える［14］）「個別大学の入試改革―東北大学の入試設計を事例として―」で行われた基調講演、現状報告、討議の内容を中心として書き下ろされた原稿に、いくつかの関連する論考を加えた構成となっております。

　東北大学高等教育フォーラムは、2004（平成16）年10月の高等教育開発推進センター発足以来、毎年2回、春と秋に開催し、多くのシンポジウム企画を重ねてきました。2004（平成16）年12月に開催された第1回と毎年春に行われた偶数番のフォーラムは、高等教育開発部入試開発室が中心となって企画し、高校と大学との関係を巡るテーマで実施されてきました。当初は特定の教科科目に焦点が絞られたテーマ設定が中心でしたが、回を重ねるごとに高大接続に関わるより一般的で包括的な方向にテーマが変更されました。AO入試（第8回）、高大連携活動（第10回）、入試問題（第12回）、大学入試と学習指導要領（第14回）、進学指導（第16回）、作文力（第18回）、グローバル人材育成（第20回）、大学入試改革（第22回）、共通試験（第24回）といった話題で議論を展開してきました。第8回から第12回の概要は「高等教育ライブ

i

ラリ2　高大接続関係のパラダイム転換と再構築」、第 14 回は「高等教育ライブラリ4　高等学校学習指導要領 VS 大学入試」、第 16 回は「高等教育ライブラリ6　大学入試と高校現場—進学指導の教育的意義—」、第 18 回は「高等教育ライブラリ8　『書く力』を伸ばす—高大接続における取組みと課題—」、第 22 回は「高等教育ライブラリ10　高大接続改革にどう向き合うか」、第 24 回は「高等教育ライブラリ12　大学入試における共通試験」にまとめられています。

　昨年のフォーラムは、高大接続改革をテーマにしたフォーラムの第 3 弾であり、個別大学の入試改革を取り上げました。「閉会の辞」でも述べましたが、私は、現在進行中の高大接続改革について 2 つの思いを巡らしています。一つは、この改革の見通しがずっと不明瞭なままということです。このままでは、中等・高等教育の歴史において禍根を残すのではないかと懸念しております。少なくとも新しい制度での最初の受験者となる今の中学 3 年生には、今現在何が論点で、いつ何がはっきりするか、明確に言えるようなプロセスでやっていくべきでしょう。もう一つは、小手先の議論に惑わされず、大学自身は本来の使命を決して忘れないことが肝要ではないかということです。少なくとも、東北大学では、高校生が「東北大学に行ってみたい」、親が「あ、いいね。東北大学、いいよ」、進路指導の先生方が「うん、東北大学、きっと伸ばしてくれるよ」、と言われるよう、大学総力を上げて教育と研究に取り組んでいきたいと思っています。

　読者のみなさんも高大接続改革にはいろいろな思いがあると思います。本書がその思いの一助になればと期待しております。

　最後に、本書の出版に当たっては、企画・編集作業を入試開発室の石井光夫教授、宮本友弘准教授、田中光晴講師にお願いしました。ここに記して感謝の意を表します。

平成 30 年 2 月

［目　次］

はじめに　　　　　　　　　　　　　　　　　　花輪　公雄　i

　序章　本書の構成　　　　　　　　　石井　光夫・宮本　友弘　1

第Ⅰ部　新共通テストと国立大学の入試改革

　第1章　大学入学共通テストへの移行にかかわる諸課題

　　　　　　　　　　　　　　　　　　　　　　山地　弘起　5

　第2章　記述式問題のゆくえ

　　　　　　──「国語」の場合──　　　　　島田　康行　23

　第3章　個別大学の入試設計から見た高大接続改革の展望

　　　　　　　　　　　　　　　　　　　　　　倉元　直樹　43

　第4章　個別大学における高大接続改革モデル

　　　　　　～地方国立大学の挑戦～　　　　　西郡　　大　87

第Ⅱ部　高校現場からみた入試改革

　第1章　『共通テスト』と『東北大学個別試験問題（前期）』に

　　　　　関する高校側の一考察　　　　　　　阿部　　淳　115

　第2章　「新たな学力」を考察する

　　　　　　──国語問題を中心として──　　　清水　和弘　137

　第3章　大学入試で問われるべき英語力とは何か

　　　　　　～資格・検定試験導入の持つ意味～　秦野　進一　163

第Ⅲ部　海外における多面的・総合的評価の取組み

　第1章　コンピテンス基盤型教育とフィンランドの大学入学資

　　　　　格試験

　　　　　　──試験問題「生物」は何を測っているのか──　鈴木　誠　185

第2章　中国の大学入試個別選抜改革
　　　──調査書活用や推薦・AO 入試の試み──　　　　石井　光夫　**227**

第3章　州立大学学士課程入学者決定プロセス
　　　──アメリカ合衆国最高裁判所判例に現れたプロセスの検討──
　　　　　　　　　　　　　　　　　　　　　　　　　木南　　敦　**247**

第4章　米国の大学入学者選抜と Holistic Review
　　　──日本の多面的・総合的な評価への示唆──
　　　　　　　　　　　　樫田　豪利・田中　光晴・宮本　友弘　**279**

おわりに　　　　　　　　　　　　　宮本　友弘・石井　光夫　**297**

執筆者一覧　　　　　　　　　　　　　　　　　　　　　　　**299**

序章　本書の構成

石井　光夫・宮本　友弘

　本書は、「高等教育ライブラリ 10　高大接続改革にどう向き合うか」
（東北大学高度教養教育・学生支援機構編、2016）、「高等教育ライブラ
リ 12　大学入試における共通試験」（東北大学高度教養教育・学生支援
機構編、2017）に続く、「高大接続改革」に関する企画の第 3 弾である。
既刊 2 冊と同様に、2017（平成 29）年 5 月 12 日に実施された「第 26
回東北大学高等教育フォーラム（新時代の大学教育を考える［14］）「個
別大学の入試改革―東北大学の入試設計を事例として―」で行われた基
調講演と現状報告の内容に、書き下ろしの原稿を加えて構成した。本書
のテーマである「個別大学の入試改革」においては、「大学入学共通テス
ト（以下、新共通テスト）の活用」と「多面的・総合的な評価への転
換」が焦点となる。これらを軸に本書は次の 3 つのパートからなる。
　第 I 部は、「新共通テストの活用」の前提として、新共通テストそれ
自体に関する 2 つの論考と、「新共通テストの活用」、「多面的・総合的
な評価への転換」のそれぞれに関連した個別大学の事例についての 2 つ
の論考からなる。第 1 章では、大学入試センターの山路弘起氏が新共通
テスト全般の課題について、第 2 章では、「大学入学希望者学力評価テ
スト（仮称）」記述式の作問方法検討チームの委員を務める島田康行氏
が、新共通テストでの新機軸の一つである国語の記述式問題の動向につ
いて、それぞれ詳説した。第 3 章では、東北大学の AO 入試に導入当初
から携わってきた倉元直樹氏が、同大の先導的な入試改革の取組みを紹
介しながら、「新共通テストの活用」がもたらす不可避の危機的状況と
対応策を論じた。第 4 章では、佐賀大学アドミッションセンター長の西
郡大氏が、「多面的・総合的な評価への転換」として独自の CBT による

取り組みを紹介した。

　第 II 部は、主に「新共通テストの活用」に対する高校現場の受け止め方に関しての 3 つの論考からなる。第 1 章では、秋田県立湯沢高等学校の阿部淳氏が、近隣の高校を対象に新共通テストに関する独自のアンケート調査を実施し、高校側の生の声を詳らかにした。第 2 章では、福岡大学附属大濠中学校・高等学校の清水和弘氏が、国語の学力論を踏まえ、新共通テストを含めた多様な入試問題を検討した。第 3 章では、都立高校に英語科教員として 17 年間の勤務経験のある東北大学の秦野進一氏が、英語の外部検定試験の活用をめぐる課題について考察した。

　第 III 部は、主に「多面的・総合的な評価への転換」に対して示唆に富む諸外国の事例についての 4 つの論考からなる。第 1 章では、フィンランドの理科教育を専門とする鈴木誠氏が、同国のコンピテンシー基盤型教育とそれに基づく大学入学資格試験（生物）について詳説した。第 2 章は、石井光夫が、中国の個別選抜の改革について日本と比較しながら考察した。第 3 章は、法学の専門家である木南敦氏が、アメリカ合衆国最高裁判所で入学者決定が争われた事例を材料にしながら、州立大学の入学者決定プロセスを詳説した。第 4 章では、樫田豪利氏、田中光晴氏、宮本友弘が、米国の Holistic Review について、訪問調査の結果を踏まえて考察した。

　以上の通り、本書は様々な論考からなるが、それは、個別大学の入試改革には多様な論点があるということでもある。本書が、そうした論点を理解し、現実的な対処を構想する上での一助になれば幸いである。

【文献】

東北大学高度教養教育・学生支援機構編（2016）．高等教育ライブラリ 10　高大接続改革にどう向き合うか　東北大学出版会．

東北大学高度教養教育・学生支援機構編（2017）．高等教育ライブラリ 12　大学入試における共通試験　東北大学出版会．

第Ⅰ部

新共通テストと国立大学の入試改革

第1章　大学入学共通テストへの移行にかかわる諸課題

山地　弘起（独立行政法人大学入試センター）

　ここ数年来の高大接続改革の議論の重要な帰結として、2017 年 7 月 13 日に文科省より「高校生のための学びの基礎診断」と「大学入学共通テスト」（以下、新テスト）の二つのテストの実施方針が公表された。本章では後者の実施方針について、2021 年度入学者選抜からの新テスト実施というタイトなスケジュールのなかで、現段階での課題を洗い出すことを試みる。

1.　大学入試センターと新テスト

　新テストは、これまでのセンター試験と同様、利用大学による共同実施となっている。そして、以下の独立行政法人大学入試センター法第三条及び第十三条一を継承し、大学入試センター（以下、センター）が問題の作成、採点その他一括して処理することが適当な業務を行うとされている。

第三条　独立行政法人大学入試センター（以下「センター」という。）は、大学に入学を志願する者に対し<u>大学が共同して実施することとする試験に関する業務等を行う</u>ことにより、大学の入学者の選抜の改善を図り、もって大学及び高等学校（中等教育学校の後期課程及び特別支援学校の高等部を含む。以下同じ。）における教育の振興に資することを目的とする。【下線は筆者による】

第十三条一　<u>大学に入学を志願する者の高等学校の段階における基礎的な学習の達成の程度を判定する</u>ことを主たる目的として大学が共同して

第 I 部　新共通テストと国立大学の入試改革

実施することとする試験に関し、問題の作成及び採点その他一括して処理することが適当な業務を行うこと。【下線は筆者による】

　但し、新テストの実施方針においては、その目的が以下のように示されている。なお、実施方針での「共通テスト」とは新テストのことを指す。

2.目的　共通テストは、大学入学希望者を対象に、高等学校段階における基礎的な学習の達成の程度を判定し、大学教育を受けるために必要な能力について把握することを目的とする。このため、各教科・科目の特質に応じ、知識・技能を十分有しているかの評価も行いつつ、思考力・判断力・表現力を中心に評価を行うものとする。【下線は筆者による】

　この前半部分は先述のセンター試験の目的とほぼ重なるところであり、利用大学が作問委員を出して試験問題を共同制作するということは、大学から高校や受験生へのメッセージとして「大学教育を受けるために必要な能力」を明示することでもあった。一方、後半の下線部は、最大公約数的な達成レベルを判定する共通試験よりもむしろ個別試験に要請されるものである。知識・技能を十分有しているかの「十分」とはどの範囲の、またどの程度をいうのか、これらは各大学の決めるところであり、そこに焦点を当てた作問が求められるため、短い試験時間で広い学力層を識別しなければならない共通試験では対応できない。しかも、思考力・判断力・表現力を中心に評価を行うとなれば、本来いくつかのパフォーマンス課題を設定して時間をかけて評価する必要があり、50 数万人を対象として短期間で採点しなければならない共通試験には望むべくもない。

　こうした無理を承知で共通試験に過大の要求をするのは、高校教育へのインパクトを優先させているためである。日本では高校教育の出口管理の代わりに大学入試、とくに共通試験が大きな影響力をもっている。

大学人がつくるセンター試験は、当然ながら大学での学習に前提となる学力を問うが、これは必ずしも高校教育で実現しようとしている学力をそのまま問うものではない。これは不自然なことではなく、高校までで培われた学力のうち、大学進学に必要な部分に焦点を当てるからである。しかし、高大接続の議論では入試の影響力で高校教育を改善する、あるいは学習指導要領と十分整合性のある入試にする方向が打ち出されてきたため、個別試験だけでなく共通試験においても「十分な」知識・技能を評価し、かつ思考力・判断力・表現力を「中心に」評価するという方針になったのであろう。

　共通試験をそういう趣旨のものにすべきかどうか、国大協などでどの程度議論されたのかはわからないが、もしこのままの方向で進むとすれば、従来のような大学人のみによる作問体制で十分対応できるかが問題になる。この点について、「大学入学共通テスト実施方針策定に当たっての考え方」（以下、「考え方」）には以下の記述がある。

　共通テストは、高等学校教育を通じて育まれた十分な知識・技能を前提として、思考力・判断力・表現力等を重視して評価する作問体制への転換等が必要であることを踏まえ、高等学校関係者や、高等学校教育の実態をよく把握している大学教員等を積極的に作問委員として委嘱するなど、これまでのセンターの作問方針・作問体制の抜本的な見直しを図り機能を強化する（p.17）。

　この記述をみても、共通試験に期待される役割がこれまでと変わることは明らかである。ただ、実際にどのような作問体制にするかは現段階ではまだ検討途上であり、今後各方面との調整が不可欠である。

　さて、「知識・技能を十分有しているかの評価も行いつつ、思考力・判断力・表現力を中心に評価を行う」という新テストの具体は、マークシート式問題の見直し・記述式問題の導入・民間の英語4技能試験の活用の3点である。以下では、それぞれの内容について考慮すべき課題事

第 I 部　新共通テストと国立大学の入試改革

項を検討する。

2.　マークシート式問題の見直し

実施方針では、次期学習指導要領の方向性を踏まえ、各教科・科目の特質に応じて思考力・判断力・表現力をより重視した作問とし、特に以下の点に留意して作問の工夫・改善に努めるとされている（「考え方」p.33）。

① 出題者が問題文で示した流れに沿って解答するだけでなく、問題解決のプロセスを自ら選択しながら解答する部分が含まれるようにする

② 複数のテキストや資料を提示し、必要な情報を組み合わせ思考・判断させる

③ 分野の異なる複数の文章の深い内容を比較検討させる

④ 学んだ内容を日常生活と結びつけて考えさせる

⑤ 他の教科・科目や社会との関わりを意識した内容を取り入れる

⑥ 正解が一つに限られない問題とする

⑦ 選択式でありながら複数の段階にわたる判断を要する問題とする

⑧ 正解を選択肢の中から選ばせるのではなく、必要な数値や記号等をマークさせる

これらのなかには、すでにセンター試験でも工夫されているものが含まれているが（②④⑥⑧）、それ以外についてはモデル問題をさらに作成・公表してフィードバックを受けることが必要であろう。問題設定が複雑になったり読まなければならない資料が多くなったりすると、本来測ろうとしているものとは別の要因が混入し、難易度も高くなりがちである。また分野の異なるものや他の教科・科目の内容が入ってくると、当該の教科・科目の試験問題として適切かどうかが問われることになる。苦労して作問しても、教科・科目の知識や技能をほとんど要しない

第1章　大学入学共通テストへの移行にかかわる諸課題

単なる読解や数値の読みとりの問題と化してしまう場合もある。パターンが固定化せずに、工夫を凝らした作問が継続的に可能かという懸念もあるうえ、そもそも思考力・判断力・表現力を重視した問題は解答に時間を要するため、全体の設問数が少なくなって出題領域の偏りや得点の信頼性の低下を招く。この最後の点を鑑みると、共通試験にどこまで思考力・判断力・表現力の問題を入れるかにはおのずと限度があり、それがどのあたりかをプレテスト等で確認しておくことが必要となる。

　ちなみに、センター試験については、毎年の試験終了後に高校関係者や学協会関係者によって試験問題の評価が行われている。その際に用いられる評価観点は以下の通りである[1]。

① 　高等学校学習指導要領の範囲内から出題されている
② 　単に知識だけではなく、思考力や応用力等を問う問題も含まれている
③ 　出題内容は、特定の分野・領域や特定の教科書に偏っていない
④ 　試験問題の構成（設問数、配点、設問形式等）は適切である
⑤ 　文章表現・用語は適切である
⑥ 　問題の難易度は適正である
⑦ 　得点のちらばりは適正である

　このうち、②が思考力を評価する作問に関わるところであるが、これまでも5段階評価でほぼ5または4の評価を得ている。もちろんさらに工夫・改善すべきことは当然だが、現行のセンター試験が単なる知識問題だけで構成されているわけでは決してなく、作問委員も思考力を反映した問題の作成に意を砕いてきたことは強調しておきたい。一方で、③や⑥などへの目配りが創造的な作問を難しくしているという事実もあることから、思考力問題を増やすには、少なくとも領域バランスの条件を緩めるなど作問の自由度を高めることが必要と思われる。

　実施方針ではもう一点、マークシート式問題の結果表示について、各

第I部　新共通テストと国立大学の入試改革

大学のアドミッションポリシーに応じてきめ細かい選抜ができるよう、設問・領域・分野ごとの成績や全受検者の中での当該受検者の成績を表す段階別表示などを提供することになっている。しかし、設問ごとの成績はともかく、領域や分野ごとの成績はそれぞれに十分な設問数がなければ意味をなさないし、思考力等を重視する作問の方向と矛盾しかねない。また、段階別表示は素点に比べて情報量が大幅に落ちるうえ、段階境界付近の受検者はいずれの段階に属するかが不安定となる。もし段階別表示がどうしても必要ということであれば、各大学でアドミッションポリシーに基づいた適切な基準を用いて受検者を段階に分けるということはありうるであろう。

3.　記述式問題の導入

　記述式問題は、共通必履修科目である国語総合（但し古文・漢文を除く）と数学 I を出題範囲として、「国語」「数学 I」「数学 I・数学 A」の試験に導入されることになった。また、次期学習指導要領に基づく 2025 年度選抜以降に向けて、地理歴史・公民分野や理科分野等でも記述式導入を検討するとしている。採点には民間事業者を活用し、採点のために成績提供時期を現行日程より 1 週間程度遅らせる方向で検討されている。

　国語の記述式問題における「評価すべき能力・問題類型等」は以下のように述べられ、試験時間を現行の 80 分から 100 分に延長し、新たな大問において 80 字から 120 字程度の問題を含め 3 問程度を出題するとしている。

　多様な文章や図表などをもとに、複数の情報を統合し構造化して考えをまとめたり、その過程や結果について、相手が正確に理解できるよう根拠に基づいて論述したりする思考力・判断力・表現力を評価する。
　設問において一定の条件を設定し、それを踏まえ結論や結論に至るプロセス等を解答させる条件付記述式とし、特に「論理（情報と情報の関

係性）の吟味・構築」や「情報を編集して文章にまとめること」に関わる能力の評価を重視する。

　また、素材となる文章や資料としては、「論理的な内容を題材にした説明、論説等」「新聞記事・社説、会議等の記録、実務的な文章（取扱説明書、報告書、提案書等）、契約書や法令の条文、公文書等」「統計資料（図表・グラフ等）を用いた説明等」と、言語活動の充実を謳う現行学習指導要領に沿った広範囲からの素材選定となる（「考え方」p.23）。

　一方、数学の記述式問題における「評価すべき能力・問題類型等」は以下のように述べられ、試験時間を現行の60分から70分に延長するが、こちらは大問の中にマークシート式と3問程度の記述式を混在させて出題するとしている。

　図表やグラフ・文章などを用いて考えたことを数式などで表したり、問題解決の方略などを正しく書き表したりする力などを評価する。

　特に、「数学を活用した問題解決に向けて構想・見通しを立てること」に関わる能力の評価を重視する。

　記述式の導入は、思考力・判断力・表現力をできるだけ直接に評価するために実際に「書く」というパフォーマンスを要求し、またこのことで高校教育にも記述力重視の好影響を与えようとするものである。たしかに、多肢選択問題への解答と異なって、記述式問題ではまとまった意味内容を自ら産出しなければならず、そうした「産出型」の構えを養うことには一定の意義がある。しかし、解答が思考力・判断力・表現力を反映するには、相応の時間と自由度（文字数も含め）が前提となる。これは個別試験でこそ実現可能なことであり、大規模共通試験では短期間で信頼性の高い採点をしなければならない制約から、複数の条件を付けて解答パターンを限定し文字数も十分少なくしておかざるを得ない。記述問題に割り振ることのできる解答時間もわずかであり、しかも数年

第Ⅰ部　新共通テストと国立大学の入試改革

で対策が普及することを考えると、これでは思考力・判断力・表現力の
ごく片鱗を捉えられるに過ぎない。

　それでも記述式導入には教育的意義がある、と強弁するとしても、そ
れに伴うコストやリスクはきわめて大きい。まず手書き解答を判読して
採点対象にするプロセスから始まり、民間事業者を活用して短期集中の
採点業務を完了するまでには莫大なコストがかかり、これは検定料の値
上げに直結する。採点に関しては、十分な数の、しかも正確な評価ので
きる採点者を確保できるのか、いったい1週間程度の期間で検収まで可
能なのか、そもそも検収をどのように行うのか、採点の結果はどのよう
に表示するのか、疑義照会にはどのように対応するのか、等々の課題が
あるが、これらはいずれもまだ検討が始まったばかりである。受検者に
は自己採点がどの程度可能なのか不安であろうし、また大学にとっても
マークシート式問題の結果と記述式問題の結果をどのように組み合わせ
て評価すべきか明確ではないであろう。それどころか、共通試験の成績
提供時期が現行日程より遅れることは、個別試験の実施日程に影響を及
ぼすことになり受け容れがたいという声もある。

　以上の諸点については今後のプレテスト等でさらに検討が進められる
が、現段階では共通試験への記述式導入はコストに見合う改善策とは言
えず、高校教育へのインパクトも限定的と考えざるを得ない。記述式の
本来の意義は個別試験で発揮されるため、むしろセンターが作成した記
述式問題を各大学の個別試験問題として活用する方法、すなわちセン
ターが大学の求めに応じて国語の記述式問題（200〜300字程度）及び
採点基準等を提供し、一定の期日に各大学が個別選抜の一部として実
施・採点する方式の導入（「考え方」p.23）などを優先して検討すべき
ではないかと思われる。

4.　民間の英語4技能試験の活用

　英語について、「読む」「聴く」「書く」「話す」の4技能の向上を重視
する学習指導要領と一貫させて、入試においても4技能試験を課すとい

う方針が打ち出され、英語4技能を総合的に評価できるものとして一定の評価が定着している民間の資格・検定試験を活用することとされた。この背景には、次期学習指導要領で小・中・高等学校で一貫した英語教育の目標を実現すべく、CEFR（Common European Framework of Reference for Languages）等を参考に段階的な「国の指標形式の目標」を設定しようとする動向がある。代表的な民間の資格・検定試験は、それぞれに異なった目的でつくられているが、CEFRとの対応付けを行っていることから英語4技能の評価には好適と判断されたのであろう（実施方針参考資料からの以下の二つの表を参照）。

　しかし、これは大学入試の趣旨から相当に逸脱する。冒頭に挙げた新テストの目的の前半にあるように、「共通テストは、大学入学希望者を対象に、高等学校段階における基礎的な学習の達成の程度を判定し、大学教育を受けるために必要な能力について把握することを目的とする」ものであり、個別試験と併せて、大学教育を受ける準備ができているかどうかを評価するものである。もちろん、各大学のアドミッションポリ

外国語の学習・教授・評価のためのヨーロッパ共通参照枠（CEFR）について

○ CEFR（Common European Framework of Reference for Languages: Learning, teaching, assessment）は、語学シラバスやカリキュラムの手引きの作成、学習指導教材の編集、外国語運用能力の評価のために、透明性が高く、分かりやすい、包括的な基盤を提供するものとして、20年以上にわたる研究を経て策定された、欧州域内外で使われている。
○ 欧州域内では、国により、CEFRの「共通参照レベル」が、初等教育、中等教育を通じた目標として適用されたり、欧州域内の言語能力に関する調査を実施するにあたって用いられたりするなどしている。

熟練した言語使用者	C2	聞いたり読んだりした、ほぼ全てのものを容易に理解することができる。いろいろな話し言葉や書き言葉から得た情報をまとめ、根拠も論点も一貫した方法で再構築できる。自然に、流暢かつ正確に自己表現ができる。
	C1	いろいろな種類の高度な内容のかなり長い文章を理解して、含意を把握できる。言葉を探しているという印象を与えずに、流暢に、また自然に自己表現ができる。社会生活を営むため、また学問上や職業上の目的で、言葉を柔軟かつ効果的に用いることができる。複雑な話題について明確で、しっかりとした構成の、詳細な文章を作ることができる。
自立した言語使用者	B2	自分の専門分野の技術的な議論も含めて、抽象的な話題でも具体的な話題でも、複雑な文章の主要な内容を理解できる。母語話者とはお互いに緊張しないで普通にやり取りができるくらい流暢かつ自然である。幅広い話題について、明確で詳細な文章を作ることができる。
	B1	仕事、学校、娯楽などで普段出会うような身近な話題について、標準的な話し方であれば、主要な点を理解できる。その言葉が話されている地域を旅行しているときに起こりそうな、たいていの事態に対処することができる。身近な話題や個人的に関心のある話題について、筋の通った簡単な文章を作ることができる。
基礎段階の言語使用者	A2	ごく基本的な個人情報や家族情報、買い物、地元の地理、仕事など、直接的関係がある領域に関しては、文やよく使われる表現が理解できる。簡単で日常的な範囲なら、身近で日常の事柄について、単純で直接的な情報交換に応じることができる。
	A1	具体的な欲求を満足させるための、よく使われる日常的表現と基本的な言い回しは理解し、用いることができる。自分や他人を紹介することができ、どこに住んでいるか、誰と知り合いであるか、持ち物などの個人的情報について、質問をしたり、答えたりすることができる。もし、相手がゆっくり、はっきりと話して、助けが得られるならば、簡単なやり取りをすることができる。

（出典）ブリティッシュ・カウンシル、ケンブリッジ大学英語検定機構

各試験団体のデータによるCEFRとの対照表

CEFR	Cambridge English	英検	GTEC CBT	GTEC for STUDENTS	IELTS	TEAP	TEAP CBT	TOEFL iBT	TOEIC / TOEIC S&W
C2	CPE (200+)				8.5-9.0				
C1	CAE (180-199)	1級 (2630-3400)	1400		7.0-8.0	400	800	95-120	1305-1390 L&R 945** S&W 360**
B2	FCE (160-179)	準1級 (2304-3000)	1250-1399	980 L&R&W 810	5.5-6.5	334-399	600-795	72-94	1095-1300 L&R 785** S&W 310**
B1	PET (140-159)	2級 (1980-2600)	1000-1249	815-979 L&R&W 675-809	4.0-5.0	226-333	420-595	42-71	790-1090 L&R 550** S&W 240**
A2	KET (120-139)	準2級 (1284-1800)	700-999	565-814 L&R&W 485-674	3.0	150-225	235-415		385-785 L&R 225** S&W 160**
A1		3級-5級 (419-1650)	-699	-564 L&R&W -484	2.0				200-380 L&R 120** S&W 80**

シーにおいて十分な英語4技能を求める場合は問題が生じないが、それ以外の場合は、資格・検定試験で測られる英語4技能が十分でなければ大学教育についていけないということを説明しなければならず、大学への門戸を不当に狭めることになりかねない。英語4技能試験の活用は、高校教育へのインパクトを優先する実施方針のスタンスと大学入試の本来の趣旨との対立が際立って露わになっている部分である。

　但し、英語4技能の重要性（とくに「書く」「話す」）は社会的に認知されているところであろうから、まずは高校入試や「高校生のための学びの基礎診断」に4技能試験を含めることはもちろん、適切な外部試験の受験を促す仕組みを整備することも必要であろう。一方、大学入試において個別試験で資格・検定試験を利用するケースが増えていることから、大学入試センターが試験団体と利用大学を媒介し一元的に成績提供サービスを行うという方向（これはすでに実施方針で打ち出されている）は推進されるべきであろう。

　もしこのまま共通試験に4技能試験を使うとなれば、試験団体の側も、目的外使用である選抜試験への活用に際して通常よりも厳しい条件が課され、実施体制や採点評価の質、学習指導要領との整合性などが確

第1章　大学入学共通テストへの移行にかかわる諸課題

認されることになる。実施方針では以下のように述べられている。

①　資格・検定試験のうち、試験内容・実施体制等が入学者選抜に活用する上で必要な水準及び要件を満たしているものをセンターが認定し[2]（以下、認定を受けた資格・検定試験を「認定試験」という。）、その試験結果及び CEFR の段階別成績表示を要請のあった大学に提供する。

　このような方式をとることにより、学習指導要領との整合性、実施場所の確保、セキュリティや信頼性等を担保するとともに、認定試験の実施団体に対し、共通テスト受検者の認定試験検定料の負担軽減方策や障害のある受検者のための環境整備策を講じることなどを促す。

②　国は、活用の参考となるよう、CEFR の段階別成績表示による対照表を提示する。

③　センターは、受検者の負担、高等学校教育への影響等を考慮し、高校 3 年の 4 月〜12 月の間の 2 回までの試験結果を各大学に送付することとする。

　①の認定作業は 2017 年度中に行うことになっているが、学習指導要領との対応は具体的にどのように確認するのか、採点の質はどのように担保するのか、疑義照会にはどのように対応するのか、など、記述式問題の導入でみた課題と同様のものを含めて、クリアすべき懸案事項が多い。また、障害のある受検者のための環境整備策について、これまでセンター試験が行ってきたような配慮（拡大文字、点字冊子、点字解答、代筆解答ほか）が十分講じられるかどうかも不安がある。さらに、資格・検定試験の間で試験の頻度や実施会場数、検定料などに大きな違いがあるため、地域や経済力による格差が受検機会の不均等につながる危惧をどこまで払拭できるかも大きな課題となっている。

　②の CEFR の段階別成績表示による対照表についても、それほど単純な話ではない。前出の対照表は一見明確に整理されているようにみえるが、得点の誤差がどの程度あるのかによってどの段階に属するかは変

第 I 部　新共通テストと国立大学の入試改革

動しうるし、またどの年度の試験で対応付けを行ったかによっても結果が変わりうる。例えば、最近 TOEFL iBT が、2008 年に行った CEFR との対応付けを標準誤差の 2 倍分だけ下方修正したことで、より低い得点で CEFR の各段階に対応付けられることになった（Papageorgiou, Tannenbaum, Bridgeman, & Cho, 2015）[3]。この場合、総合得点での標準誤差の 2 倍とは 15 点であり、前出の表の TOEFL iBT のところをみれば相当に大きな修正であったことがわかる。これほど大きな修正は稀かもしれないが、それでも一回一回の試験でどの程度 CEFR との対応付けが安定しているのかは、各試験によっても異なるであろうし、決定版の対照表が出せるというものではないであろう。そもそも CEFR との対応付けにはいくつかの方法があり（Council of Europe, 2009）、そのいずれの方法を用いているかによって、またどの程度厳格にそれらを適用しているかによって、結果は変わってくるものと思われる。CEFR はその意味で選抜試験に堪える精度を想定しているものではない。

　加えて、最近の公立高校 3 年生を対象にした調査では、B1 段階以上の割合が「読む」では 2.1%、「聴く」では 2.3%、「書く」では 0.7%、「話す」では 1.2% となっており、ほとんどの生徒が A1 か A2 に入ってしまうことがわかっている（文部科学省、2016）。しかも「書く」「話す」では 0 点が 2 割近くに上っていた。実際の入試では B1 以上の割合がもっと増えると思われるが、それでもほとんどの受検者が A1 から B1 の 3 段階に入るとすると、選抜試験としてはほとんど機能しない。CEFR を用いるのではなく各試験を直接対応付けてはどうかという発想もありうるが、同じ英語とはいえ、もともと目的が異なり実施方法も異なる試験同士を同じ尺度に乗せるというのはきわめて困難である。

　センター試験での英語を新テストでも残すかどうかについて、実施方針では、「共通テストの英語試験については、制度の大幅な変更による受検者・高校・大学への影響を考慮し、認定試験の実施・活用状況等を検証しつつ、平成 35 年度までは実施し、各大学の判断で共通テストと認定試験のいずれか、又は双方を選択利用することを可能とする」とし

16

第1章　大学入学共通テストへの移行にかかわる諸課題

て、あくまで移行措置として現行センター試験の英語も利用可能としている。しかし、認定試験を使う場合、CEFR による段階別評価を他の科目の結果とどう組み合わせるのか、また新テストでの英語と認定試験の双方を用いる場合、英語力としてどのように組み合わせて評価するのか、といった点は各大学に任され、受検者にとって見通しが悪い状況となっている。

　③の「高校3年の4月～12月の間の2回までの試験結果」を利用するという点については、これは大学に2回まで試験結果を送付できるということであり、受検回数を制限しているものではない。もちろん、制限すべきでもない。しかし、先にふれたように、地域や経済力による格差が受検機会の不均等につながり、大都市で複数の認定試験を試験馴れするまで何度も受検できる者もあれば、時間と交通費を使って比較的近いところにある実施会場に行ってようやく認定試験を受けられるという者も出てくるであろう。受検の仕方は、認定試験の結果がどのように大学に使われるのかに依存する。単なる出願資格になるのか、一定以上の成績があれば個別試験の英語が免除になるのか、あるいは具体的な得点が加算されるのか、などによるが、このあたりが大学によって異なってくると、できるだけ高得点をとっておこうとする心理から受検回数も増えることになり、学校も認定試験対策に力を注がざるを得ない。高校3年次に今以上の入試対策の圧力がかかることは、部活動を始めとして高校生活での様々な重要な活動機会をさらに損なわせる結果になり、決して高校教育への好影響をもたらすとはいえないであろう。

　以上を考え合わせると、共通試験に民間の英語4技能試験を含めるということには大きなリスクがあると言わざるを得ない。

5.　共通試験の今後

　新テストの実施方針として打ち出されたマークシート式問題の見直し・記述式問題の導入・民間の英語4技能試験の活用は、いずれも課題山積のまま、2021年度入試からの開始というきわめてタイトなスケ

第Ⅰ部　新共通テストと国立大学の入試改革

ジュールで準備が進められている。検討内容を多方面からのオープンな議論に付す余裕はないという状況ではなかろうか。その後すぐに新学習指導要領に対応した2025年度入試の準備をしなければならないことを考えると、2021年度に新テストを開始するというのは現実的でない。準備が十分整わないまま本番に突入して大混乱を生じることは絶対に避けねばならないのである。

　新テストの課題が山積しているというのは、共通試験に過大の要求をしているからである。それは、結局冒頭にみた新テストの目的の文言に象徴されているので、ここに再掲する。

2. 目的　共通テストは、大学入学希望者を対象に、高等学校段階における基礎的な学習の達成の程度を判定し、大学教育を受けるために必要な能力について把握することを目的とする。このため、各教科・科目の特質に応じ、知識・技能を十分有しているかの評価も行いつつ、思考力・判断力・表現力を中心に評価を行うものとする。

　先述したとおり、この前半部分は現行のセンター試験の目的とほぼ重なる。一方、後半部分は新テストにおいて付加された文言であり、学習指導要領と一貫し高校教育改善に資する評価方法を強調しているものである。すなわち、前半は大学の方向、後半は高校の方向をにらんで両者が接木され、新テストに二重の意義がこめられていることになる。新テストにおいても「共通テストは利用大学が共同して実施する性格のものである」とはなっているが、目的の後半部分を実現するために「高等学校関係者や、高等学校教育の実態をよく把握している大学教員等を積極的に作問委員として委嘱するなど、これまでのセンターの作問方針・作問体制の抜本的な見直しを図り機能を強化する」とされ、いわば現行のセンター試験のあり方が換骨奪胎されているとさえいえる。

　新テストの作問委員会に、これまで同様大学の方向を向いているメンバーと新テストで強化される高校の方向を向いているメンバーが混在す

第1章　大学入学共通テストへの移行にかかわる諸課題

ることになれば、スムーズに作業が進むとは考えられない。両者の妥協点を探りながら進めるとなると、作問スケジュールが大幅に遅れることも想定しなければならない。

　もちろん、大学入試が高校教育の改善を阻むものであってはならず、とくに記述式や英語の「書く」「話す」といった産出型のパフォーマンス課題を入試に含めることには一定の意義がある。しかし、高大接続は中学と高校の接続などとは異なって下位の学校段階からそのまま拡大直結しているわけではないため、一律に高校教育との十分な一貫性を求めることには無理がある。大学入試の前に、後述する高校卒業資格試験など質保証の役割を果たすものが別に必要ではないだろうか。

　共通試験において高校教育との一貫性を要求することにはさらに無理がある。共通試験は個別試験とセットで利用されるのであり、共通試験に期待されるのは、大学での学習に必要な最大公約数的な学力についてその高低が適切に反映されることである[4]。アドミッションポリシーに基づき、実際のパフォーマンスを要求して丁寧な評価を行うのは個別試験の役割である。

　ただ、実際には、個別試験においても多面的・総合的評価を十分な時間をかけて行う余裕がない。丁寧な入試を行うには、現行の入試スケジュールでは限界があり、高大接続のあり方をより根幹の部分で再検討する必要がある。現在の高大接続改革ではこの点の議論が中途半端にされてしまったために、入試改革が非常に無理のあるものになっているように思えてならない。

　例えば、思考力・判断力・表現力や英語4技能は大学進学者だけでなく高校生全体が身につけねばならないものであろうから、「高校生のための学びの基礎診断」の上に高校卒業資格試験のようなものをつくり、それらによって質保証をめざす方向が考えられよう。高校卒業資格試験は高校教育関係者を中心に作問体制を組み（専門家として大学教員も参加）、高校を試験会場とする。CBT（Computer Based Testing）によって記述式や英語4技能も含めた適応型テストとし、大学はこの結果も適宜

19

第 I 部　新共通テストと国立大学の入試改革

利用しつつ、個別試験で多面的・総合的評価を丁寧に行う。大学には秋季入学とし、それまでの間は大学準備課程あるいはギャップタームとする。

　こうしたアイデアはまだ現実味がないが、過去にもこれに類した提案はなされている。例えば、かつて大学審議会（2000）の答申「大学入試の改善について」では、センター試験の複数回実施、センター試験の資格試験的利用、教科学力だけでない多面的・総合的評価、秋季入学の拡大などが提言されていた。今回の入試改革のように高校教育の改善ということに主眼があるなら、大学入試の共通試験よりも高校生全体が対象になる高校卒業資格試験を考えるべきであろう。もっとも、大学入試が結局ハイステークスな試験のままでは、卒業資格試験といえども、また多面的・総合的評価といえども、受験生も高校も試験対策に勤しむことになる。柔軟な定員管理ができる制度に変えられればよいが、これは容易なことではないだろう。いずれにしても、高大接続の改革は本来より構造的なレベルで構想されなければならないのではないだろうか。

　今回の入試改革に寄せられた期待は大きいが、新テストの実施方針による限り共通試験の改善につながるとは言いがたい。困難ではあろうが、今後の準備において可能な限り現実的な着地点を見つけていかなければ、何よりも受験生が多大の迷惑を蒙ることになる。我々大人の思考力・判断力・表現力が鋭く問われている。

【注】
1)　大学入試センターの試験問題評価委員会報告書から引用（http:// www.dnc.ac. jp/ data/ hyouka.html）。平成 28 年度試験までは各観点について 5 段階評価、平成 29 年度試験以降は 4 段階評価となっている。
2)　実施方針が出た後、法的根拠に基づく認定制度ではないとして「認定」という表現は改められ、「参加」を希望する実施団体が参加要件を満たしているかどうかセンターが確認する、となった。本稿では実施方針段階での表現を用いている。

第 1 章　大学入学共通テストへの移行にかかわる諸課題

3)　南風原朝和・東京大学高大接続研究開発センター長から情報提供いただいた。
4)　共通試験（大学入試センター試験）の現状と課題については、大塚（2017）を参照されたい。

【参考文献】

Council of Europe（2009）. *Relating language examinations to the Common European Framework of Reference for languages: Learning, teaching, assessment*（*CEFR*）*: A Manual*. Strasbourg, France: Author.

大学審議会（2000）. 大学入試の改善について（答申）

文部科学省（2016）. 平成 27 年度英語教育改善のための英語力調査事業（高等学校）報告書

文部科学省（2017）. 大学入学共通テスト実施方針

大塚雄作（2017）. 大学入試センター試験の現状と課題　東北大学高度教養教育・学生支援機構（編）大学入試における共通試験　東北大学出版会，7-46.

Papageorgiou, S., Tannenbaum, R. J., Bridgeman, B., & Cho, Y.（2015）. *The association between TOEFL iBT test scores and the Common European Framework of Reference*（*CEFR*）*levels*（Research Memorandum No. RM-15-06）. Princeton, NJ: Educational Testing Service.

第 2 章　記述式問題のゆくえ
──「国語」の場合──

島田　康行（筑波大学）

1.　はじめに

　今般の高大接続改革をめぐる議論の中で、記述式問題の導入は当初から大きな注目を集めてきた。

　国立大学協会（以下、国大協）は、平成 28 年 12 月 8 日、「大学入学者選抜試験における記述式問題出題に関する国立大学協会としての考え方」を公表し、記述式問題の導入を推進していく姿勢を示している。以下にその一部を引用する（下線は原文のとおり）。

(1) 国立大学は、大学入学者選抜全体（共通試験・個別試験）を通して、論理的思考力・判断力・表現力等を評価する記述式試験を実施し、高等学校教育と大学教育双方の改革の推進に資する。

　　とくに高等学校教育への波及効果の観点からは、「新テスト」における記述式試験は国公私立大学を通じた多くの大学が利用可能な設計が不可欠である。また、国立大学としては、高大接続システム改革に積極的に参画し主導していくために、個別試験においても記述式試験の実施により論理的思考力・判断力・表現力等を適切に評価する。

(2) すべての国立大学受験生に、個別試験で論理的思考力・判断力・表現力等を評価する高度な記述式試験を課すことを目指す。

　　ここでいう高度な記述式試験のイメージは、例えば、複数の素材

第 I 部　新共通テストと国立大学の入試改革

を編集・操作し、自らの考えを立論し、さらにそれを表現するプロセスを評価できる問題であり、そのような問題を各大学（学部）がアドミッション・ポリシーに基づいて作題し、大学入学者選抜要項等において出題意図、求める能力等を明確にした上で受験生に課す。なお、その具体的な内容、方法等については各大学の主体的な判断に委ねる。

　「高等学校教育と大学教育双方の改革の推進」のために、大学入学者選抜全体（共通試験・個別試験）を通して記述試験を実施するという方針を明示する一方で、その実現のためには「国公私立大学を通じた多くの大学が利用可能な設計が不可欠である」ことをあわせて強調するものであった。
　記述式問題導入の趣旨には賛同できる部分もあるが、具体的にどのような形で導入するのか、実現に向けて想定されるいくつかの課題をどのように解決するのか、まだまだ判然としない部分が多い、というのが現段階で多くの人が持つ感想ではなかろうか。

2.　記述式出題への懸念
　共通テストにおける記述式問題の導入には、早くから多くの課題が指摘されている。たとえば荒井克弘は、地域科学研究会高等教育情報センター（2017）の中で、インタビューに答えて次のように述べる。

　　ハイステイクスな選抜資料となる試験に記述式の出題をするのは、その利点を活かすことにはなりません。その公平性を確保するためだけに、無用の経費と時間、労力を費やすことになります。
　…（中略）…
　　大規模共通試験での記述式の採用は、記述式の利点を活かせないばかりか、採点時間を長くし、採点の信頼性を損ない、人海戦術に頼るための膨大な経費が要ります。それらの点を考慮すれば、大規

模共通試験は多肢選択式で行い、個別試験において記述式を出題するという従来の方式が優れているでしょう。

　そして、具体的な問題点として、出題数が限られ出題範囲も限定されること、採点の公平性を考慮すれば条件付き穴埋め式のような問題しか出題できないこと、自己採点に揺らぎが生じやすいことなどが挙げられている。

　このように、多くの課題が指摘される中で、それでもなお記述式問題の実施が推し進められるのは、それが「高等学校教育と大学教育双方の改革の推進に資する」と考えられること、「とくに高等学校教育への波及効果」が期待されることに拠るところが大きいのだろう。

　このことについて荒井はさらに言う。

　　「試験によって高校以下の教育を変える」という関係者の主張も耳にするが、目的と手段を取り違えた話です。…（中略）…記述式出題を出題することで「教育を変えたい」なら、大学側に個別試験で記述式を出題するように働きかけるのが順当な方法です。

　記述式を出題することで改善が期待される「高校以下の教育」の具体的な中身とは、たとえば高校教育において論述する力が十分に養われていないといった現状を指していよう。

　「試験によって高校以下の教育を変える」という主張が「目的と手段を取り違えた話」であることに異論をさしはさむ余地はない。また、入試で「教育を変えたい」ならば「大学側に個別試験で記述式を出題するように働きかけるのが順当な方法」であるという指摘も首肯されよう。

　文部科学省が公表したデータ「国立大学の二次試験における国語、小論文、総合問題に関する募集人員の概算」（［表1］）において、「国立大学の二次試験において、国語、小論文、総合問題のいずれも課さない学部の募集人員は、全体の 61.6%（49,487 人／80,336 人）」に上るとされ

第 I 部　新共通テストと国立大学の入試改革

ており、二次試験受験者の過半数が記述式を経験していないことが分かる。

表1　国立大学の二次試験における国語、小論文、総合問題に関する募集人員の概算

国立大学の二次試験における国語、小論文、総合問題に関する募集人員の概算　別紙2

国立大学の二次試験において、国語、小論文、総合問題のいずれも課さない学部の募集人員は、全体の61.6%（49,487人/80,336人）

（学部単位の募集人員数の合計）

	募集人員	国語			小論文		総合問題		国語、小論文、総合問題のいずれも課さない
		必須	選択	課さない	課す	課さない	課す	課さない	
前期	64,787	15,803	4,757	44,227	3,949	60,838	1,149	63,638	39,470
		24.4%	7.3%	68.3%	6.1%	93.9%	1.8%	98.2%	60.9%
後期	15,549	50	258	15,241	4,203	11,346	1,041	14,508	10,017
		0.3%	1.7%	98.0%	27.0%	73.0%	6.7%	93.3%	64.4%
全体	80,336	15,853	5,015	59,468	8,152	72,184	2,190	78,146	49,487
		19.7%	6.2%	74.0%	10.1%	89.9%	2.7%	97.3%	61.6%

※下段は割合

注1)「小論文」と「総合問題」について、選択科目となっている場合は、「小論文を課す」「総合問題を課す」として計上している。
注2)総合問題とは、複数教科を総合して学力を判断する総合的な問題を指す。

※各大学の発行する「入学者選抜要項」を基に作成

平成 28 年 8 月　文部科学省「高大接続改革の進捗状況について」より抜粋

　これを見れば、国立大学が個別試験でより多くの記述式問題を課すことは、高校における指導の改善にも確かに資するように思われる。

　ただ、これについては別の見方もある。宮本・倉元（2017）は独自の調査に基づいて次のように述べる。

　　国立大学 82 校の 2015 年度一般入試個別学力検査の枝問 24, 258
　　問を対象に「80 字以上の記述式問題」の出題状況を分析した。
　　1,088 問が出題されており、「地理歴史」「公民」の科目全般におい
　　て出題されやすい傾向にあった。全く出題しない大学は 9 大学に過
　　ぎなかった。各大学の出題の特徴をみると、複数の教科・科目で幅
　　広く出題する大学（37 大学）と「総合問題」（8 大学）、「国語」（8

大学)、「生物」(20 大学) を中心にして出題する大学に類型化された。以上から、大部分の国立大学において 80 字以上の記述式問題は課されており、出題教科は「国語、小論文、総合問題」だけに限定されないことが明らかになった。

　記述式問題は「国語、小論文、総合問題」に限らず、「地理歴史」「公民」の各科目などを中心に、すでに多くの大学で出題されており、「全く出題しない大学は 9 大学に過ぎな」いという。
　大部分の大学がすでに二次試験で記述式問題を出題しているにもかかわらず、高校の学習において論述する力を養うような指導が不十分であるとすれば、これ以上、「大学側に個別試験で記述式を出題するように働きかけ」ても、高校における指導の改善に大きな効果は望めないということになるかもしれない。

3.　高校における「国語」指導の一面

　島田 (2012) は、国立 T 大学、K 大学の新入生約 360 名を対象として、高校「国語」の授業において 400 字以上のまとまった分量の文章を書いた経験 (回数) がどの程度あるかを尋ねた結果が報告されている。結果は、次の如くである。

```
0    ：147（41.2%）
1〜3： 79（29.1%）
4〜6： 54（15.1%）
7〜 ： 77（22.6%）
```

　結果を受けて島田 (2012) は次のように言う。「高校 3 年間を通じて『国語』の授業で 400 字程度の文章を一度も書かなかったという者が多数存在していることが確かめられた。この結果に驚かないのは『国語』の教員だけかもしれない」。

第Ⅰ部　新共通テストと国立大学の入試改革

　さらに、渡辺・島田（2017）は、全国の国立大学の新入生約600名を対象として、高校「国語」で経験した学習の内容について調査した結果を報告している。

　この調査において、対象の大学新入生が「学ぶ機会が多かった」と記憶している内容の上位には次の4項目が並んだ。

・文章に描かれた人物、情景、心情などを表現に即して読み味わうこと
・論理的な文章について、論理の展開や要旨を的確にとらえること
・文章の内容を的確に読み取ったり、必要に応じて要約したりすること
・文章を読んで、構成を確かめたり表現の特色をとらえたりすること

　これらの項目は、実は、高等学校学習指導要領における、必履修科目「総合国語」の「読むこと」の指導事項である。国語の授業と言えばこのような内容をただちに思い浮かべることも少なくないだろう。確かにこうした学習は、「典型的」な国語の授業として長きにわたって教室で行われ続けてきたものである。

　一方、「書くこと」や「話すこと・聞くこと」の指導事項を内容とする項目は、いずれも下位に並ぶところとなった。

　この結果から、高校「国語」の学習内容が「読むこと」に偏る一方、「書くこと」や「話すこと・聞くこと」にはあまり時間が割かれていないという実態を窺うことができる。

　なお、最も「学ぶ機会が少なかった」と記憶されている項目は次の如くである。「少なかった」順に掲げる。

・情報を収集し活用して、報告や発表などを行うこと
・話題を選んで、スピーチや説明などを行うこと
・課題について調べたり考えたりしたことを基にして、話し合いや討論などを行うこと
・課題に応じて必要な情報を読み取り、まとめて発表すること

第2章 記述式問題のゆくえ

・本を読んでその紹介を書いたり、課題について収集した情報を整理して記録や報告などを書いたりすること
・題材を選んで考えをまとめ、書く順序を工夫して説明や意見などを書くこと

　これらも同じ高等学校学習指導要領が示す「総合国語」の「言語活動例」の内容である。この結果は、残念ながらこれらの指導内容が教室ではあまり重視されていないことを示唆している。実は教科書においても単元と単元の間でコラム的に扱われていたり、巻末に追いやられていたりすることが少なくない。

　このような学習活動が十分になされないことは国語科の課題として指摘され続けてきた。もちろん、状況を改善しようとする幾多の努力、工夫が各地の教室で重ねられてきたことも言うまでもない。

　そして、宮本・倉元（2017）によれば大学入試の個別試験ではすでに多くの記述式問題が出題されており、これ以上「個別試験で記述式を出題するように働きかけ」ても大きな効果は望めないかもしれない、とすれば、ほかには一体どのような方策が残されているのだろうか。

4.　共通テストへの導入に向けて

4.1　「大学入学共通テスト」実施方針（平成 29 年 8 月）

　少し視点を変えて、大学入学共通テストにおける国語の記述式問題の内容や形式がどのように計画されているのか、概括してみる。とはいえ現段階では、公表された行政文書やモニター試験の内容等からその一部を窺い知ることができるのみである。

　平成 29 年 5 月、文部科学省が発表した「高大接続改革の進捗状況について」の中で、「大学入学共通テスト（仮称）」実施方針（案）が示され、大学入試センターによって「大学入学共通テスト（仮称）」記述式問題のモデル問題例とモニター調査実施結果の概要などが公表された。

　この案は、その後 8 月に「大学入学共通テスト」実施方針としてあら

29

第 I 部　新共通テストと国立大学の入試改革

ためて発表されたが、その中では「記述式問題の実施方法等」について、次のように述べられている。

　②評価すべき能力・問題類型等

　　多様な文章や図表などをもとに、複数の情報を統合し構造化して考えをまとめたり、その過程や結果について、相手が正確に理解できるよう根拠に基づいて論述したりする思考力・判断力・表現力を評価する。

　　設問において一定の条件を設定し、それを踏まえ結論や結論に至るプロセス等を解答させる条件付記述式とし、特に「論理（情報と情報の関係性）の吟味・構築」や「情報を編集して文章にまとめること」に関わる能力の評価を重視する。

　より具体的な作問方針等については、実施方針案とともに公表された「『大学入学希望者学力評価テスト（仮称）』の国語・数学の記述式問題で評価すべき能力や作問の構造について（素案）」に詳しい。

　そこで示された考え方を整理すると次の如くである。すなわち、まず国語の問題として解答させる内容は、以下の 4 種類に大別できる。

　①テクストの部分的な内容を把握・理解して解答する問題
　②テクストの全体的な精査・解釈によって解答する問題
　③テクストの全体的な精査・解釈によって得られた情報を編集・操作して解答する問題
　④テクストの全体的な精査・解釈を踏まえ、自分の考えと統合・構造化して解答する問題

　①②についてはマークシート式問題でも問うことができる内容であり、従来の大学入試センター試験の問題の多くはこのタイプであったと言える。これに対して③④はマークシート式では問えない内容であり、

30

記述式による出題の対象となる。

　従来、大学入試における国語の試験においては、記述式でも「①テクストの部分的な内容を把握・理解して解答する問題」や、テクストを要約したり、共通点・相違点をまとめたりするなどの「②テクストの全体的な精査・解釈によって解答する問題」が中心となっていた。

　一方、考えたことを文章によって表現する「③テクストの全体的な精査・解釈によって得られた情報を編集・操作して解答する問題」は、散見される程度であった。

　また、「④テクストの全体的な精査・解釈を踏まえ、自分の考えと統合・構造化して解答する問題」は、解答の自由度が高いことから小論文や論述試験などのかたちで出題することに適している。

　これらを踏まえ、共通テストの国語の記述式においては、「②テクストの全体的な精査・解釈によって解答する問題」に加えて、「③テクストの全体的な精査・解釈によって得られた情報を編集・操作して解答する問題」を条件付記述式として出題することが想定されている。従来の大学入試等では散見される程度であった「③テクストの全体的な精査・解釈によって得られた情報を編集・操作して解答する問題」を、共通テストで出題しようとする点にポイントがある。

　ちなみに、これまで高校における国語教育は「テクストの部分的な内容を把握・理解」することや、「テクストの全体的な精査・解釈」が中心となっており、そこで「得られた情報を編集・操作」したり、それに関連させて自分の考えを形成・深化したりする学習が低調であったことは前に述べたとおりである。

　しかし、そのような学習が、大学で学ぶために必要な、母語としての日本語の運用能力の育成に重要であることは言うまでもない。

4.2　記述式問題イメージ例（平成 27 年 12 月）

　以下、これまでに公表されたモニター試験等の記述式問題の内容について検討してみよう。

第 I 部　新共通テストと国立大学の入試改革

　まず、高大接続システム改革会議の第 9 回会議［平成 27（2015）年 12 月 22 日］配布資料として公表された「記述式問題イメージ例【たたき台】」に触れておく。タイトルに「たたき台」という言葉が添えられているように、ここで示された問題イメージ例は「記述式問題の出題に当たっての考え方の方針を示す趣旨で作成」されたものである。

　資料の冒頭には「問題の難易度を含めた「大学入学希望者学力評価テスト（仮称）」としての具体的な作問の在り方については引き続き検討」と注意書きがあり、示された 3 問の問題イメージ例から難易度や取り扱われる素材のジャンルなどについて窺い知ろうとすることは適切でないことがわかる。

　そして、具体的な問題イメージ例を掲げるにあたって、「各教科で重視すべき学習のプロセス」と「評価すべき具体的な能力」との対応案が［図 1］のように示されている点が注目される。

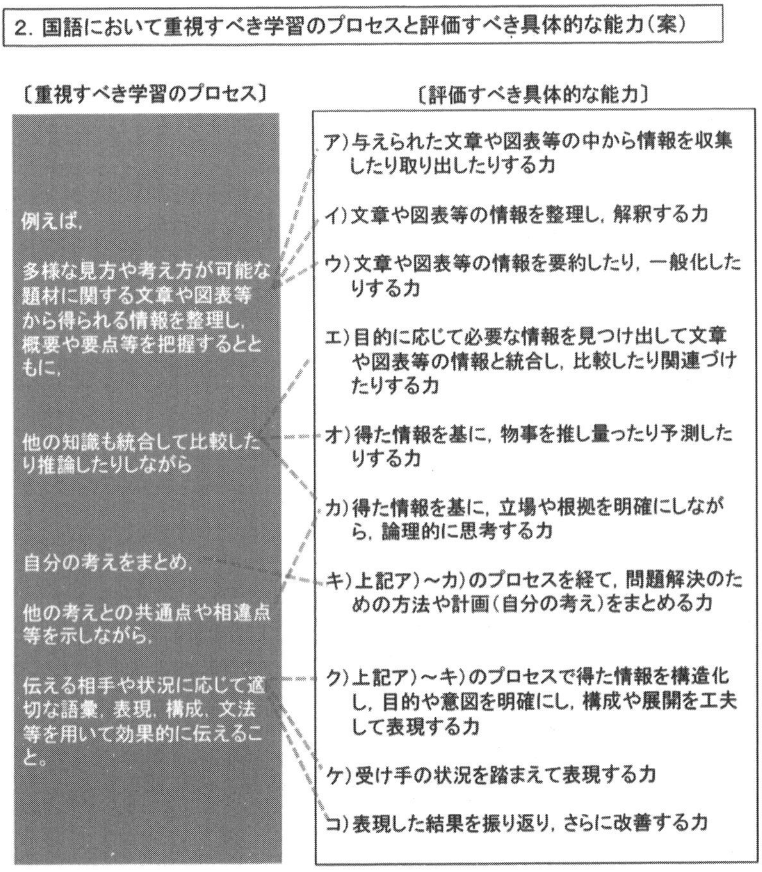

第2章　記述式問題のゆくえ

2. 国語において重視すべき学習のプロセスと評価すべき具体的な能力（案）

〔重視すべき学習のプロセス〕　　　　〔評価すべき具体的な能力〕

例えば，

多様な見方や考え方が可能な題材に関する文章や図表等から得られる情報を整理し，概要や要点等を把握するとともに，

他の知識も統合して比較したり推論したりしながら

自分の考えをまとめ，

他の考えとの共通点や相違点等を示しながら，

伝える相手や状況に応じて適切な語彙，表現，構成，文法等を用いて効果的に伝えること。

ア）与えられた文章や図表等の中から情報を収集したり取り出したりする力

イ）文章や図表等の情報を整理し，解釈する力

ウ）文章や図表等の情報を要約したり，一般化したりする力

エ）目的に応じて必要な情報を見つけ出して文章や図表等の情報と統合し，比較したり関連づけたりする力

オ）得た情報を基に，物事を推し量ったり予測したりする力

カ）得た情報を基に，立場や根拠を明確にしながら，論理的に思考する力

キ）上記ア）〜カ）のプロセスを経て，問題解決のための方法や計画（自分の考え）をまとめる力

ク）上記ア）〜キ）のプロセスで得た情報を構造化し，目的や意図を明確にし，構成や展開を工夫して表現する力

ケ）受け手の状況を踏まえて表現する力

コ）表現した結果を振り返り，さらに改善する力

図1　国語において重視すべき学習のプロセスと評価すべき具体的能力（案）
平成27年12月22日　高大接続システム改革会議第9回会議配付資料より抜粋

　3問の具体的内容についての考察は、渡辺・島田（2017）に述べたので、ここでの詳述は控えるが、「多様な見方や考え方が可能な題材に関する複数の図表や文章を読み、情報を統合しながら考えを構成し表現する問題」の例として示された設問は、題材としてグラフや統計資料などの図表や複数の文章が取り上げられる可能性を窺わせるものであった。

第 I 部　新共通テストと国立大学の入試改革

　また、学習指導要領との関係についても、問題イメージ例と「国語総合」の指導事項との具体的な対応関係が示されており、こうした出題は現行学習指導要領下でも十分に可能と考えられていることがわかる。

4.3　記述式問題のモデル問題例（平成 29 年 5 月）

　次に、平成 29 年 5 月、大学入試センターが公表した「『大学入学共通テスト（仮称）』記述式問題のモデル問題例」を見てみよう。

　モデル問題例 1 は、[図 2] に示す架空の自治体の広報資料「景観保護ガイドラインのあらまし」と、それに基づく親子の会話等を読み「テクストを場面の中で的確に読み取る力、及び設問中の条件として示された目的等に応じて表現する力」を問うものであった。

【資料B】
城見市「街並み保存地区」景観保護ガイドラインのあらまし

ガイドラインの基本的な考え方

城見市「街並み保存地区」一帯は、市名の由来にもなっている秋葉山山頂に築かれた白鳥城下を通る、旧街道の伝統的な道路遺構と街並みからなります。その街並みと自然とが呼応し、そこに集まる人々によって文化と共に育まれてきたところにその特徴があります。

私達は、「街並み保存地区」に限らず、城見市が育んできた歴史、文化の特質を尊重し、優れた自然と景観に対して十分配慮するとともに、この自然と景観を維持、保全、育成しなければなりません。そのためには、住民、企業、行政など全ての人々が城見市の景観に対するさらなる意識の向上を図り、貴重な財産であることを深く認識し、この美しい景観を将来の世代に引き継ぐ責務を負っているのです。

景観保護の目標

ア 市役所周辺から商店街区にかけてのにぎわいを連続させるとともに、都市の顔として風格のある空間づくりを進めます。
イ 秋葉山の眺望や松並木などの景観資源を活用し、親しみがあり愛着と魅力を感じる街並みを形成していきます。
ウ 広域からの外来者のある、観光や伝統行事などの拠点にふさわしい景観づくりを進めます。

景観保護の方針

・松並木及び「街並み保存地区」の植栽を保全し、街並みや秋葉山の景観との調和を図ります。
・建築物の壁面、広告物や看板の色彩については、原色などの目立つものを避け、伝統的建築物との調和を図ります。
・個人住宅を含めて、建物外面の色調を落ち着いたものとし、壁面の位置や軒高をそろえます。
・一般及び観光客用の駐車場や街路のごみ箱、ごみ収集時のごみ置き場は目立たないように工夫します。
・「街並み保存地区」は自動車の出入りを制限し、ゆとりある歩行空間を確保します。
・議会等との協議を通して、景観を保護するために必要な予算があれば、その計上を検討していきます。

図2　モデル問題例1　資料B
平成29年5月　大学入試センター
「『大学入学共通テスト（仮称）』記述式問題のモデル問題例」より抜粋

第Ⅰ部　新共通テストと国立大学の入試改革

　学習指導要領では、必履修科目「国語総合」の「読むこと」の指導において、「現代の社会生活で必要とされている実用的な文章を読んで内容を理解し、自分の考えをもって話し合う」という言語活動が求められており、この問題ではまさにそのような場面設定がなされていると言える。

　ここで出題された条件付記述式問題は次の通りである。

　父と姉の会話を聞いて、改めてガイドラインを読んだかおるさんは、姉に賛成する立場で姉の意見を補うことにした。かおるさんはどのような意見を述べたと考えられるか、次の条件に従って述べよ（ただし、句読点を含む）。

　　条件1　全体を2文でまとめ、合計80字以上、120字以内で述べること。なお、会話体にしなくてよい。

　　条件2　1文目に、「ガイドラインの基本的な考え方」と、姉の意見が一致している点を簡潔に示すこと。

　　条件3　2文目に、「経済的負担」を軽減する方法について述べること。

　　条件4　条件2・条件3について、それぞれの根拠となる記述を【資料B】「城見市『街並み保存地区』景観保護ガイドラインのあらまし」から引用し、その部分を「　」で示すこと。なお、文中では「ガイドライン」と省略してよい。

　条件1は形式面、条件2と3は内容面、条件4は形式と内容の両方を求めている。設問全体では、テクストの内容を的確に読み取り、主張を支える根拠を捉え、複数の情報を統合して自分の考えをまとめて説明することが求められている。「③テクストの全体的な精査・解釈によって得られた情報を編集・操作して」自らの考えの形成に至るという学習の過程が意識された問題である。

　また、今回のモデル問題例においては［図3］のような「解答類型」

第 2 章　記述式問題のゆくえ

が併せて公表されている。

	解答類型	正答
	（正答例） 　姉の意見は、「全ての人々」が「意識の向上」を図り、「景観を将来の世代に引き継ぐ」というガイドラインの考え方と一致している。また、方針に「景観を保護するために必要な予算があれば、その計上を検討」するとあるので、補助が受けられる可能性がある。(119字) （正答の条件） 　①2文で書いているもの 　②80字以上、120字以内で書いているもの 　③1文目に「意識の向上」または「景観を将来の世代に引き継ぐ」という部分が「　」を用いて引用されているもの 　④2文目に「（景観を保護するために）必要な予算があれば、その計上を検討」という部分が「　」を用いて引用されているもの 　⑤2文目に「補助が受けられる可能性がある」ことに触れているもの	
1	項目①～⑤のすべてを満たしているもの	◎
2	項目①及び③～⑤を満たしているもの	
3	項目②及び③～⑤を満たしているもの	
4	項目①、②、③、④を満たしているもの	
5	項目①、②、④、⑤を満たしているもの	
6	項目①、②、③、⑤を満たしているもの	
9	上記以外の解答	
0	無解答	

図3　モデル問題例1　解答類型
平成 29 年 5 月　大学入試センター
「『大学入学共通テスト（仮称)』記述式問題のモデル問題例」より抜粋

　共通テストでは「解答類型」に基づいて個々の問題についての段階別評価が行われることが予想される。このような「解答類型」を用いた評価はこれまで「全国学力・学習状況調査」や「学習指導要領実施状況調査」で行われてきた実績があるが、これを共通テストにおける記述式問題の段階別評価でも活用しようとするものである。

　高校生が実際に自己採点を行うためには、より分かりやすい「正答の条件」や明確な採点基準が示される必要があるだろうし、各類型の意味づけや、正答以外の類型の扱いについても整理を進める必要があるだろ

第 I 部　新共通テストと国立大学の入試改革

う。今後、試行を繰り返す中で解決されるべき課題である。

　モデル問題例 2 は、駐車場の「使用契約書」を題材として言語活動の
場が設定されており、実社会とかかわりの深い実務的な文章も出題の素
材となり得ることが示唆されている（一部を［図 4］に示す）。

モデル問題例2

問 転勤の多い会社に勤めているサユリさんは、通勤用に自動車を所有しており、自宅近くに
駐車場を借りている。以下は、その駐車場の管理会社である原パークとサユリさんが締結し
た契約書の一部である。これを読んで、あとの問い（問1〜3）に答えよ。

駐車場使用契約書

　貸主　原パーク（以下、「甲」という。）と　借主　○○サユリ（以下、「乙」という。）は、次のと
おり駐車場の使用契約を締結する。

第1条 合意内容
　甲は、乙に対し、甲が所有する下記駐車場を自動車1台の保管場所として使用する
目的で賃貸する。

　（駐車場の表示）
　　住所　　　　　　東京都新川市新川朝日町2丁目3番地
　　名称　　　　　　原パーキング第1
　　駐車位置番号　　11 番

第2条 期間
　乙の使用する期間は、平成28 年4月1日から平成29 年3月31 日の一年間とする。契
約期間満了までに甲、乙いずれか一方から何等の申し入れがない時は、さらに一年間
の契約が自動的に更新されるものとする。

第3条 駐車料金
　乙は、以下のとおり駐車料金を支払うものとする。
　　敷金(※注)　　金20,000 円
　　月額駐車料金　金21,600 円（税込）
　　支払期日　　　毎月末日までに翌月分を支払うものとする
　　支払方法　　　甲指定の銀行口座への振込

図 4　モデル問題例 2（冒頭)
平成 29 年 5 月　大学入試センター
「『大学入学共通テスト（仮称)』記述式問題のモデル問題例」より抜粋

　従来のセンター試験では扱われることなかった種類のテクストであ
り、同様のテクストの例としては法令、議事録、白書、取扱説明書等が
考えられる。ただ、記述式問題がどのような種類のテクストを題材とし

て出題されるのかは明示されていない。従来のような評論・論説文なども題材の範囲から外れるわけではない。

問題例2の具体的な設問を見ると、テクストの内容を目的に応じて取り出し、論理的に不足している情報を指摘する問題（問1）、テクストの内容を構造的に理解し、対立する主張をその根拠とともに分析・評価し、適切な情報を用いてその結論を書く問題（問2）、複数のテクストを比較し、特定の観点（立場）から課題を想定してその解決法の中心となる内容を説明する問題（問3）が出題されており、いずれも「③テクストの全体的な精査・解釈によって得られた情報を編集・操作して」自らの考えを述べるタイプの問題になっている。

これらの問いに解答するには、読み取ったテクストの内容を批判的に検討して、適切に質問したり反論したりする力が求められる。こうした力の育成については、現在進行中の教育課程改訂の議論の中でも、たとえば次のように触れられている（教育中央教育審議会「国語ワーキンググループにおける審議の取りまとめ」平成28年8月）。

○　一般社会では、国語科において育成する必要があるとされる能力として、物事を多面的・多角的に吟味し見定めていく力（いわゆる「クリティカル・シンキング」）や、情報活用能力、質問する力、メモを取る力、要約する力などが言及されることがある。
…（中略）…、例えば、「クリティカル・シンキング」や情報活用能力の育成は、特に「思考力・判断力・表現力等」の「情報を多面的・多角的に精査し構造化する力（論理の吟味・構築、妥当性、信頼性等の吟味）」、「考えを形成し深める力」などの育成と深く関わっている。

平成29年3月に告示された小学校・中学校の学習指導要領には、すでにこの点を重視した内容が盛り込まれている。平成30年の告示が予定される高校の学習指導要領の中にも、このような力の育成を目指す指

第 I 部　新共通テストと国立大学の入試改革

導事項が登場し、指導の充実が図られていくことになるだろう。

5.　おわりに

　ここまで、共通テストにおいて出題が計画される記述式問題のイメージを概観してきた。個別大学の入試においてはこれを踏まえた記述式の出題がなされることになるはずである。

　冒頭に述べたように、高大接続改革後の国立大学の個別試験においては、「高度な記述式試験を課す」ことが目指される。国大協の「考え方」を再度引用すれば、「高度な記述式」とは「例えば、複数の素材を編集・操作し、自らの考えを立論し、さらにそれを表現するプロセスを評価できる」ような問題である。従来の記述式の問題とは問おうとする力も形式も相当に異なるものとして設計することが求められる。

　「試験によって高校以下の教育を変える」という主張は、目的と手段を取り違えた話には違いないが、上述のような出題が広くなされるようになったとき、高校教育の改革は確実に歩を進めるはずである。

【引用文献】

地域科学研究会高等教育情報センター（2017）「政策直言の場 vol. 12 高大接続改革と新共通試験の検証と今後～コアパースン荒井克弘氏へのインタビュー～」（http://chiikikagaku-k.co.jp/kkj/seisakucyokugen/cyokugen12/cyokugen12.html）

島田康行（2012）『「書ける」大学生に育てる』大修館書店

宮本友弘・倉元直樹（2017）「国立大学の個別学力検査では記述式問題は課されていないのか？」『平成 29 年度全国大学入学者選抜研究連絡協議会大会（第 12 回）研究会予稿集』pp. 236-241

渡辺哲司・島田康行（2017）『ライティングの高大接続』ひつじ書房

【参考資料】

国立大学協会「大学入学者選抜試験における記述式問題出題に関する国立大学協会としての考え方」平成 28 年 12 月 8 日

第 2 章　記述式問題のゆくえ

〈http://www.janu.jp/news/files/20161208-wnew-exam-comment.pdf〉
高大接続システム改革会議第 9 回会議配付資料　平成 27 年 12 月 22 日
　〈http://www.mext.go.jp/b_menu/shingi/chousa/shougai/033/shiryo/__icsFiles/afieldfile/
　2015/12/22/1365554_06_1.pdf〉
大学入試センター「『大学入学共通テスト（仮称）』記述式問題のモデル問題例」平
　成 29 年 5 月 16 日
　〈http://www.dnc.ac.jp/albums/abm.php?f＝abm00009385.pdf&n＝記述式問題のモデ
　ル問題例.pdf〉
中等教育審議会初等中等教育分科会教育課程部会「国語ワーキンググループにおけ
　る審議の取りまとめ」平成 28 年 8 月 26 日
　〈http: //www. mext. go. jp/b_menu/shingi/chukyo/chukyo3/068/sonota/__icsFiles/afield
　file/2016/09/12/1377097.pdf〉
文部科学省「高大接続改革の進捗状況について」平成 28 年 8 月 31 日
　〈http://www. mext. go. jp/b_menu/houdou/28/08/__icsFiles/afieldfile/2016/09/01/13767
　77_01.pdf〉

第3章　個別大学の入試設計から見た高大接続改革の展望

倉元　直樹（東北大学）

1.　高大接続改革の下での個別大学の大学入試

　大学入試（university entrance examinations）ということばは、わが国の高大接続関係の制度に根差した独特の表現だ。そこには「大学入学志願者」の「選抜」に「試験」を用いるという前提がある。志願者が募集人員を超えて存在し、一部に入学許可を与える選抜を行う。そして、その手段が試験という訳だ。「大学入試」が世界的には特殊な仕組みだとしても、日本で暮らす限りは大学入試という用語を用いても日常生活で支障が起こる心配はない。会話の当事者が皆同じ認識を共有していることによる。しかしながら、俯瞰した視点で制度を見直すためには、意識されていない現行制度の基盤、暗黙の前提を改めて見直す必要がある。

　学力検査に基づく大学入学者選抜制度はわが国では伝統的に受験地獄と称される深刻な社会問題の原因とされてきた。時代状況が変わっても、少なくとも学士課程答申（中央教育審議会、2008）の登場までは、基本的には類似した発想で大学入試政策が進められてきたと言える。一貫して学力検査によらない選抜制度が模索され、推奨されてきた。実際には、学力検査を用いない大学入学者選抜方式は無試験検定という形で戦前から存在していた（大谷、2012）。推薦入学（当時）が国の公認を得て制度化されたのは 1977 年である（中村、1996）。学力検査によらない選抜は 2000 年度の国立大学へのアドミッションズ・オフィス入学試験（以下「AO 入試」と表記する）の導入で爆発的に広まった。「少子化が進行する上に設置条件が緩和され、大学経営が苦しくなると予想されるタイミングでの制約が緩い入試制度の導入は、無条件の学生獲得の公認、学生募集の規制緩和と受け取られても仕方なかった（倉元、

第Ⅰ部　新共通テストと国立大学の入試改革

2009)」のだろう。しかし、学士課程答申ではついに「少子化」「学力低下」の認識が「受験地獄」のイメージを上回り、大学入試政策のベクトルが逆転していかなる入試にも例外なく学力把握措置が求められるようになった。

　現在の高大接続改革の議論の動向は、従来から受験地獄回避の処方箋であった「評価尺度の多元化（臨時教育審議会、1985）」をさらに強力に推進し、同時にテストのクオリティに高いハードルを課すことで選抜方法としての学力検査に大胆なメスを入れようとしている。高大接続答申（中央教育審議会、2014）では、学士課程答申で絶賛され、大きな役割が期待されていた大学入試センター試験（以下、「センター試験」と表記する）を 2020 年度をもって廃止し、新しく大学入学共通テスト（以下、「新共通テスト」と表記する）[1] を導入することが提言された。半信半疑というのが多くの関係者の正直な感想と思われるが、2017 年に文部科学省から公表された「実施方針」（文部科学省、2017）に至り、現実のものとなった。センター試験の機能や功罪について検証することなく、印象批評による評価のみが突然逆転して廃止となった経緯と、共通試験の取り換えは大学入試改善策として歴史を顧みない（ahisorical）弥縫策なのではないかという疑問は、他の論者とともに筆者も繰り返し訴え、前稿でも論じたことだ（倉元、2017a）。受験生、高校、大学における対応に必要な準備期間とこれまでの制度改革のスケジュールから見て、極端な短期間で如何に大きな変革が求められているかということ、そこから派生すると予想される問題状況の深刻さについては、2012 年度のセンター試験の時間割の変更で招来される問題状況という観点で指摘した（倉元、2012）。その中で「スケジュール問題」と呼んだ、制度改革への準備期間の必要性と性急な新制度導入にまつわる懸念は 2012 年度センター試験の大混乱で顕在化した。その検証の論理が高大接続改革という大義名分の下、いつの間にか試験問題の内容の議論にすり替わり、センター試験の廃止にまで至ってしまうという結末は、当時は予測し得なかった。

第3章　個別大学の入試設計から見た高大接続改革の展望

　第三の教育改革を標榜した四六答申（中央教育審議会、1969/ 1971）以来、多様性を求め続けてきたわが国の大学入試政策は、同じ大学の同じ教育プログラムへの入学に多様な経路を並立させる形で結実した。適否はともかく、大学入試の多様化が実現した背景には、大学に入学者の決定権があることが前提となっている。制約はあるにせよ、個別大学の入試制度を設計する主体とそれに伴って生じる結果責任は最終的に大学にあるというのが日本の大学入試制度の特徴である。大学への進学がユニバーサルアクセスの時代に変化し、いわゆる受験地獄が社会問題であった時代と大学入試を取り巻く環境が全く異なる中、個々の大学が置かれた状況も千差万別である。その中で日本全体としての大学入試の制度設計が急転換する事態が生じている。全ての大学に通用する処方箋はない。個別大学にとっては、大学入試の意義や位置づけを改めて明白に整理して位置づけておかなければならない時期が来ている。

　高大接続改革の流れの中で大学はどのような入試戦略を取るべきなのか。本稿では最初にそれを考える枠組みを提示したい。ただし、あくまでも入試を実施する大学側の視点からの一方的な議論であり、受験生の立場に寄り添う形で立論したものではない。それを踏まえ、高大接続改革の中での個別大学の入試設計を考えるため、筆者が当事者として関わる東北大学の事例を取り上げる。最後に当事者から見た現在の高大接続改革における問題点の一部を指摘し、暫定的な解決策の提示を試みる。

2.　個別大学における大学入試の諸原則

　本節で論ずる「大学入試の諸原則」は日本の大学入試を前提としている。したがって、継続して当該大学に受験者を供給する母体が存在する状況を前提とする。学生の供給母体が定まらない状況とは大学経営が破たんしていることを意味する。本稿では、そのような流動的な状況は想定されていない。また、指定校推薦のような形で合格が約束されているケースも除外する。形式的であっても大学入学に際して「選抜」という行為が行われる状況を念頭に置いている。募集人員はあらかじめ定めら

第I部　新共通テストと国立大学の入試改革

れているものとする。合格者数を臨機応変に変えられる状況は考慮していない。一方、本稿では「大学入試の諸原則」という表現で大学入学者選抜制度について論じるが、大学入試と類似した継続的に行われるハイステークスな選抜場面であれば、一般化して応用可能なモデルと考えてよい。

2.1　大学入試の目標

本節の主題を「大学入試の目標」という用語で表現した。「大学入試の存在意義」とは何かという問いと同義である。なぜ、大学は入試を行うのか。最初にそれを明確に規定する。

2.1.1.　大学入試の目標

大学入試の目標は極めて単純である。大学にとって「教育したい学生、求める学生をあらかじめ定められた募集人員に合わせて確保すること」に尽きる。言い換えれば、入学者受け入れ方針（アドミッション・ポリシー）[2]に表現された「求める学生像」に沿った学生を定員通りに確保することこそが唯一の達成目標であり、大学入試の存在意義である。したがって、以下に述べるその他の原則は副次的な位置づけとなる。ただし、それらを欠かすことができないのは、それらが大学入試の目標を達成するために必要な前提条件を構成するからだ。

2.1.2.　相互関係の原則

大学入試は「実施者」すなわち大学と「志願者」との相互関係で成立する。出願しなかった者に対して大学が入学資格を付与し、入学させることはない。大学入試は志願者が当該大学に入学したい、という動機を持ち、それを出願という形で行動に移さなければ始まらない。したがって、最終的に入試の成否を決めるのは実施者ではなく、志願者の認識である。

アドミッション・ポリシーに合致した潜在的な志願者層が存在しなければ大学入試は成立しない。例えば、アドミッション・ポリシーが現実離れしたものであれば合致した志願者層がないことになって入試は成立

46

しないし、アドミッション・ポリシーに合致する潜在的な志願者層が十分な大きさで存在したとしても、志願者側が大学に対して「入学したいほど魅力的」と感じなければ出願には至らない。この二つの前提条件が「大学入試の目標」を達成するための最初のハードルとなる。

また、実施者が自らの入試制度をいかに有意義だと考えても、志願者側にも同じように認識されて出願行動に結びつかなければ、アドミッション・ポリシーに沿った志願者が募集人員を満たすだけ集まることはない。その時点で大学入試の目標を達成することを断念せざるを得ない。すなわち、志願者側のニーズを実施者が適切に把握、冷静に受け止めているか否かが個別大学の大学入試制度の成否を握る鍵となる。

実施者と志願者のそのような関係性を「相互関係の原則」と呼ぶ。

2.1.3. 継続性の原則

実施者にとって、アドミッション・ポリシーに合致した学生の確保は1回限りのことではない。選抜状況の情報は志願者の母集団にフィードバックされ、以後の選抜に決定的な影響を及ぼす。選抜結果について志願者側が納得できなければ、志願者層が徐々にアドミッション・ポリシーからかい離していくことを覚悟しなければならない。

実施者が改革を断行して新制度を導入した場合、初年度は志願者側には往々にして情報が乏しい。その結果、志願者側から改革が魅力的に見えた場合には積極的な出願行動に結びつく傾向がみられる。初年度は実施者から見て望ましい志願者が数多く得られやすいが、ときに「初年度効果」と呼ばれる。翌年以降は徐々に情報が蓄積され、それを前提とした志願行動が喚起される。実施者はそれを見越して継続して安定的な実施方法を保つ必要がある。制度改革後の最初の選抜は極めて重要である。

鳴り物入りで新制度を導入したとき、実施者は士気高く臨む。コストや手間暇も厭わない。しかし、年月が経過し、担当者も入れ替わると当初の理念は受け継がれにくい。業務の円滑な引継ぎに留意するとともに、選抜の負担を継続可能な範囲に止めておく必要がある。

第I部　新共通テストと国立大学の入試改革

以上のような構造を「継続性の原則」と呼ぶ。

「継続性の原則」から派生して、さらに以下の諸原則が導かれる。

2.2　選抜の諸原則

2.2.1.　公平性の原則

評価を受ける当事者は自分が不当に扱われたと感じたとき、不公平さを感じる。選抜性のある入試には合格者と不合格者が生じるが、合格すれば不満は表面化しにくい。不公平な取扱いで不合格になったと認識された場合、選抜結果は受容されない。したがって、選抜方法の公平性の判断は「不合格者が選抜結果に納得できるか否か」という観点に委ねられる。「継続性の原則」に鑑みると、不合格者が納得できない選抜を行ってしまうと、次回以降の出願行動に悪影響が及ぶ。

以上のような構造を「公平性の原則」と呼ぶ[3]。不合格者からみて「納得性の原則」と呼んでもよい。

何を努力すれば評価され、何を行ってはいけないのか、あらかじめ明示される必要がある。学力検査のように一次元的な能力評価の場合、受験者のパフォーマンスは優越データ（dominance data）の構造を持つ[4]。測定論的に表現すると、一次元の尺度に設問の難易度と受験者の学力が付置されていた場合、受験者の学力設問の難易度よりも大きな値を取れば「正答」、小さな値を取れば「誤答」となる。一方、面接試験等では一般的に受験者のパフォーマンスは近接性データ（proximity data）[5]の構造を持つ。優越データの評価であれば、正答に至る努力は明示的である。近接性データの評価は評価者の意図の忖度が必要となる。「受験生は、面接員から『最適』と判断されるポイントを探して、それに最も適合（すなわち、近接）する反応を返さなければならない」（倉元、2004: p.366）。

2.2.2.　斉一条件の原則

「公平性の原則」を満たすには全ての志願者に公平と感じられる手続きが必要となる。実施者も選抜の実施以前に合否を知ることはできない

ので、志願者の誰一人も自分が不利に扱われたと感じさせない実施手続きが求められる。結果的に全ての受験者に対して基本的に同一条件での実施が「公平性の原則」を満たすために必須の前提となる。

50万名を超える受験者を有する大学入試センター試験の「形式的厳密性（苅谷、2008: p.60）」は試験監督等、実施者を悩ませる。しかし、ハイステークスな選抜用のテストである以上「斉一条件の原則」は欠かせない。大規模になればなるほど実施者にとって達成困難な条件となる[6]。

2.3 選抜が意味を持つための条件

実は、以上の二つの「選抜の諸原則」が重要になるのは、選抜という手続きそれ自体に重大な意味が付与される場面に限られるのである。この点は、実施者にとっては極めて重要なポイントとなる。

実施者からみた入試の状況を本稿では以下の四つに分類する。実施者にとって望ましい順に並んでいる。

なお、ここで記述する四つの状態はあくまでも理念的な描写であり、抽象的にモデル化された典型例である。実際に起こり得るのは二つ目から四つ目の間の状態で、その状況は段階的、連続的である。ただ、理念的にはこの三つの状態を峻別することは重要である。それを理解するためには実際にはあり得ない理想状態について押さえておく必要がある。

2.3.1. 理想状態

大学入試の目的に鑑みると、理想状態とはアドミッション・ポリシーに合致した者のみが、募集人員とちょうど同じ人数だけ出願しているケースである。この状態では選抜という行為は実質的に不要となる。結果が合格である以上、何を行っても受験者に不公平感は生じない。選抜は形式的なものであり、その方法の適否はまず問題とならない。

もちろん、受験料収入等、他の要素を考慮すれば、現実的にはこれが本当に理想状態であるか異論があるだろう。しかしながら、本稿では冒頭に掲げた「大学入試の目標」を全うすることが大学入試の存在意義で

第Ⅰ部　新共通テストと国立大学の入試改革

あると規定して議論を進めている。

2.3.2.　選抜に過度な負担がかからない状態

実施者にとって次に望ましい状況は、アドミッション・ポリシーに合致した者のみが、募集人員を超えて志願するケースである。実施者としては誰を合格にしても構わないが、志願者の立場に立って「継続性の原則」を考えると「公平性の原則」に則った選抜を行う必要がある。

この状態はあくまでも理念的に想定されたものであり、我が国の個別大学の入試で条件が満たされることは極めて稀と考えられる[7]。

2.3.3.　選抜が重要になる状態

その次に望ましい状態は、志願者の中にアドミッション・ポリシーに合致した者と合致しない者が混在するケースである。ただし、出願者にはアドミッション・ポリシーに合致した者が募集人員と同数以上存在しているとする。この状態では、実施者にとって個々の受験者の適性がアドミッション・ポリシーに合致しているか否かを適切に見極めることが重要となる。選抜が成立する入試はこの状態にある。この状態が保たれているときにのみ、アドミッション・ポリシーに合致する学生の確保に向けて、選抜方法をどのように工夫するかが極めて重要な課題となる。

2.3.4.　選抜が無意味な状態

志願者がいないか、アドミッション・ポリシーに合致する志願者が存在しないケースがこれに当たる。こうなってしまうと実施者がどのように入試を工夫しても「大学入試の目標」を達成することは叶わない。

志願者の母集団にアドミッション・ポリシーに合致する者が募集人員を超えて存在する場合には、諸原則を踏まえて大学入試の設計を再構築できる可能性がある。しかし、志願者側に条件に合致した者がいない状況では、実施者側の努力は報われることがない。

繰り返しになるが単純化したモデルなので、実際には二番目から四番目の状態が連続的なスペクトラムとして存在するだろう。例えば、募集人員には満たないが、志願者の中にアドミッション・ポリシーに適合した志願者が少数混じっている場合、「継続性の原則」に鑑みて該当者の

50

みを合格とすることが適切であろう。その後、次に述べる「募集優先の原則」に則って広報活動を強化する、「育成の原則」に則って選択方法を見直す、等々の対策を立てることになるだろうが、何が適切かの判断は個別の状況に依存する。

いずれにせよ、以上の四つの状態を基本にして大学入試制度設計に関して以下の諸原則が導かれる。それらの各条件の全てが満足されることが個別大学にとって望ましい入試制度の設計につながると考えられる。

2.4　選抜が意味を持つ条件を整えるための諸原則

2.4.1.　募集優先の原則

「選抜が重要になる状態」を保つためには入学したい気持ちを出願行動に移すだけの動機が存在しなければならない。繰り返しになるが、出願していない者を強制的に合格とすることはできない。実施者側はその事実を噛み締めなければならない。アドミッション・ポリシーに合致した志願者を十分に確保することができれば、選抜に過度な負荷はかからないし、確保できなければ選抜自体が成立しない。結果的に「選抜が重要になる状態」を作り出すための募集戦略が重要であり、優先的に考えなければならない重要なポイントだということが分かる。

選抜よりも募集が優先する。この構造を「募集優先の原則」と呼ぶ。

それでは、募集には何が重要な鍵となるのか。もちろん、広報活動は重要である。大学をいかに魅力的に演出するか、そのメッセージをどのように志願者層に伝え、出願行動を起こさせるか、それは必要な観点である。しかしながら「選抜が重要になる状態」にあるならば、最も大きな広報効果を持つのは選抜における合否情報そのものである。どのような志願者が合格し、どのような志願者が不合格となったか。その情報は合格発表直後からフィードバックされ、情報交換され、吟味される。そこから実施者側の隠れた「アドミッション・ポリシー」が析出され、次回の出願行動に反映される。「募集優先の原則」にしたがえば、諸原則に則った合否判定を含む選抜手続きが決定的に重要なのである。

第I部　新共通テストと国立大学の入試改革

　なお、高い志願倍率は重要な指標とはならない。人気が膨れ上がって志願倍率が極端に高くなるのは、合否判定が受験者の実力とは無関係に決まるギャンブルとみなされているからだ。もちろん、大学自体に魅力がなければ倍率も上がらない。

2.4.2.　育成の原則

　アドミッション・ポリシーに沿った学生を求めるならば、その候補となる母集団を可能な限り大きく育てなければならない。「育成の原則」の前提には大学入試を教育の一環と考える見方がある。

　実施者側が育成の観点を持たずに志願者を獲得することだけしか考えないならば、諸原則のいずれかを踏み外したときに「選抜が無意味になる状態」に落ち込むリスクは大きい。少子化傾向を考えれば、既存の志願者の母集団がやせ細ってくのは当然である。異なる母集団に活路を見出すのは観念的には可能に見えるが「相互関係の原則」を考慮すると実現は容易ではない。既存の母集団における潜在的な志願者層を拡大していくことが現実的な戦略だ。「育成」ということばで表現したいのはそういう努力である。日本の大学入試制度は、高等学校に存在する潜在的な志願者を大学が求めるアドミッション・ポリシーに沿って育ててもらえるメッセージを出すように設計されるべきである（庄司・田中、2017）。

2.4.3.　妥協の原則

　以上の諸原則を束ねて最後に登場する原則が「妥協の原則」である。「妥協の原則」の適用は様々な場面で必要となる。例えば、実施者側があまりにも高い理念を掲げるとアドミッション・ポリシーに合致する志願者は存在しなくなる。高等教育がユニバーサル化している現状と志願者側の認識を踏まえた理想と現実との妥協が必要となる。高校の現状では、教員や生徒の能力と時間には限界がある。その中で最大限の努力をしても、当然のことながらその成果には限界がある。高校教育の現実からかい離した大学入試制度は受容されない。

　実施者にとって「継続性の原則」は重要である。「ほとんどの関係者

第 3 章　個別大学の入試設計から見た高大接続改革の展望

にとっては大学入試に関連する業務は周辺的なものであって、遂行する
べき中心的業務が別にある（倉元、2005）」のが大学入試を取り巻く人
的環境条件である。「育成の原則」は基本的に「継続性の原則」から派
生するものである。重要であっても、当然ながら「公平性の原則」等、
当該の選抜場面に直接適用される諸原則よりも優先されるべきものでは
ない。

　現実の場面では「大学入試の諸原則」の中の異なる原則の相互矛盾が
起こりがちである。その際、両立しない原則のいずれをどの程度優先す
べきか、実施者側には状況に応じた適切な判断が求められる。

　「大学入試の諸原則」は多くの場面で適切な判断につながる有益なも
のと考える。ただし、あらゆる場面に通用する一通りの正解が見出せる
わけではない。適切な解は状況依存的であり、なおかつ、一つの判断が
命取りになることも窮地を救うこともある。いずれにせよ、実施者側に
は判断が求められる場面を「大学入試の諸原則」に則って整理し、優先
順位を検討することが求められる。大学入試の制度設計はあらゆる意味
で「妥協の芸術（倉元、2014a: p.24）」である。

3.　大学入試の諸原則と東北大学の入試改革

　前節で提示した「大学入試の諸原則」に基づいて高大接続改革期にお
ける東北大学の入試制度の現状分析と改革への展望を試みる。

3.1　入試設計の基本コンセプト

　東北大学の学部入試は一般選抜入学試験（以下、「一般入試」と表記
する）、AO入試、特別選抜入学試験（以下、「特別入試」と表記する）
に大別される。国立大学としてはオーソドックスな制度設計だが、2014
年度入試をもって推薦入試が全廃された後、特別入試には募集人員が配
分されていない[8]。一般入試とAO入試を二本柱として学部入試が設計
されていることが、東北大学の入試設計の最大の特徴と言える。

　東北大学のAO入試は2000年度に導入された当初から「学力重視の

53

第Ⅰ部　新共通テストと国立大学の入試改革

AO入試」を掲げてきた点で異彩を放つ（例えば、倉元、2000；倉元、2011）。その結果、AO入試と一般入試の間に「求める学生像」の大きな差別化はない。入学後に学生が経験する教育プログラムが入試区分別に設定されていない以上、カリキュラム・ポリシーに鑑みて区別する必要がないというのがその大きな理由であるが、大学入試の諸原則の考え方に沿って「相互関係の原則」を重視してきたと表現することもできる。

　志願者側から東北大学の入試制度を見た場合、AO入試から一般入試まで一貫して計画的な受験準備を行うことが可能になる利点がある。AO入試で不合格になった場合、無理なく一般入試に対応できることで受験者にとってのセイフティ・ネットとして機能する。東北大学では受験者を送り出す高校との関係性を大切にし、徐々に高校とのつながりを築いてきた。当初から高校の意見を取り入れながら入試制度設計の基本コンセプトを具体的に落とし込んできた（国立大学入学者選抜研究連絡協議会、2003）。

3.2　入試の多様化政策と東北大学型AO入試
　AO入試が我が国の入試に本格的に導入された時期、AO入試制度は米国の大学入学者選抜制度を模したという誤解が多かった。実際にはAO入試はわが国の伝統的な入試の多様化政策の一環として公認された制度とみなすべきだ。AO入試は「大学による自由設計入試（倉元、2013a）」として誕生したのだ。大学審議会（2000）ではAO入試に求められるものとして「公募型」「求める学生像の明確化」「能力、適性、意欲、関心等の多面的、相互的評価」「高校生との相互のコミュニケーション重視」「専門的なスタッフ等の充実」との5条件を挙げながらも、米国の大学入学者選抜制度を特徴づけるアドミッション・オフィサーに相当する5番目の要素が抜け落ち、「アドミッション・オフィスなる機関が行うというよりは、学力検査に偏ることなく、詳細な書類審査と時間を掛けた丁寧な面接等を組み合わせることによって、受験生の能力・

第 3 章 個別大学の入試設計から見た高大接続改革の展望

適性や学習に対する意欲、目的意識等を総合的に判定[9]（下線筆者）し
ようとするきめ細やかな選抜方法の一つとして受け止められている」との
の認識が表明されていた（倉元、2009）。倉元・當山・西郡（2008）は
大学入試の多様化政策における「多様化」という言葉それ自体が多義的
であることを指摘した。そして、実質的な意味内容を「選抜方法の多様
化・評価尺度の多元化」「学生集団の多様化」「受験機会の複数化」の三
つに整理した。

「選抜方法の多様化・評価尺度の多元化」とはペーパーテスト以外の
選抜方法の積極的導入を意味する。四六答申（中央教育審議会、
1969/1971）から始まり共通第 1 次学力試験（以下、「共通 1 次」と表記
する）の導入に結実する流れで個別試験に小論文・面接等の導入が奨励
されていった（大谷他、2017）従来の大学入試改革政策と軌を一にす
る。わが国の大学入試政策の伝統的政策である。AO 入試を入試の多様
化の一環と捉え、選抜方法を工夫してきた点では東北大学も他大学と同
様である。

一方、東北大学では「学生集団の多様化」において一般入試で入学す
る学生より学力の低い層を容認するという「学力水準の多様化」方針は
採らなかった。その結果、AO 入試合格者の成績が一般入試合格者より
も総じて良好であるという、一般的な見方からすると常識はずれの現象
が生じることとなった（倉元・大津、2011）。

「受験機会の複数化」という次元は、国立大学特有の文脈である。新
制大学に設けられた一期校と二期校という入試日程による大学種別間の
差別感を解消するため、共通 1 次導入時に全国立大学の 2 次試験の日程
が統一された歴史がある。しかし、逆にそれが受験生から機会を奪うと
して大変な不興を買ったことから、国立大学にとっては同一年度に同一
の大学の同一学部を複数回受験可能な機会を確保することが至上命題と
なった。そこで、1987 年度に A 日程と B 日程からなる「連続方式」を
導入して 2 回の受験機会を確保したが、それはそれで様々な問題を引き
起こすこととなり、国立大学は事後処理に奔走する羽目に陥った（例え

第 I 部　新共通テストと国立大学の入試改革

ば、国立大学協会入試改善特別委員会、1987）。その後、入学定員を前
期日程と後期日程に分ける分離分割方式に移行、1997 年度入試からは
分離分割方式に一本化されて現在に至っている。

　国立大学協会は 1999 年度告知の学習指導要領で学んだ高校生が受験
を迎える 2006 年度入試に向けて従来の方針を一部修正し、「分割比率の
少ない日程の募集人員に推薦入学・AO 入試などを含める」ことを容認
した（国立大学協会、2003）。東北大学では AO 入試を「第 1 志望のた
めの特別な受験機会」と位置付けてきた。その基本設計が国立大学協会
における入試の多様化政策の一環として公認されたことになる。国立大
学協会の方針が、多くの学部にとって後期日程試験を廃止し、AO 入試
を導入するインセンティブとして作用した（倉元、2011）。その結果、
2009 年度入試における AO 入試 II 期（以下、「AO II 期」と表記する）
（文学部）の開始をもって、東北大学における全ての学士課程プログラ
ムが AO 入試による入学区分を持つこととなった（倉元、2016a: pp.
106-107）。

　現在進行中の高大接続改革が政策として登場し、本格的に大学入試改
革の議論がスタートしたきっかけは首相官邸の下に置かれた教育再生実
行会議が 2013 年 10 月 31 日に発表した第四次提言である（教育再生実
行会議、2013）。東北大学も同会議の「高大接続・大学入試の在り方に
関する視察」の対象に選定され、同年 8 月 1 日に視察を受けた[10]。提言
を受けた新聞報道によれば「新たな入試制度として参考にしたのが東北
大（仙台市）の『AO 入試』だ（朝日新聞、2013）」とされる。現在の
高大接続改革政策でも「学力重視の AO 入試」を中心とした東北大学の
入試設計は高く評価され、入試改革の成功例とみなされてきた。

3.3　東北大学における AO 入試拡大方針

　2000 年度に 2 学部で募集人員合計 199 名、全募集人員に占める割合
として約 8.5% で始まった東北大学の AO 入試は徐々に拡大し、2015
年度入試には募集人員合計 438 名、全募集人員の 18.3% に至った。15

年間で2倍強、募集人員比で約＋10%の増加率である。

　AO入試を中心とした学部入試の設計が十全に機能していることを受け、東北大学の執行部は2016年度入試を皮切りに数年をかけて「全募集人員の3割を目標に拡大する」と宣言した。「東北大学における入試改革」の基本方針である（倉元、2016b: p.107）。突然の方針決定で即応が困難だったため2016年度入試では募集人員を超えて合格者を出してきた学部がそれを定員化することで募集人員を拡大し20%の大台に乗せた。2017年度入試では3学部4区分が実施体制を整備して既存の区分で募集人員を増やし、約20.7%とした。2018年度入試では三つの学部学科で新規区分を設けるなど、21.9%までの拡大となった。2019年度にはさらに3学部が新たな区分を導入した。AO入試の規模は24.6%となる。

　一方で、拡大方針を保ちつつAO入試の質の維持をすることはそう簡単な話ではない。十全に機能する入試設計を維持するために配慮すべきポイントがいくつも存在する。

3.4　大学入試の諸原則からみた現在のAO入試

　東北大学のAO入試は一般入試の存在を前提とした制度である。一般論として、AO入試で入学する者は東北大学の一般入試を目標に準備をしてくるので「求める学生像」に含まれる「幅広い基礎学力」や「思考力や表現力を含むより高い学力」といった一般入試で測る資質・能力（東北大学、2017: p.2）を高校時代に身に着ける努力を行っている[11]。実施者側として制度設計上「公平性の原則」に則った努力をしているため、合否水準が推測できる。そのため、多くの志願者に「求める学生像」に近い適性が期待できる。その結果、現在のところ、「選抜に過度な負担がかからない状態」に近い「選抜が重要になる状態」が実現できている。

　志願者獲得戦略は「継続性の原則」を崩さぬ工夫をしながら展開している。中でも全国で有数の規模を誇るオープンキャンパスを基軸とした

第Ⅰ部　新共通テストと国立大学の入試改革

広報活動が中心的な役割を担う（例えば、倉元、2007, 2008; 倉元・泉、2014）。結果的に長年の間、高等学校から高い評価を得てきた（朝日新聞出版、2017: p.147）。

　「選抜が重要になる状態」の維持は微妙なバランスの上に成り立っている。東北大学の学部入試で入学する学生の出身地分布をみると、東北地方出身者が約4割を占めているが、一般入試では東北地方出身者が約1/3でそれ以外の地域が2/3であるのに対して、AO入試では比率が逆転する。各種の入試関連データからの分析からも、一定の学力水準をクリアした高校生の中で潜在的に東北大学第1志望の受験生は東北地方が圧倒的に高い（倉元、2008）。ところが、東北地方は18歳人口の減少が激しい上に、「学力問題」を抱えている。大学入試制度の変更によって、いわゆる難関大学への進学実績は大きな打撃をこうむる構造となっている（倉元、2011: pp.28-29、2016a: pp.96-103）。東北地方に立地している以上、AO入試の募集人員を少数に絞り込むことが「選抜が重要になる状態」を保つには最も合理的で手間がかからない戦略と言える。

3.5　AO入試拡大方針の問題点

　総合的に見れば、「東北大学型AO入試」の拡大方針は薄氷を踏みながら、辛うじて前進しているように見える。上述のような事情に鑑みると「大学入試の目標」を貫徹するためには、具体的な問題点を一つ一つ解きほぐしながらの改革を続けていく必要がある。

　一つ目の問題点は「選抜が意味を持つ条件」に直接関わる。募集人員を引き上げると「求める学生像」に合致する志願者の母集団も相応に大きくならなければ設計が崩れてしまう。東北地方の高校に一層の理解を得ると同時に、志願者集団を地理的に拡大していく必要がある。また、「募集優先の原則」「育成の原則」を重視して高大連携活動や入試広報活動に力を注いでも、現在の入試区分のままでの募集人員拡大には限界があり、多くの学部では新規区分の開始が必要となる。

　二つ目の問題点は「継続性の原則」に関わる。募集人員を増やすとそ

れだけ選抜にかける負担が増す。石井（2016）はAO II 期（工学部）を例にとり、現状の選抜方法を一般入試にまで拡大した場合、「助教までを含めた全教員数350人を大きく超え」る教員を動員するか期間を伸ばすしか方法はなく、「おおむね1か月前後」かかることになり「大学の機能自体が停滞してしまう（以上、p.231）」ことを指摘している。2017年度入試において、工学部はAO入試3割方針を達成している唯一の学部だが、それが最大限に近い。負担の増分を全体としてどれだけ軽減しつつ「大学入試の諸原則」を守り、選抜にかかる費用対効果を増していく工夫をすることができるかがクリティカルな問題である。

3.6　東北大学におけるAO入試拡大方針の展望

3.6.1.　AO入試の全学化

　従来から東北大学では学部入試においては「学部の考え方を最大限尊重するという伝統（倉元、2011: p.18）」がある。良く言えば入試における学部の自治の伝統が守られてきたわけだが、逆に言えば、かなりの部分を各学部の「自己流」に任せてきたことになる。

　今後に向けての一番重要な戦略は「AO入試の全学化」と表現できる。各学部や選抜単位で求める学生像には微妙な違いがあるので、選抜方法を全て統一する必要はない。むしろ、それでは自由設計入試としてのAO入試の良さが損なわれてしまう。しかしながら、類似した内容の選抜方法に対して募集単位ごとに出願資格や出願要件が違ったり、独自の表現が使われたり、異なる様式の書類を要求するのでは志願者に不必要な負担をかけてしまう。そこで、2018年度入試を目途に選抜要項、募集要項を精査して可能な限り用語や様式の統一と実質化[12]を図った。

　可能な限り受験者が必要とする情報へのアクセスを向上させることも課題である。従来、AO入試で課される小論文試験等の課題は著作権上の制約を理由にあらかじめ決められた数だけ「AO入試問題集」という冊子を作成し、限定配布してきた。そのような周知方法では、入手可能な情報にハンディが生じる。独特な用語の使い方と合わせると、東北大

第 I 部　新共通テストと国立大学の入試改革

学型「学力重視の AO 入試」に対して広く理解を得る上で妨げとなっていた。2017 年度入試からは冊子の作成を取りやめる代わり、課題は著作権処理をしてウェブ公開することとなった。

募集単位ごとに独立に実施してきた選抜の一部や入学前教育を共同化する試みも始まっている。

3.6.2.　筆記試験の質の向上の方策

東北大学の AO 入試はセンター試験を利用しない AO II 期と第 1 次選考で利用する AO 入試 III 期（以下、「AO III 期」と表記する）に大別される。全てに共通する選抜資料は面接試験と志願理由書であり「選抜尺度の多元化」を担っている。同時に学力重視の AO 入試を掲げる東北大学においては、AOII 期を実施している募集単位の全てと AOIII 期の一部で筆記試験[13]を課している。この筆記試験の質の向上が AO 入試拡大方針の帰趨を左右すると考えられる。

筆記試験のてこ入れのため、東北大学入試センターには 4 名の高等学校教員経験者が特任教授として配属されることとなった。それぞれ数学、物理、化学、英語という教科科目について高校教育の観点から高い専門性を持つ。従来の学部一任の方針では、所属教員の専門分野から筆記試験の内容と質には制約があった。高校教育を熟知した特任教授が全学的にサポートすることで学部の弱点を克服し、より「公平性の原則」に沿った課題の作成と評価が可能となることを目指している。

4.　高大接続改革における記述式採点の問題[14]

4.1　入試改革におけるディテールの重要性

高大接続改革は高校と大学の現場に戸惑いと不安をもたらしている（阿部、2018）。それは「全ての入試改革は結果的に『改悪』と受け取られてしまう（倉元、2012: p.55）」という構造的問題による。さらに「新しく導入される制度は、その内容の如何に関わらずあらかじめ激しい批判を浴びる覚悟が必要と考えられる（倉元、2017b: p.29）」ため、あらゆる角度から改革の結果としてもたらされる影響を慎重に吟味しなけれ

60

ばならない。「現場は、ちょっとしたディテールに翻弄されるものである。細かいところまできちんと機能するということを入念に確認し、1つひとつ問題点を潰していくような作業を行わなければ、予期せぬところから大騒動が起きてしまう（倉元、2012: p.86)」のである。

ところで、高大接続答申（中央教育審議会、2014）の現状認識には深刻な「二つの疑問（倉元、2017a: pp.71-76; 宮本・倉元、2017)」がある。それが一切省みられないまま、前代未聞のスピードで大きな改革が行われようとしている。大学入試が「妥協の芸術」である以上、現実的に機能している仕組みを覆して高い理想を達成できるマジックはあり得ない。今後、教育接続改革の制度設計が具体的に進む中で、2021年度入試から新共通テストを中心とする制度は、センター試験の機能を全て継承しつつ、個別大学の入試設計と調和する形で成立するように具体的なディテールに関する配慮がなされるべきなのだ。本稿で議論の対象とする「記述式採点問題」とは、現場のあらゆる努力を灰燼に帰す結果をもたらしかねない「重要なディテール」の一例である。

4.2　新共通テストにおける記述式問題の採点と個別大学の入試日程

2017年7月公表の実施方針によると、記述式問題を含む新共通テストの成績提供時期は「現行の1月末から2月初旬頃の設定から、記述式問題のプレテスト等を踏まえ、1週間程度遅らせる方向で検討する」とされた（文部科学省、2017: p.31)。センター試験を第1次選考に利用している東北大学のAO III期は現状でも究極の厳しい日程で運営されている。この方針のまま改革が進むと東北大学ではAO III期の実施が不可能となる。本稿執筆時点の2017年の前年の段階では新共通テストの日程には以下の3案が提示された（例えば、倉元、2016a)。そのうちの「【案1】センターが1月に実施し、採点をする」が実施方針に採用となった。現在のセンター試験の代わりに新共通テストを第1次選考に利用するならば、どの時期までに成績提供を受けなければならないのか。入試設計の根幹に関わる重大なディテールである。

第 I 部　新共通テストと国立大学の入試改革

　文部科学省が毎年通達する大学選抜者実施要項を紐解くと「国立大学の入学者選抜の日程は、国立大学協会の定める実施要領及び実施細目に基づき実施をすること」となっている。例えば、国立大学協会入試委員会（2016）に基づく 2018 年度の国立大学の入試日程を見ると「2 月 25日をその試験第 1 日として『前期日程』の試験を行い、次に、3 月 12日以降に『後期日程』の試験を開始する」とある。前期日程試験の初日は日付が固定されており、毎年 2 月 25 日となっている。

　一方、AO III 期の日付は毎年変動する。2018 年度入試の場合、AO 入試及び推薦入試は「2 月 7 日までに結果を発表し、14 日までに入学手続きを行う」ことが定められている（前掲資料）。他方、センター試験は「大学入試センター試験実施大綱」で定められており、2009 年以降は「1 月 13 日以降の最初の土曜日及び翌日の日曜日」に実施することとなっている。すなわち、センター試験は曜日固定、前期日程試験が日付固定という異なる原理で毎年日程が決められている。

　2000 年度の AO 入試導入時から現在に至るまで、さらに、この先の数年間、AO III 期においてどのような日程でセンター試験から前期試験までの作業が行われるのかをまとめたものが図 1 である。

　AO III 期の出願期間は、センター試験の後、中 1 日置いておおむね 4日間となっている。これは志願者にとって大変な負担である。しかし、この日程で入試を行わざる得ない事情がある[15]。

　出願受付後、大学は志願者分のセンター試験成績を大学入試センターに請求する。大学入試センターからの成績受領作業はオンラインで行われるので、成績請求後数分でデータが入手できる。したがって、作業に関わる日程は短縮できない。その後、AO III 期の第 1 次選考と合格発表が行われるが、それはセンター試験成績受領の翌日に設定されている。入試ミスのリスクを考えると文字通り綱渡りである。そこから第 2 次選考を実施するまでが中 3 日ある。遠方からの志願者が 1 次で不合格になると、2 次受験のために予約していた交通や宿泊をキャンセルしなければならない。それを考慮すると最低限必要な期間にも足りない。第 2 次

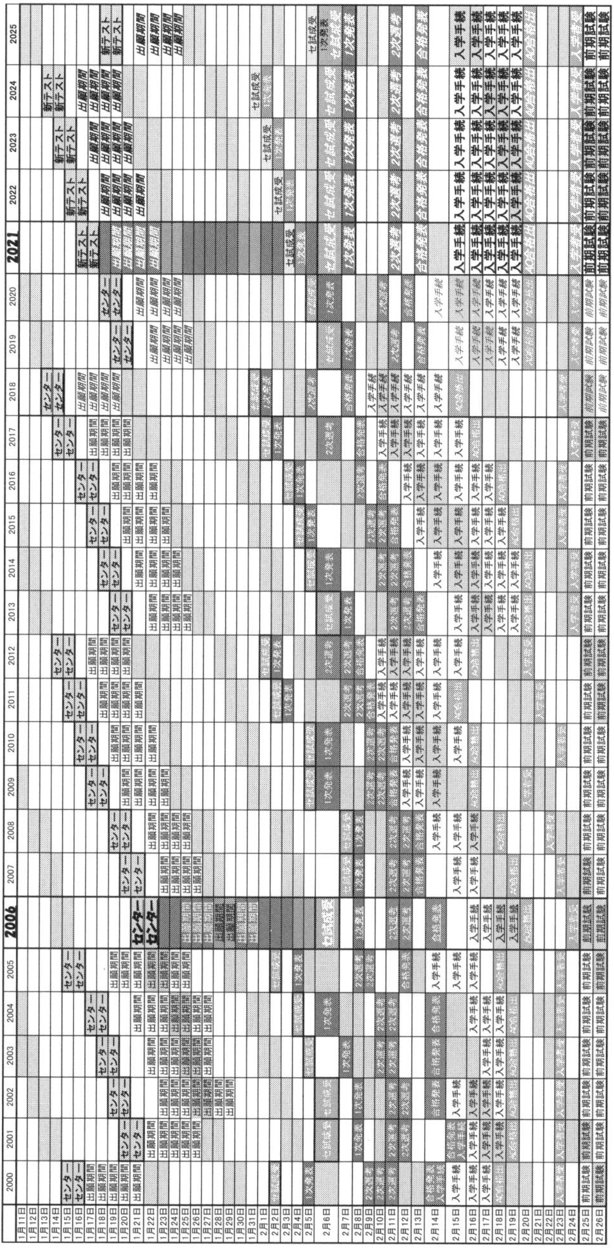

第 3 章　個別大学の入試設計から見た高大接続改革の展望

図 1. 東北大学 AO 入試Ⅲ期の日程（2000〜2025 年度）

第Ⅰ部　新共通テストと国立大学の入試改革

選考から合格発表までは中1日である。通常、東北大学の規模であれば、試験実施から合格発表までは1週間、場合によっては2週間ほどかかる。それを何とか中1日でこなしている現状である。これほどの過密日程は類例を見ないのではないだろうか。次に入学手続き期間がある。過去には合格発表当日から入学手続き期間を設けたこともあった。しかし、合格者の便宜を考えると、少なくとも中1日はおいた後に5日間くらい必要となる。入学料と授業料前期分を入学時納付金として支払う必要があり、短期間で多額のお金を用意しなければいけない。金融機関の窓口が開いている時間に振込に行く必要があるので、その手間を考えると5日間となる。入学手続きが終わるとAO入試の合否情報を大学入試センターに提出する。それは入学手続き期間終了の翌日に設定されている。その後、推薦入試やAO入試の合格者情報を受領する。これまでの実績から中3日必要となる。このプロセスは欠かせない。この点がおろそかになると「昭和62年度ショック（倉元、2016a）」の再現となり、AO入試を中心とした東北大学の入試制度設計の根幹部分が崩れてしまう。

　この状況下で次に行うべきは、現状を前提としたときにこれだけのプロセスについてどこまで日程を詰められるのかという試算である。

　従来、最もセンター試験から前期日程試験までの期間が短く、厳しい日程での作業が強いられたのが2006年度入試である。この年、センター試験から成績受領までは中14日だった。これを基本に国立大学協会の日程に関するルールが現在と同じと仮定すれば、新制度の初年度となる2021年度入試はセンター試験から成績提供までは中16日となる。国立大学協会がAO入試の規程を後ろから逆算して日付を固定すると、あと3日稼げる。中19日、つまり、最短で実施した年の期間からの差分を考えると5日間確保できる。ちなみに2025年度入試には、日付を固定しても中17日になるので、最も厳しい日程を前提にして3日間の猶予が得られる（倉元、2017c: pp.14-15）。

　今後、抜本的な方針転換が示されるか、東北大学のAOⅢ期に対し

第 3 章　個別大学の入試設計から見た高大接続改革の展望

て特別な配慮がなされない限り、新共通テストの下では AO 入試の実施が事実上不可能となる。しかしながら、他大学にも似たような状況が生じるとすれば、東北大学だけ、特別扱いを望むのは難しい。

　共通試験に記述式問題を導入することには、教育測定の専門家から根本的にその意義を疑問視する意見が多い（例えば、大塚、2017; 倉元、2017c; 南風原、2017）。しかし、導入が決定した今となっては大学入試の現場で最も重要かつ緊急の課題は「採点を終えられるまでにどれほどの期間が必要なのか」という点に移った。実施方針（文部科学省、2017）で示された 1 週間程度の遅延が現実になるだけでも問題なのだが、そもそもその日数で採点が完了できる根拠も示されていない。倉元（2014b）で描かれているセンター試験の答案処理プロセスからも、50万人分もの記述式の答案をそれほどの短期間で採点することが可能とは思えない。国立大学協会が 2017 年 6 月 14 日に発表した意見書では記述式問題の導入は「各大学の入学者選抜において、共通テストの記述式試験の結果を具体的にどのように活用するかを検討するためには、次の点について、早急に更なる詳細が示されることを求める」として「採点に要する期間及び各大学への成績提供の具体的な時期と方法」の項目を含む四つの課題が提示された。そして「遅くとも夏頃（8 月末まで）には、国立大学協会の基本方針を策定するために必要な基本的な事項について明らかにされることが不可欠である」とした（以上、国立大学協会、2017a[16]）。

　「大学入試の諸原則」の考え方を援用すると、新共通テストに記述式を導入する根拠は「育成の原則」しかありえない。しかし、先述のように「育成の原則」は大学入試の諸原則の最優先事項ではない。当該年度の受験生の犠牲の上にしか成り立たないのであれば、本末転倒である。各大学が「大学入試の目標」に有効活用できる形で導入するには、採点期間も含めて、少なくとも手続き的な問題はあらかじめ解決されていなければならない。「スケジュール問題（倉元、2012）」の観点からは、未解決の問題が山積の現状は、事前準備として遅きに失している。

65

第 I 部　新共通テストと国立大学の入試改革

それでも、とにかく採点を間に合わせることが肝心なのだ。そのためには、共通 1 次の導入以来変えることなく続けられてきた「回答方法の設計（日本テスト学会、2007: p.34）」に思い切った改革を加える必要がある。次節以降、その点について論じることとする。

5.　CBT と記述式問題の採点

5.1　我が国の大学入試への CBT 導入の展望

現在進行中の高大接続改革において、そう遠くない将来の共通試験への CBT（Computer-Based Testing）の導入が視野に入っている。共通試験の CBT 化の道程が記述式採点の課題を解決する鍵を握っている。

「コンピュータテスト」すなわち「コンピュータを利用したテスト」に対して一般的に「CBT」という用語が充てられることが多い。テスト・スタンダードによれば、コンピュータシステムや実施方法による違いを反映してコンピュータテストには他にも「IBT（Internet-Based Testing）、WBT（Web-Based Testing）」、「e-テスティング」など様々な呼称がある。コンピュータテストとは「単にテストをコンピュータで実施することのみではなく、コンピュータを用いてテストの作成を支援することや、テストの実施およびテスト結果データを統合的に管理していることを意味する」とされている（以上、日本テスト学会、2007: p.119）。本稿では、広い意味での「コンピュータテスト」すなわち「コンピュータを活用したテストの実施」を慣用的な表現にならって CBT と呼ぶこととする。

大学入試の共通試験におけるコンピュータ活用の議論は、CBT という用語に若干偏ったイメージが込められて進められてきた。それ故に、活用の効果も自ずから狭い範囲に限定され、独特の期待が過剰に込められた議論がなされてきたように感じられる。

5.2　共通試験における CBT への期待と課題

高大接続答申（中央教育審議会、2014）の「大学入学希望者学力評価

第 3 章　個別大学の入試設計から見た高大接続改革の展望

テスト（仮称）」と「高等学校基礎学力テスト（仮称）」においては
「CBT 方式での実施を前提に、出題・解答方式の開発や、実施回数の検
討等を行う（p.15, 19、下線筆者）」等とされ、CBT 化が新共通試験制
度構想の前提に位置付けられていた。その後、高大接続システム改革会
議の最終報告では、大学入学希望者学力評価テスト（仮称）の議論の中
で「思考力・判断力・表現力を構成する諸能力をテストによって評価す
るには、CBT の導入が有効であると考えられる」として大きな期待が
寄せられた一方、事前に準備が必要であることも認識され、最終的に
「平成 36 年度から始まると想定される次期学習指導要領の下でのテスト
から CBT を実施する」として、即時導入には慎重な姿勢が示された
（高大接続システム改革会議、2016: p.59）。ただし、逆に数年程度の準
備期間があれば実現可能であるはずだ、との認識が示されたと言える。

　2020 年度に導入される[17]ことが決まった新制度の下で導入される二
つの共通試験のうち、当面は大学入学者選抜に直接利用されないことと
されている「高校生のための学びの基礎診断」では、CBT の導入につ
いては積極的であるものの「当面 CBT は必須とはしない。検討・研究
を継続。」という扱いとなった。「大学入学共通テスト」においては
「CBT の導入については、引き続きセンターにおいて、導入に向けた調
査・検証を行う。平成 29 年度については、問題素案の集積方法の検討
及び集積等を行う。この成果も踏まえ、平成 36 年度以降の複数回実施
の実現可能性を検討する（下線筆者）」とされている（以上、文部科学
省、2017: p.11）。ここまでの検討プロセスでは、CBT とは「年複数回
の共通試験実施を可能にする方法」であり、「事前に集められてあらか
じめ統計的な性質が知られている項目からなる項目プールから繰り返し
出題がなされるテスト」であるとの前提で議論が進められてきた。

　大学入試の共通試験に関わる議論に本格的に CBT の構想が導入され
たのは、いわゆる学士課程答申の議論の過程で検討された「高大接続テ
スト（仮称）」である。高大接続テスト（仮称）とは、審議会の議論の
中で、推薦入試や AO 入試が「事実上学力不問の入試となっている」こ

67

第Ⅰ部　新共通テストと国立大学の入試改革

とが問題だという認識の下、推薦入試や AO 入試における学力把握措置の一つの可能性として構想された共通試験であった。「高等学校と大学との接続に関するワーキンググループ」における議論ののち、「高等学校の指導改善や大学の初年次教育、大学入試などに高等学校・大学が任意に活用できる学力検査」として「高等学校・大学の関係者が十分に協議・研究する」ことが答申された（中央教育審議会、2008: p. 32, 34）。なお、全体の文脈から見て、高大接続テスト（仮称）はセンター試験に代わるものではない。むしろ、補完する役割が期待されていたとみることができる。

　高大接続テスト（仮称）に関する調査研究は、審議の最終段階で文部科学省から北海道大学への委託事業として行われた。報告書では年複数回実施の意義が強調された。そこでは「全国一斉に同一環境で同一試験を実施するための生じるコスト」が障害との認識が示され、さらに「絶対的な到達度」を測定しうるテストの導入が必要とされた。そのために「IRT[18) を適用したテストと同時に標準化あるいは『等化』に基づくテスト」が望ましいという論理である。そのためには「マークシート方式を採用することが適切（以下、下線筆者）」と記載されている。さらに、高大接続テスト（仮称）の課題として「上位の学力の識別問題が生じる」が「テストが CBT で実施される場合には、TOEFL などで行われている CAT（Computer Adaptive Testing）[19) の導入が可能となり、問題は生じない」といった見通しが示された（北海道大学、2010: pp. 29-31）。

　高大接続テスト（仮称）の議論には傾聴に値する部分があっても見方の偏り、必要なコストや負の影響に対する見積もりの欠如、前提条件に関する認識の欠如、単純な事実誤認などが見られる。実現に向けて足を踏み出すには大いに躊躇を覚える提案であり、現にその後の入試改革の中では忘れ去られていった構想であった。一方、「複数回実施の前提としての CBT」「CBT の必要条件としての IRT、すなわち尺度化された項目プール」という現在の議論の原型はここで描かれている。また、このスキームに従った CBT 化に向けた改革プロセスに従えば、あたかも長

第3章　個別大学の入試設計から見た高大接続改革の展望

年懸案とされてきた諸問題が一気に解決可能であるかのような印象を与えるには、十分なインパクトをもった内容であったことは否めない。

5.3　個別試験における CBT

　共通試験の CBT 化構想の傍ら、一部の大学では入学者選抜における既にコンピュータ技術の活用が進められている。しかし、その実態は必ずしも複数回実施や IRT の導入といった発想とは軌を一にしていない。

　大学入学者選抜における ICT 活用としては、ウェブによる志願受付が念頭に浮かぶ。ウェブ受付は私立大学から始まり、国立大学へも広がりを見せている（例えば、藤崎、2013; 井上他、2017）。郵送が必要となる紙媒体の選抜資料が残るために余計に手間がかかることやセキュリティ等に関する受験生、保護者、高校教員の不安や抵抗があることは否めない（杉原他、2016; 上山・井上、2016）が、今後、調査書や課外活動等に関する報告書等、現在、主として紙媒体が主力の選抜資料が電子化され、最終的に全ての出願プロセスが電子化されることで短期間に急速に普及する可能性もある[20]。大学入学者選抜における ICT 活用についてこのような状況を分析することも重要だが、テスト場面それ自体におけるコンピュータ利用ではないので、本稿では CBT には含まれないとする。

　個別大学における CBT の導入の試みには佐賀大学のタブレット入試がある[21]。佐賀大学では 2017 年度入試から理工学部と農学部の推薦入試に「佐賀大学版 CBT」と称するタブレット端末を利用した CBT を導入した（西郡他、2016; 佐賀大学、2017: p.8; 佐賀新聞、2017）。佐賀大学版 CBT の特徴は「ペーパーテストでは技術的に評価することが難しい領域をタブレット等のデジタル技術を用いて評価する試み（西郡・山口他、2017: p.63）」であり、化学実験の動画を素材にした出題（兒玉他、2017）等「動画や音声の利用、紙媒体では表現できなかった 3 次元図形の提示など、PBT[22] で実現できない内容（以上、下線筆者、西郡他、2016: p.24）」の出題にある。PBT では技術的に不可能な、より現実

第 I 部　新共通テストと国立大学の入試改革

場面に近い試験問題の真正性（authenticity）の追求が CBT 化の主眼であり、複数回実施や同一問題の繰り返し出題といった発想ではない。国語や数学も含めて CBT の研究開発を行っている安野（2017a, 2017b）の発想も同じ系譜に位置づけられる。2017 年度入試から導入されたお茶の水女子大学の新フンボルト入試のうち、文系対象の図書館入試は異なるアプローチを取る。インターネットにつながるパソコンを文献情報の検索ツールとして用いるのである（例えば、森、2016）。これも日常の学習活動を入試で再現しようとした真正性追及の中での CBT の一つの形と考えてよいだろう。

　このように、大学入試の CBT 化には様々な発想が生かされる可能性がある。そして、我が国における従来の共通試験の CBT 化の議論とは全く異なる観点から共通試験の全面的な CBT 化[23)] が始まっている国がある。それがフィンランドである。

6.　フィンランドにおける大学入試のデジタル化[24)]

6.1　フィンランドの大学入学者選抜制度の概要[25)]

　PISA 調査の国別平均値比較で最上位に位置づけられたことから、今世紀に入ってフィンランドの教育がにわかに注目された。一方、フィンランドの大学入学者選抜制度はあまり知られていない。全国一斉の教科科目単位の共通試験と個別試験の組み合わせで選抜が行われるという点では、欧米各国の制度の中では日本の大学入試制度にかなり近い。

　秋と春の年 2 回ずつ行われる大学入学者選抜に関わる共通試験は大学入学資格試験（The Matriculation Examination）と呼ばれ、高等学校を会場に 1 科目 6 時間の試験が数日間にわたって行われる。試験会場は教室や体育館やホールなどの広い部屋に設置される。左右前後から離れて配置された机に多数の受験者が座って問題に向かう試験風景の印象は我が国の伝統的な大学入試と何ら変わらない。必答科目が母国語、その他に選択科目として第 2 公用語[26)]、数学、外国語、一般科目の四つのカテゴリーから 3 科目を選択する。連続する 3 回の受験機会のうちに必要な科

70

第 3 章　個別大学の入試設計から見た高大接続改革の展望

目に合格すればよいので、受験者数は秋が約 36,000 名、春が約 41,000 名だが、年間の答案処理枚数は 20 万枚程度になるということであった。

試験問題は鈴木（2011, 2015）が生物、小浜（2014）が保健を紹介しているが、本格的な論述式の問題である[27]。保健では 10 問中 6 問を選択して解答する。試験問題は実施直後に大学入学資格試験評議会（The Matriculation Examination Board/ Ylioppi lastutkintolautakunta、以下、「評議会」と表記する）のウェブサイト上に「模範解答内容の概要」がアップロードされる形で直ちに公開となる。マークシート方式と論述式の違いはあるが、問題や正解の公開非公開に関しても、基本的にセンター試験と同様に実施直後に公開となっている。

答案の採点は最初に高校教員が行った後、評議会が管轄する非常勤の監査官（censor）によって行われる。高校での採点に約 2 週間、評議会でのチェックに約 1 か月費やされる。試験開始から採点終了までのプロセスで、厳封された試験問題が各会場に送付されて試験まで保管され、実施後には予備採点済の答案が返送されるというプロセスをたどる。

6.2　大学入学資格試験のデジタル化スケジュール

大学入学資格試験のデジタル化は 2016 年秋を皮切りに、2019 年春で完了する予定である。表 1 に予定スケジュールを示す。本稿執筆時点では、2017 年秋の試験が完了したところである。基本的には受験者数が比較的少ない科目から着手された。数学が最後になったのは、用いられ

表 1.　大学入学資格試験電子化スケジュール

時期	対象科目
2016 秋	ドイツ語，地理，哲学
2017 春	フランス語，社会科，心理学
2017 秋	第 2 公用語（スウェーデン語，フィンランド語），宗教，倫理，保健，歴史
2018 春	英語，スペイン語，イタリア語，ポルトガル語，ラテン語，生物
2018 秋	母国語（フィンランド語，スウェーデン語，サーミ語）第 2 外国語としてのフィンランド語・スウェーデン語，ロシア語，物理，化学，サーミ語
2019 春	数学

第 I 部　新共通テストと国立大学の入試改革

る記号の複雑さ、扱いにくさによる。

　基本的には答案作成も含めて試験実施に関わる全てのプロセスがデジタル化の対象となる。ただし、採点はあくまでも専門性を持った採点者が行い、自動採点方式を検討する予定はないということであった。

6.3　デジタル化された大学入学資格試験の実施方法

　実施面での特徴はインターネットから遮断された環境で試験が行われることである。試験に用いられるパソコンは受験者の物でも学校から貸与された物でもよい。パソコンはケーブルで結ばれた校内 LAN によってサーバに接続されるので、試験会場の床は LAN ケーブルで埋め尽くされる。試験時間中、サーバはモニタリングを受けており、不正アクセスによる外部との情報のやり取りがあればすぐに分かる仕組みである。

　実施に際して各受験者に USB メモリが配布される。パソコンの電源を入れると USB メモリから「Degabi OS」と呼ばれる Linux を基盤としたオペレーションシステムが立ち上がり、試験が始まる仕組みである。事前に設定の変更やソフトウェアのインストールの必要もなく、ハードドライブへのアクセスもない。受験者の解答もパソコンに入力するが、受験者が入力した情報はログとともに USB メモリに格納され、同時にサーバに記録される。したがって、万が一、解答中に機械の故障が生じてパソコンを交換せざるを得なくなったとしても、即座にバックアップされている解答途中の答案をサーバから吸い上げて代替用のパソコンにダウンロードすれば、中断されたところから解答の再開が可能である。

　試験終了後、評価はウェブ上で行われる。先述のように、最初は高校教員が採点を行った後、各科目の監査官がチェックを行うことになる。なお、USB は回収され、解答記録のバックアップとしての役割を担う。

6.4　デジタル化の目的と意義

　このように、フィンランドの大学入学資格試験のデジタル化は我が国で議論されている CBT とは大きく異なった様相を呈している。元々が

72

年2回実施されていた試験であり、複数回実施はデジタル化の目的ではない。解答方式はマークシート方式ではなく本格的な論述式試験だが、採点を自動化していこうという志向性もない。試験問題の公開もデジタル化以前と同様であり、項目プール作成の構想もない。

　デジタル化の目的と意義はどこにあるのか。一つは佐賀大学版 CBTと同様に PBT では出題できない動画や音声などのデジタルコンテンツを用いた題材を試験問題とすることにより、テスト場面をより実際に近づけることにある。さらに、カンナス（2017）によれば受験スキルを受験生の日常行動に近づけられる利点があるという。曰く、今の若者はデジタルデバイスに囲まれた生活を送っている。情報を取り入れる際、紙の本を読むよりもパソコンの画面に映し出されたテキストを読む方がはるかになじみ深い、という認識があるそうだ。さらなる利点としては、問題冊子や解答用紙の輸送コストの削減が挙げられるそうだ。入学者選抜に関わるハイステークスな試験である以上、情報セキュリティには細心の注意を払う必要がある。しかし、その問題は PBT でも変わらない。何よりも輸送に伴うタイムロスや交通障害による想定外の遅延を防ぐことの利点が大きい、とのことであった。

7.　共通試験における CBT 化 3 段階構想

　当然のことながら、大学入学者選抜制度、教育制度のあり方は文化や社会のあり方に依存する。米国には米国、フィンランドにはフィンランドのテスト文化があるように、日本には日本のテスト文化がある（Arai & Mayekawa, 2005）。現在のセンター試験とそれを成立させている日本的テスト文化は、北海道大学（2010）に端を発して CBT のイメージを固着化させた「米国流 CBT」に一足飛びに向かうには距離がありすぎる。フィンランドが、最終的に目標とする到達点も含めてそれとは全く異なるデジタル化のプロセスをたどっていることを念頭におけば、我が国の共通試験においても実情により合致した、現実的な CBT 化、デジタル化のシナリオが必要なのではないだろうか。

第 I 部　新共通テストと国立大学の入試改革

そこで、本稿では以下のような 3 段階の CBT 化構想を提案したい。

7.1　第 1 段階：コンピュータを用いた解答

　共通 1 次からセンター試験に至るまでマークシート方式が採用されてきた。マークシート方式は多肢選択式、客観式と同一されがちだが、前者は解答に用いられる道具であり、後者は出題解答形式の種類なので、分けて考えるべきだ。マークシートに必要な光学式読取装置は、1950年代に考案された古い技術である（池田、1997; p.22）。この方法をいつまで墨守すべきか、再考の余地もありそうだ。そこで、本稿ではマークシートをパソコン等の情報端末に置き換えることを CBT 化の第 1 段階と考える。

　現在、センター試験は約 350 万枚の実施後解答済マークシートが逐次的に大学入試センターに到着し、順次マークシートリーダにかけられるが、読取りだけでも 1 週間近くかかる（倉元、2014b: pp.206-207）。センター試験本試験の 1 週間後に国立大学の一般入試の志願受付が始まるが、受験者に自分の得点が通知されるのはセンター試験出願時に通知を希望して手数料を支払った場合で、時期は 4 月半ば過ぎである（独立行政法人大学入試センター、2017）。大学への出願には間に合わないので自己採点結果に基づいて志願先を決めなければならないのが実情である。もしも、電子データとして解答結果を提出することができれば、答案輸送とマークシート読取りの手間と時間を省くことができる。読取の際に生じる危険性がある技術的なミスも回避できる。受験者にとって大きな利点であり、大学にとってもセンター試験の成績提供が大幅に早まる利点が大きい。この段階で試験問題をデジタル化する必要はない。試験問題は従来通り冊子体で提供され、受験者は解答をマークシートに記入する代わりにパソコン等の情報端末に入力すればよいのである。

7.2　第 2 段階：試験問題のデジタル化

　第 2 段階ではデジタルコンテンツを用いたコンピュータによる出題を

第3章　個別大学の入試設計から見た高大接続改革の展望

行う。佐賀大学版 CBT やフィンランドの大学入学資格試験のデジタル化はこの段階を志向したものと位置付けられる。

　メリットは言うまでもなく、試験問題の形式や内容の多様性と自由度にある。デジタル技術を駆使した出題がなされるならば、紙媒体という制約を超えた様々な出題が可能になる。

　障壁は試験問題の開発コストと本当に多様な類題が作成可能なのかといった疑問、アクシデント対策等であろう。ミスのない入試を完遂するためには、一人一人の受験者の扱う機器に求められる性能が第1段階と比較して格段に上がってくると思われる。試験問題の開発にも予算と人員、時間が必要だろう。この段階に達するまでには様々な角度からの検討が必要となるだろう。

7.3　第3段階：大規模項目プールを用いた CBT

　第3段階がこれまで議論されてきたような米国流 CBT のイメージである。ただし、第3段階は日本の教育文化、テスト文化を考慮すると、その実現にははるかに高いハードルが待ち構えている。

　フィンランドと同様に日本でセンター試験の問題と正解が公開になっているのは、試験問題に教材、学習材としての機能が求められていることによる（Kuramoto & Koizumi, in press）。一方、項目プールに蓄積された試験問題の繰り返し利用には、項目の内容は実施後においても完全に秘匿されなければならない（日本テスト学会、2007: pp. 58-61, p. 139）。公開された試験問題を再利用すると、問題と解答をセットで暗記する学習活動を誘発することになる。また、項目の統計的性質を導いて尺度化するため、事前にそれを目的とした予備調査が必要となる。試験問題の漏洩はシステムを根本から揺るがす。試験問題を教材として扱うことを良しとする文化において、果たして予備調査で用いられた試験問題を秘匿することが可能なのか、慎重に考慮すべき重大な問題である。また、項目反応理論には局所独立（local independence）という相互に無関連のコマ切れ問題を多数出題することが適しており、思考力・判断力・表現

第 I 部　新共通テストと国立大学の入試改革

力が求められる記述式問題には根本的に向かない（泉・倉元、2017）。

　年複数回実施のために尺度化、等化が必要だというのは重要な指摘である。しかし、実際にはセンター試験には既に成績の複数年利用が許されている。また、十分な根拠に基づいた得点調整なしに選択科目の素得点が互換的に利用されている時点で、すでに利用方法がテストの基本設計をはみ出している実情がある（倉元、2013b）。素点を尺度化することは必要だが、それは年複数回の試験実施で初めて招来される事態でもなければ、IRT や CBT 以外に解決の方法がないわけでもない。年複数回実施となれば、早い時期から高校生が大学受験準備教育に巻き込まれる。それが本当に望まれていることなのかどうかも熟慮すべき重大問題である。

　我が国の大学入学者選抜で用いられる共通試験にとって第 3 段階の CBT 化が本当に望ましいことか、また、将来的に目指すべき姿であるかどうか、それ自体を改めて考え直す時期に来ている。

8.　まとめ

　筆者に ICT に関する知識が乏しい故の思い込みもあるかもしれないが、CBT 化の第 1 段階は早急に実現に向けて検討されるべきではないだろうか。新共通テストに記述式問題が導入される状況を考えると、現時点で構想されているようなマークシートに解答を手書きする方法はあまりにロスとリスクが大きい。手書き文字をパソコン入力に代えることで文字判別の負担がなくなる。また、高大接続システム改革会議で採点の効率化のために検討されたクラスタリングも、最終報告で指摘されていた通り電子データを一括処理する場合には極めて大きな力を発揮するだろう（高大接続改革会議、2016: p.57）。

　前節の末尾で触れた得点の尺度化も素点の自己採点を経由してからでは難しい。現在、定められているセンター試験の得点調整の方法（独立行政法人大学入試センター、2017: pp.51-52）では、素点が減点されることはない。それは単に教育測定論的な問題ではなく、受験生心理を

76

第 3 章　個別大学の入試設計から見た高大接続改革の展望

慮った社会心理学的公平性に関わる問題だからである（林・倉元、2003; 倉元他、2008）。自己採点のプロセスを経ずに尺度化された得点を受験者に通知することができれば、問題解決への道筋が大きく開けるのではないかと期待される。

　いずれにせよ、個別大学の立場としては本稿で示した「大学入試制度設計の諸原則」を踏まえつつ、前例のない思い切った制度改革に着手せざるを得ない状況となった。それが最終的にどのような形を取るにせよ、受験者や彼らを送り出す高等学校側から「改悪」と受け取られないためには周到な準備と受験者への周知が求められるであろう。

　現状、十全に機能している仕組みを立ち行かなくさせてまで導入される新制度には、本来、それに必要な大がかりな設備投資や公的なバックアップが前提となるべきなのではないだろうか。もちろん、それに見合うだけの大きな成果が求められることは言うまでもない。新制度導入の数年後に大掛かりな検証がなされることを期待したい。そして、その際には、現場の様々な懸念が払拭されないうちに制度を推進した側の方々が、責任を持って大学入試の仕組みを微視的に正確に把握し、正当に評価した上で全体として整合性の取れた議論が行われるものと信じたい。

【注】

1) 当時は「大学入学希望者学力評価テスト（仮称）」と呼ばれていた。「実施方針」の公表で「大学入学共通テスト」という名称が確定した。
2) 大学入学者受入方針（アドミッション・ポリシー）というのは便利な言葉だが、この言葉が誕生したのは比較的最近のことである。1999 年度に入ってからの中教審答申（中央教育審議会、1999）で初めて現れたとされる。大学入学者選抜実施要項には 2001 年度入試に初めて登場（鴫野、2004）し、2017 年度入試から全大学がアドミッション・ポリシーを定め、それを公表することが義務付けられることになった。
3) 林・倉元（2003）は大学入試における公平性の評価軸について、社会学的アプローチ、心理測定論的アプローチ、社会心理学的アプローチの三つの次元に整理した。本稿の「公平性の原則」は主観的な公平感に焦点を当てた主観的な公

77

第 I 部　新共通テストと国立大学の入試改革

　　正理論、すなわち、社会心理学的アプローチに属する。

4)　優越データとは「2 つの対象のうちどちらか一方が他方に何らかの意味で優越
　　している」という関係を示す構造のデータとされる（高根、1984a）。

5)　近接性データとは「2 つの対象が何らかの意味で似ている（類似性）、あるいは
　　似ていない（非類似性）」という関係を示す構造のデータとされる（高根、
　　1984b）。

6)　大学審議会（2000）は「絶対的な公平性という考え方」からの脱却を訴え、中
　　央教育審議会（2014）は「点数のみに依拠した選抜を行うことが公平であると
　　する『公平性』の観念という桎梏は断ち切らなければならない」とした。「大
　　学入試の諸原則」に照らすと実現には大学入試が社会的に重要ではなくなるこ
　　とが必要だ。

7)　米国や欧州のトップクラスの大学等は例外的に「選抜に過度な負荷がかからな
　　い状態」にあると思われる。すなわち、出願行動に関する志願者側の自己規制
　　により、ほぼ全ての志願者がアドミッション・ポリシーに合致した状態となっ
　　ている可能性がある。うがった見方をすると、結果として選抜において重要な
　　のは「公平性の原則」を満たすことだけに思える。その結果、不合格者の不満
　　を最小限に抑えるために多大なコストをかけて丁寧な選抜の外見を整えている
　　のではないかと感じられてしまう。選抜方法それ自体がわが国の大学入試のモ
　　デルになるとは思えない。なお、米国の大学における選抜方法については樫田
　　他が第 III 部第 4 章で、公平性が問題となった事例については木南が第 III 部第
　　3 章で論じている（樫田他、2018；木南、2018）。

8)　2018 年度入試からは、定員管理を目的として例外的に特別入試の一部区分に
　　15 名の募集人員を設定している。

9)　毎年、文部科学省高等教育局長名で各大学長等宛に通達される大学入学者選抜
　　実施要項に 2002 年度入試から AO 入試が記載されるようになった（文部科学
　　省高等教育局長、2001）。現在は傍線部分が AO 入試を定義する文言として用
　　いられている。当初「学力検査を課す場合は、これに過度に重点を置いた選抜
　　基準とすることのないよう留意するものとする」といった記述がみられたが、
　　2011 年度入試以降は「大学教育を受けるために必要な基礎学力の状況を把握す
　　るため、以下のア～エのうち少なくとも 1 つを行い、その旨を募集要項に明記
　　すること・・・（以下略）」（文部科学副大臣、2010）といった形で基礎学力の
　　担保を強調する記述に変化している。

10)　高大接続システム改革会議による視察の概要は、2013 年 8 月 23 日に開催され
　　た第 11 回会議において報告された。会議の配布資料は以下の URL で「資料 3」
　　として公開されている。http://www.kantei.go.jp/jp/singi/kyouikusaisei/dai11/siryou.
　　html（最終閲覧日 2017 年 4 月 20 日）。

11)　裏付けるデータは存在するが、詳らかにできない。

12)　例えば、工学部が推薦入学から AO 入試に切り替えた際、「小論文試験」とい

う名称を残した。ところが、徐々に常識的に「小論文」という名称で浮かぶ内容から課題がかい離してきた。そこで、2018年度入試からは「筆記試験」という全学統一の名称に合わせることとなった。

13） 2018年度入試からの名称。

14） 本稿では新共通テストにおける記述式問題導入について論じる。英語外部試験の大学入試への利用については秦野が第II部第3章で論じている（秦野、2018）。「高校生のための学びの基礎診断」も重要だが、残念ながら本稿の対象とはしない。

15） 出願受付を共通試験の前に置くのは「昭和62年度改革（倉元、2016a）」の教訓を無視することになり、論外である。

16） 国立大学協会は2017年11月10日付で「残念ながら6月に指摘した諸課題については未だ十分な詳細が示されているとは言えない。」とする会長談話（山極、2017）とともに平成32年度以降の「基本方針」を発表した（国立大学協会、2017b）。

17） 入試年度は入学年度を基本とするため、入試の年度で言えば「2021年度入試」からの導入となる。

18） Item Response Theory（項目反応理論ないしは項目応答理論）の略。

19） 適応型テスト（Adaptive Testing）とは、テストを実施している最中に解答パターンによって受験者の能力水準を推定し、適切な難易度の問題を提示することで効率的に受験者の能力を推定するテスト方式。テストがIRTで尺度化され、事前に統計的性質が知られている設問が大量にプールされていることが前提となる。

20） 大学入学者選抜で測定すべきとされる学力の3要素のうちの「主体性を持って多様な人々と協働して学ぶ態度」は、学力検査の得点に表れないものと解釈される傾向がある。その測定装置として調査書や活動報告書の類を選抜に活用されることが期待されている。それらは出願書類の一部として提出されるが、現在、電子化に関する取組が急速に進んでいる（例えば、岡本、2017; 西郡・竜田他、2017）。

21） 佐賀大学版CBTについては西郡が次章で詳しく紹介している（西郡、2018）。

22） Paper-Based Testing（紙筆テスト）の略。紙と鉛筆で実施される。

23） なお、フィンランドではCBTという用語は使われていないようで「デジタル化（digitalization）」という表現が用いられる。カンナス（2017）の表題は、主催者が原題を意訳したものである。

24） 本節の内容は、カンナス（2017）及び大学入学資格試験評議会事務局長Mr. Robin Lundell氏への聞き取り調査による（2017年9月26日）。なお、大学入学資格試験のデジタル化に関する資料は大学入学資格試験評議会（The Matricula-tion Examination Board / Ylioppilastutkintolautakunta）のウェブサイトから入手可能である。（https://www.ylioppilastutkinto.fi/en/matriculation-examination/

第 I 部　新共通テストと国立大学の入試改革

　　　 digital-matriculation-examination、最終閲覧日 2017 年 10 月 25 日）。
25)　本項の内容は主として鈴木（2011）、小浜（2014）に基づく。
26)　母国語はフィンランド語、スウェーデン語、サーミ語のいずれかで、サーミ語
　　　を除く母語以外の言語が第 2 公用語となる。
27)　なお、鈴木が第 III 部第 1 章で 2016 年秋の生物の問題を紹介している（鈴木、
　　　2018）。

【謝辞】

　本章の第 2〜4 節は JSPS 科研費 JP16H02051、第 6 節は JP15K01661 の助成を受け
た研究の成果を活用したものである。

【付記】

　本章の第 2〜4 節は倉元（2017c）、倉元（2018）を組み合わせ、大幅に加筆して構
成したものである。

【参考文献】

阿部淳（2018）.「『共通テスト』と『東北大学個別試験問題（前期）』に関する高校
　　　側の一考察」東北大学高度教養教育・学生支援機構編『個別大学の入試改
　　　革』、115-135.
Arai, S. & Mayekawa, S.（2005）. "The Characteristics of Large-scale Examina-tions
　　　Administered by Public Institutions in Japan: From the Viewpoint of Standardization,"
　　　Japanese Journal for Research on Testing, 1, 81-92.
朝日新聞（2013）.『入試　点数偏重からの転換』2013 年 11 月 1 日.
朝日新聞出版（2017）.『2018 年度版　大学ランキング』.
中央教育審議会（1969/ 1971）.『我が国の教育発展の分析評価と今後の課題、今後に
　　　おける学校教育の総合的な拡充整備のための基本的施策について』大蔵省印刷
　　　局、77-552.
中央教育審議会（1999）.『初等中等教育と高等教育の接続の改善について（答申）』
　　　1999 年 12 月 16 日（http://www.mext.go.jp/b_menu/shingi/chuuou/toushin/991201.
　　　htm、最終閲覧日 2017 年 12 月 1 日）.
中央教育審議会（2008）.『学士課程教育の構築に向けて（答申）』2008 年 12 月 24 日
　　　（http://www.mext.go.jp/b_menu/shingi/chukyo/chukyo0/toushin/1217067.htm、最終

閲覧日 2017 年 10 月 23 日).

中央教育審議会 (2014).『新しい時代にふさわしい高大接続の実現に向けた高等学校教育、大学教育、大学入学者選抜の一体的改革について——すべての若者が夢や目標を芽吹かせ、未来に花開かせるために——（答申）』2014 年 12 月 22 日（http://www.mext.go.jp/b_menu/shingi/chukyo/chukyo0/toushin/1354191.htm 最終閲覧日 2017 年 10 月 23 日).

大学審議会 (2000).『大学入試の改善について（答申）』.

独立行政法人大学入試センター (2017).『平成 30 年度大学入試センター試験受験案内』

藤崎雅子 (2013). Web 出願最新動向」『カレッジマネジメント』180、38-41.

南風原朝和 (2017).「共通試験に求められるものと新テスト構想」、東北大学高度教養教育・学生支援機構編『大学入試における共通試験の役割』、東北大学出版会、83-99.

秦野進一 (2018).「大学入試で問われるべき英語力とは何か——資格・検定試験導入の持つ意味——」東北大学高度教養教育・学生支援機構編『個別大学の入試改革』、163-182.

林洋一郎・倉元直樹 (2003).「公正研究から見た大学入試」『教育情報学研究（東北大学大学院教育情報学研究部・教育部紀要）』1、1-14.

北海道大学 (2010).『高等学校段階の学力を客観的に把握・活用できる新たな仕組みに関する調査研究』文部科学省文部科学省委託事業（平成 20 年 10 月～平成 22 年 9 月）報告書、2010 年 9 月 30 日.
　（http://www.mext.go.jp/a_menu/koutou/itaku/08082915/__icsFiles/afieldfile/2010/11/04/1298840_1.pdf、最終閲覧日 2017 年 10 月 23 日).

池田央 (1997).「心理・教育測定の理論と技術は以下に発展してきたか——この 20 世紀の歴史を振り返る——」『立教大学社会学部応用社会学研究』39、15-35.

井上俊憲・中村裕行・前村哲史・植野美彦・立岡裕士・岡本崇宅・大塚智子 (2017).「四国地区国立 5 大学共通のインターネット出願と多面的・総合的評価への取り組み」『大学入試研究ジャーナル』27、91-96.

石井光夫 (2016).「国立大学入試における個別選抜のゆくえ」東北大学高度教養教育・学生支援機構編『高大接続改革にどう向き合うか』東北大学出版会、221-242.

泉毅・倉元直樹 (2017).「項目反応理論による理系記述式テストデータの分析——項目間の連鎖性と部分点のカテゴリ化を巡って——」『教育情報学研究』16、77-94.

カンナス、L. (2017).「フィンランドの大学入試における CBT 導入とその改善について——母国語（フィンランド語）と保健科目からの例示——」『日本テスト学会第 15 回大会発表論文抄録集』13.

苅谷剛彦 (2008). 指定討論：教育社会学の立場から」「日本の教育システム」教育

測定・評価サブグループ編『米国流測定文化の日本的受容の問題——日本の教育文化・テスト文化に応じた教育政策の立案に向けて——』「日本の教育システム」コア研究（代表者：苅谷剛彦）国内セミナー報告書、60-64.

樫田豪利・田中光晴・宮本友弘（2018）.「米国の大学入学者選抜と Holistic Review——日本の多面的・総合的な評価への示唆——」東北大学高度教養教育・学生支援機構編『個別大学の入試改革』、279-296.

木南敦（2018）.「州立大学学士課程入学者決定プロセス——アメリカ合衆国最高裁判所判例に現れたプロセスの検討——」東北大学高度教養教育・学生支援機構編『個別大学の入試改革』、247-277.

兒玉浩明・長田總志・坂口幸一・山口明徳・松高和秀・園田泰正・西郡大（2017）.「化学実験を題材にした CBT 方式の試験開発」『全国大学入学者選抜研究連絡協議会第 12 回大会研究発表予稿集』211-214.

小浜明（2014）.「フィンランドの大学入学資格試験における保健科の試験」『体育学研究』59、829-839.

国立大学協会（2003）.『平成 18 年度入試にかかる分離分割方式の改善について』.

国立大学協会（2017a）.『「高大接続改革の進捗状況について」に対する意見』、2017年 6 月 14 日（http://www.janu.jp/news/files/20170614-wnew-teigen.pdf、最終閲覧日 2017 年 10 月 31 日）.

国立大学協会（2017b）.『平成 32 年度以降の国立大学の入学者選抜制度——国立大学協会の基本方針——』、2017 年 11 月 10 日（http://www.janu.jp/news/files/20171110-wnew-nyushi1.pdf、最終閲覧日 2017 年 11 月 25 日）.

国立大学入学者選抜研究連絡協議会（2003）.「AO 入試の現在（いま）」『大学入試研究の動向』20、1-36.

国立大学協会入試委員会（2016）.『国立大学の入学者選抜についての平成 30（2018）年度実施要領』、国立大学協会.

国立大学協会入試改善特別委員会（1987）.『国立大学協会入試改善特別委員会報告』.

高大接続システム改革会議（2016）.『高大接続システム改革会議「最終報告」』2016年 3 月 30 日
（http://www.mext.go.jp/component/b_menu/shingi/toushin/__icsFiles/afieldfile/2016/06/02/1369232_01_2.pdf、最終閲覧日 2017 年 10 月 23 日）.

倉元直樹（2000）.「東北大学の AO 入試——健全な『日本型』構築への模索——」『大学進学研究』114、9-12.

倉元直樹（2004）.『ペーパーテストによる学力評価の可能性と限界——大学入試の方法論的研究——』、博士学位請求論文.

倉元直樹（2005）.「大学入試とテストスタンダード」『日本テスト学会第 3 回大会発表論文集』47-48.

倉元直樹（2007）.「東北大学入試広報戦略のための基礎研究(1)——過去 10 年の志

願者数・合格者数等から描く「日本地図」――」『東北大学高等教育開発推進センター紀要』2、9-22.

倉元直樹（2008）.「東北大学入試広報戦略のための基礎研究(2)――過去 11 年の志願動向に見る各募集単位の特徴――」『東北大学高等教育開発推進センター紀要』3、63-76.

倉元直樹（2009）.「AO 入試のどこが問題か――大学入試の多様化を問い直す――」『日本の論点 2009』、文藝春秋、596-599.

倉元直樹（2011）.「大学入試の多様化と高校教育――東北大学型『学力重視の AO 入試』の挑戦――」、東北大学高等教育開発推進センター編『高大接続関係のパラダイム転換と再構築』、東北大学出版会、7-40.

倉元直樹（2012）.「大学入試制度の変更に伴うスケジュール問題の構造」、東北大学高等教育開発推進センター編『高等学校学習指導要領 VS 大学入試』、東北大学出版会、53-89.

倉元直樹（2013a）.「自分が面倒を見る学生は自ら選ぶ」『2014 年版大学ランキング』朝日新聞出版、64-65.

倉元直樹（2013b）.「大学入試センター試験における対応付けの必要性」『日本テスト学会誌』9、129-144.

倉元直樹（2014a）.「受験生から見た『多様化』の意義――東北大学型 AO 入試と一般入試――」、独立行政法人大学入試センター研究開発部『入試研究から見た高大接続――多様化する大学入試にせまる――』、24-30.

倉元直樹（2014b）.「達成度テストと大学入試センター試験」東北大学高等教育開発推進センター編『『書く力』を伸ばす――高大接続における取組と課題――』高等教育ライブラリ 8、東北大学出版会、187-217.

倉元直樹（2016a）.「大学入試改革モデルとしての『東北大学型 AO 入試』の誕生――『昭和 62 年度改革』の教訓から――」、東北大学高度教養教育・学生支援機構編『高大接続改革にどう向き合うか』東北大学出版会、85-113.

倉元直樹（2016b）.「東北大学における入試のトータルプランニング―― AO 入試成功のカギを握る一般選抜個別試験の設計戦略――」、全国大学入学者選抜研究連絡協議会/ 独立行政法人大学入試センター編『大学入試研究の動向』33、102-108.

倉元直樹（2017a）.「大学入試制度改革の論理――大学入試センター試験はなぜ廃止の危機に至ったのか――」、東北大学高度教養教育・学生支援機構編『大学入試における共通試験の役割』、東北大学出版会、47-82.

倉元直樹（2017b）.「大学入試制度改革の論理に関する一考察――大学入試センター試験はなぜ廃止の危機に至ったのか――」『大学入試研究ジャーナル』27、29-35.

倉元直樹（2017c）.「新共通テストの下における東北大学学部入試の展望」、東北大学高度教養教育・学生支援機構編『個別大学の入試改革――東北大学の入試設

第Ⅰ部　新共通テストと国立大学の入試改革

　　　計を事例として──』第 26 回東北大学高等教育フォーラム──新時代の大学
　　　教育を考える［14］──報告書、7-23.
倉元直樹（2018）.「大学入試設計の諸原則から見た東北大学の入試改革」『大学入試
　　　研究ジャーナル』28、印刷中.
倉元直樹・泉毅（2014）.「東北大学工学部 AO 入試受験者にみる大学入試広報の効
　　　果──その意義と発信型、対面型広報の効果──」『日本テスト学会誌』10、
　　　125-146.
Kuramoto, N. & Koizumi, R.（in press）. "Current issues in large-scale educational
　　　assessment in Japan: focus on national assessment of academic ability and university
　　　entrance examinations.", *Assessment in Education: Principles, Policy & Practice.*
　　　（http://www.adrec.ihe.tohoku.ac.jp/wp/wp-content/uploads/2016/11/KuramotoKoizu
　　　miin-press.pdf、最終閲覧日 2017 年 10 月 26 日）.
倉元直樹・大津起夫（2011）.「追跡調査に基づく東北大学 AO 入試の評価」『大学入
　　　試研究ジャーナル』21、39-48.
倉元直樹・西郡大・木村拓也・森田康夫・鴨池治（2008）.「選抜試験における得点
　　　調整の有効性と限界について──合否入替りを用いた評価の試み──」『日本
　　　テスト学会誌』4、136-152.
倉元直樹・當山明華・西郡大（2008）.「AO 入試の実情調査(1)──大学入試の多様
　　　化と AO 入試──」『日本テスト学会第 6 回大会発表論文集』82-83.
教育再生実行会議（2013）.『高等学校教育と大学教育の接続・大学入学者選抜の在
　　　り方について（第四次提言）』2013 年 10 月 31 日〈http://www.kantei.go.
　　　jp/jp/singi/kyouikusaisei/teigen.html、最終閲覧日 2016 年 10 月 19 日〉
宮本友弘・倉元直樹（2017）.「国立大学における個別学力試験の解答形式の分類」
　　　『日本テスト学会誌』13、69-84.
文部科学省（2017）.「大学入学共通テスト実施方針」『高大接続改革の実施方針等の
　　　策定について』2017 年 7 月 13 日（http://www.mext.go.jp/b_menu/houdou/29/07/_
　　　_icsFiles/afieldfile/2017/07/18/1388089_002_1.pdf、最終閲覧日 2017 年 10 月 26
　　　日）.
文部科学省高等教育局長（2001）.『平成 14 年度大学入学者選抜実施要項』13 文科高
　　　第 143 号.
文部科学副大臣（2010）.『平成 23 年度大学入学者選抜実施要項』22 文科高第 206
　　　号.
森いづみ（2016）.「新しい時代にむけた教育改革を図書館は推進できるか──お茶
　　　の水女子大学『図書館入試』のチャレンジ──」『図書館雑誌』110(7)、
　　　416-417.
中村高康（1996）.「推薦入学制度の公認とマス選抜の成立──公平信仰社会におけ
　　　る大学入試多様化の位置づけをめぐって──」『教育社会学研究』59、
　　　145-165.

84

日本テスト学会編（2007）．『テスト・スタンダード──日本のテストの将来に向けて──』金子書房．

西郡大（2018）．「個別大学における高大接続改革モデル──地方国立大学の挑戦──」東北大学高度教養教育・学生支援機構編『個別大学の入試改革』、87-111．

西郡大・園田泰正・兒玉浩明（2016）．「『多面的・総合的評価』に向けた佐賀大学の入試改革」『大学入試研究ジャーナル』26、23-28．

西郡大・竜田徹・山内一祥・福井寿雄・高森裕美子・園田泰正・兒玉浩明（2017）．「高校3年間を通じた継続・育成型の高大連携活動の取り組み──完成年度を迎えた『教師へのとびら』の効果と課題──」『全国大学入学者選抜研究連絡協議会第12回大会研究発表予稿集』303-309．

西郡大・山口明徳・松浦和秀・長田聡史・坂口幸一・福井敏雄・高森裕美子・園田泰正・兒玉浩明（2017）．「デジタル技術を活用したタブレット入試の開発──多面的・総合的評価に向けた技術的検討──」『大学入試研究ジャーナル』27、63-69．

岡本崇宅（2017）．「香川大学医学部看護学科のインターネット出願システムを利用したAO方式入試の選抜資料として入力を課す項目とその評価について」『全国大学入学者選抜研究連絡協議会第12回大会研究発表予稿集』55-60．

大谷奨（2012）．「高大接続史の試み──戦前におけるその弾力性──」、東北大学高等教育開発推進センター編『高等学校学習指導要領VS大学入試』、東北大学出版会、105-124．

大谷奨・島田康行・本田正尚・松井亨・白川友紀（2017）．「共通第一次学力試験実施に伴う個別学力検査の多様化についての再検討」『大学入試研究ジャーナル』27、37-42．

大塚雄作（2017）．「大学入試センター試験の現状と課題──共通試験の在り方をめぐって──」、東北大学高度教養教育・学生支援機構編『大学入試における共通試験の役割』、東北大学出版会、7-46．

臨時教育審議会（1985）．『教育改革に関する第1次答申』．

佐賀大学（2017）．『平成30年度佐賀大学推薦入試1学生募集要項（インターネットによる出願受付）』（http://www.sao.saga-u.ac.jp/PDF/H30/suisen_yoko.pdf、最終閲覧日2017年10月23日）．

佐賀新聞（2017）．「佐大にタブレット入試」2017年6月27日付（http://www.saga-s.co.jp/articles/-/81049、最終閲覧日2017年10月23日）．

鳴野英彦（2004）．「アドミッション・ポリシーと入学受入方策──大学ユニヴァーサル時代における入学者選抜──」大学入試センター研究開発部編『アドミッション・ポリシーと入学受け入れ方針──大学における学生の入学受入方策に関する総合的調査研究』．

杉原敏彦・高地秀明・永田純一・下山晋司・石田達也（2016）．「インターネット出

第 I 部　新共通テストと国立大学の入試改革

願の現状と課題――広島大学の事例を中心に――」『大学入試研究ジャーナル』26、117-122.

鈴木誠（2011）.「フィンランドの大学入学資格試験」『化学と教育』59(2)、107-110.

鈴木誠（2015）.「フィンランドの大学入学資格試験『生物』における基礎的分析」『大学入試研究ジャーナル』25、161-168.

鈴木誠（2018）.「コンピテンス基礎型教育とフィンランドの大学入学資格試験――試験問題『生物』は何を測っているのか――」東北大学高度教養教育・学生支援機構編『個別大学の入試改革』、185-225.

庄司強・田中光晴（2017）.「個別試験問題を通じた高大接続の実質化について――「数学」を事例として――」『平成 29 年度全国大学入学者選抜研究連絡協議会大会（第 12 回）研究会予稿集』314-319.

高根芳雄（1984a）.「優越データ」、芝祐順・渡部洋・石塚智一編『統計用語辞典』、265-266.

高根芳雄（1984b）.「近接性データ」、芝祐順・渡部洋・石塚智一編『統計用語辞典』、59.

東北大学（2017）.『平成 30 年度（2018 年度）入学者選抜要項』

上山浩次郎・井上俊憲（2016）.「インターネット出願に対する高校教員の行動と意識」『大学入試研究ジャーナル』26、123-128.

山極壽一（2017）.『「平成 32 年度以降の国立大学の入学者選抜制度――国立大学協会の基本方針――」の策定に当たって（会長談話）』2017 年 11 月 10 日（http://www.janu.jp/news/files/20171110-wnew-nyushi2.pdf、最終閲覧日 2017 年 11 月 25 日）.

安野史子（2017a）.「高大接続を視野に入れたタブレットを用いる評価問題の試作――映像や動的オブジェクトを含む問題――」『大学入試研究ジャーナル』27、71-78.

安野史子（2017b）.「高大接続を視野に入れたタブレットを用いる評価問題の試作(2)――映像や動的オブジェクトを含む問題――」『全国大学入学者選抜研究連絡協議会第 12 回大会研究発表予稿集』310-313.

第4章　個別大学における高大接続改革モデル
―地方国立大学の挑戦―

西郡　大（佐賀大学）

1.　はじめに

　世間では、大学入試センター試験に代わる「大学入学共通テスト」
（以下、「共通テスト」と略記）において、記述式導入に向けた検討や英
語の外部検定試験の活用などに注目が集まっているが、個別大学におい
ても新たなルールが適用される平成 33 年度入試に向けた入試制度の改
革が進められている。

　「新しい時代にふさわしい高大接続の実現に向けた高等学校教育、大
学教育、大学入学者選抜の一体的改革について（答申）」（以下、「答申」
と略記）（中央教育審議会、2014）では、学力の 3 要素である「知識・
技能」（以下、「知識等」と略記）と「思考力・判断力・表現力」（以下、
「思考力等」と略記）は、共通テストで評価し、各大学の個別選抜におい
て、「主体性・多様性・協働性」（以下、「主体性等」と略記）を積極
的に評価することが求められている。その評価手法には、小論文、プレ
ゼンテーション、集団討論、面接、推薦書、調査書、資格試験等が具体
例として挙げられている。もちろん、各大学・学部等は、アドミッショ
ン・ポリシーに基づき適切な評価手法を選択しながら入試制度を検討し
ていくことになるだろうが、おそらく最も腐心しているのは、どの範囲
までの受験者を対象に学力の 3 要素を多面的・総合的に評価するのかと
いう点であろう。

　当然のことながら、受験者全員に対して学力の 3 要素を多面的・総合
的に評価することが理想なのかもしれないが、「集団討論や面接などを
一般入試まで含めた受験者全員にできるのか」、「新しい評価方法を開発
しても数年後には受験対策がとられる」といった現実的な課題が指摘さ

第Ⅰ部　新共通テストと国立大学の入試改革

れるのは容易に想像がつく。国立大学協会では、「国立大学の将来ビジョンに関するアクションプラン」（2015）の工程表において、「推薦入試、AO 入試、国際バカロレア入試等の拡大（入学定員の 30% を目標）」が示され、当分は、一般入試以外の選抜区分を拡大することで対応しようとする動きがみられる。

　こうした中、佐賀大学では、次のようなコンセプトのもと高大接続改革に着手することにした。まず、「学部全体の疲弊の回避」である。学力の 3 要素の中で最も評価が難しいのが主体性等であろう。仮に、プレゼンテーション、集団討論、面接といった評価手法を用いて、一般入試まで含めた受験者全員を対象に評価した場合、受験者数の規模や評価に要する時間、現行の体制等を考慮すると、学部教員総動員による総力戦は避けられない。もちろん、こうしたコストをかけて従来では獲得できなかった学生を受け入れることができるなど、十分な効果が得られるならば問題はない。しかし、数年のうちに受験者側の巧妙な受験対策によって、上記評価の形骸化がもたらされ、学部全体の疲弊に繋がることは想像に難くない。そうであれば、大学入試の遡及効果（washback effect）を考慮し、受験対策に積極的に取り組むことが受験者自身の能力やスキルの成長に繋がるような「受験対策を前提とする視点」が 1 つのコンセプトとして成立するだろう。

　このコンセプトに基づき、佐賀大学では、「佐賀大学版 CBT（Computer Based Testing）の開発」「特色加点制度の導入」「継続・育成型高大連携カリキュラムの開発・実施」の 3 つの事業を高大接続改革の柱に据えた。本章では、この 3 つの取り組みの概要について紹介する。

2.　高大接続改革の柱となる 3 事業

2.1　「佐賀大学版 CBT」の開発

　我が国の「CBT（Computer Based Testing）」は、国家試験として情報処理推進機構（IPA）が実施する「IT パスポート試験」や医療系大学間共用試験などが有名であるが、近年では、英語の 4 技能を評価する

CBT の検定試験にも注目が集まっている（日本テスト学会、2016）。「佐賀大学版 CBT」は、こうした CBT とは異なり、ペーパーテスト（Paper Based Testing、以下「PBT」と略記）では技術的に評価することが難しい領域をタブレット等のデジタル技術を用いて評価しようという試みである。例えば、動画や音声といったメディアの利用や解答手順の制御など、PBT では実現できない情報量の多い問題を出題したり、記述解答からは得ることができなかった多様な解答形式を用いることで、より深い思考力や表現力などの評価を想定している。つまり、大規模テストの運用面等でよく使われる、「大量のテスト採点を自動化する」といった意味合いではなく、学力評価の工夫としての CBT 活用である。こうした技術に着目した理由は以下の通りである。

　まず、答申では、知識偏重型の画一的な一斉試験からの脱却が求められているが、従来の PBT を主とした方法では、思考力等の技術的な測定範囲は限定される。そうなると、PBT の技術的制約を受けない評価方法を模索することが 1 つの手段となる。もちろん、プレゼンテーションや集団討論などにより、対人的なコミュニケーションの中でダイナミックな思考力等を評価するという手法も有効であると考えられるが、受験者数が多くなった場合、コスト面や実施条件の面で様々な制約が伴う。また、受験者側の対策が進めば、本来評価したい特性が測れなくなるなど、評価自体の形骸化をもたらす可能性も否定できない。

　こうした点を踏まえれば、受験対策が行われることを前提とし、受験対策を積極的に行わせることが彼らの実質的な成長に繋がるような試験問題にするという先述したコンセプトを活かすことが 1 つの方法である。PBT を中心とした試験問題は過去問として整理され、良質な問題は学習教材として利用されてきた。一定のコストを掛けて新しい評価方法を開発するのであれば、PBT の過去問と同様に、高等学校における教育・学習活動にも活かせるものを可能な限り提供したい。

　また、入試で問われなければ、高等学校において積極的な学習活動が行われないといわれる問題点を考慮し、大学で学ぶために重要だと思わ

第 I 部　新共通テストと国立大学の入試改革

れる学習活動や学習経験を喚起するような問題作成の在り方を検討している。例えば、実験が必要な分野において、実験の学習活動や経験が有利になる問題や形式を検討し、実際の入試で問うことによって、高等学校の理科の授業時間などで、実験が積極的に取り入れられるようになることを期待している。これは、良いテストを検討する上で、測定の信頼性や妥当性の観点からアプローチするだけでなく、社会的な文脈の視点も取り入れた検討が必要であるという主張（Frederiksen, J. R., & Collins, A, 1989; Messick, S, 1989）と合致した考え方である。なお、佐賀大学版 CBT の導入は、PBT の廃止を企図するものではない。PBT で評価することが適切な部分は従来通り実施しながら、CBT のメリットを活かせる部分で積極的な活用を目指している。現在開発を進めている佐賀大学版 CBT は、以下の 4 つのタイプに分類される。

タイプ 1：「基礎学力・学習力テスト」

　PBT では、試験終了後に受験者から解答用紙を集めて採点作業が行われるため、試験時間中に採点し、採点結果を受験者にフィードバックすることはできない。しかし、CBT であれば、受験者の解答はデータとして管理されるため、択一式による解答であれば即時の自動採点が可能である。また、試験問題の提示順序や受験者の解答手順などをシステム的に制御可能である。こうした CBT の機能を活かして開発したのが「基礎学力・学習力テスト」である。

　本テストは、各教科・科目の教科書に掲載されているような基礎的な問題を一定数出題し（例えば、20 問）、択一式で解答を求める。すべての問題を解き終わった受験者は、自分の判断で解答を確定することで即時採点が行われる。採点の結果、間違った問題については、それぞれ正答と解説文が提示される。受験者は、解説文を読み、どのように解けばよいのか、なぜ間違ったのかを考えたうえで、類題（「再チャレンジ問題」と呼ぶ）に進むことができる。この再チャレンジ問題に正答すれば、一定の「学習力」が備わっているものと評価する（図 1）。なお、

解答中だけでなく、解説を読む時もメモを取ることを認め、普段の学習行動が反映されるようにしている。

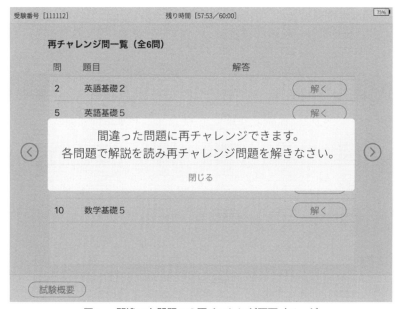

図1. 間違った問題への再チャレンジ画面イメージ

　従来、センター試験を課さない推薦入試やAO入試では、基礎学力となる知識や考え方をみるために、面接試験において口頭試問を実施してきた。口頭試問では、受験者の様子を見ながら柔軟に試問することができるものの、問える問題数や範囲が限られてしまう。しかし、「基礎学力・学習力テスト」を利用すれば、口頭試問で問える問題数よりも効率的に幅広く問えるだけでなく、たとえ知識が不十分で問題を解けなかったり、単純なミスによる間違いであっても、解説文を読んで確実に修正できる力があれば、その学習力を評価することができる。出題する問題のレベルは基本的な問題を想定しており、ミニマムの基礎学力を担保したうえで、小論文や面接試験といった他の評価方法で思考力等や主体性

第 I 部　新共通テストと国立大学の入試改革

等をしっかりと評価できるようにしている。高校時代の基礎学力が十分に評価できないまま入学した学生の中には、入学後の学習に支障をきたす者も一部にみられることが追跡調査の結果から明らかになっており、こうした基礎学力担保の有効な手段として位置づけている。

　本テストは、平成 30 年度入試（平成 29 年 12 月 1 日）より、理工学部と農学部のセンター試験を課さない推薦入試で実施した。対象者は主に専門高校系の志願者が中心であり、約 100 名を対象とした試験となる。タブレットを利用した CBT による入試は前例がなく十分な参考情報がない。こうした状況においてモニターテスト等を重ねながら、試験運用の実態に合わせたシステムの機能設計とともに、監督要領やトラブル対応マニュアルの整備など、受験者を混乱させないための実施環境の構築を進めている。

タイプ 2：思考力等を評価するテスト

　高大接続改革に注目が集まる以前から、大学入試の様々な分野で思考力等を問う問題が検討されてきた。「理科」分野では、生活の中から科学的な疑問や問題を抽出し、それを高校生の科学的知識をもって解析させる問題など、身近な問題を題材に科学的思考力を養うことを意識した出題が多く見られる。例えば、報道等で話題になった「スーパームーン」を題材にして、「本当はどのくらい大きいのか」を高等学校「数学 I」の「図形と計量」の単元で学習した三角比を活用した計算が求められている（高大接続システム改革会議、2016）。

　「理科」は、これまでも他の教科以上に実験や観察を題材とした出題への取組みが数多く行われている教科である。特に、「化学」の分野は、毎年、意欲的な問題が数多く出題されており、日本化学会では、それらを解説し、実験を題材とした出題の意義を紹介している（日本化学会教育・普及部門　入試問題検討小委員会、2015 など）。思考力が必要な問題を積極的に取り入れていることで評価の高い東京大学では、2000 年以降、実験を題材とした出題を含む問題が 13 問出題されている。東京

大学での実験を題材とした問題の出題分野は、有機化学の単元から10問と偏りが多く、高等学校の生徒実験等で多く取り扱われている単元とは異なっていた。また、これらの実験問題では、操作の意味や実験方法を説明させるなど、実験に慣れていることを求めている設問が目立つ。つまり、現在のPBTで思考力を要するという問題は、①教科書レベルの知識やそれらを組み合わせることにより、新しい化学的事項を導くことができる、②簡潔な導入や解説を与えることにより、教科書にない事項を理解できる、といったことを測定しているものと解釈できるだろう（兒玉ら、2017）。こうしたPBTの分析等を踏まえながら、化学の分野において試行テストを作成し、複数回にわたってモニター調査を行った（西郡ら、2017）。ここでは、試行版テストにおいて、CBTのメリットとして位置づけた以下の4点について説明する。

1点目は、一連の実験動作やプロセスを動画によって示すことにより、PBTでは実現できなかった「時間軸」を入れることで、「観察にもとづく思考力等の評価」を行えることである。例えば、何らかの物質や現象の変化をPBTで表現する場合、動的な表現ができないために、変化の様子を示すことが難しい。しかし、動画であれば、時間の長短に関わらず映像として提示することができる。こうした物質や現象等の変化を観察させることで、PBTでは問えなかった思考力等を評価することが可能である。また、PBTにおいて、ある実験過程に注目して受験者に考えさせたい場合、関係する実験の過程を問題文中で説明しなければならない。そうすると、出題者の意図的な誘導が不回避的に介入してしまう。しかし、一連の実験過程を動画で示すことにより、受験者自身が操作して確認できるようになれば、そのポイントとなる実験過程がどこであるかを考えさせることから問うことができる。例えば、想定外の実験結果のデータを提示し、その結果が生じた原因を映像の中から探させることで、実験器具の扱い方や基本的な原理が理解できているかなどを評価することができるだろう。

2点目は、タブレットのピンチアウト機能である。PBTでは、複雑な

第 I 部　新共通テストと国立大学の入試改革

構造をもつ実験器具や物質などを示す場合、精巧な印刷を要するが、タブレットであれば、問題文中に小さな画像で示しておいても、画像の解像度を高くしておくことが可能である。これにより、複雑な構造を持つ写真や画像を提示しても、指で拡大（ピンチアウト）して確認できる。このメリットを利用して、様々な種類の器具や同じ器具でも目盛りの異なる器具から、適切なものを選択させる問題などを出題することが可能となる。

　3点目は、解答の順次性を制御できることである。複数の設問で構成する問題を PBT で出題する場合、先行設問の答えや知識を用いて、次の設問を解く形式が用いられることがある。この形式では、先行する設問が解けなければ、次の設問の解き方が分かっていたとしても正答は難しい。これを避けるために、各設問の解答確定後には、前の設問に戻れないように制御する。これにより、先行設問の解説や正答の提示が可能

図 2.　前の設問に戻れないことを注意する画面イメージ

となり、その解説の内容や正答を踏まえて、次の設問に解答させることができる（図2）。

　ただし、前の設問に戻ることができないように制御する機能を入れると、PBTのように前の問題に戻って解答を見直したり修正したりすることができない。受験者の解答の利便性という観点からはネガティブな機能ともいえることがモニター調査の結果から分かった。しかし、見直しができるということは、作題者が1つ1つの問題に想定する解答時間で、受験者が必ずしも解答していない可能性が指摘できる。例えば、ある問題が解けていなかった場合、「その問題を解ける学力があったにも関わらず、他の問題の見直し等に時間を掛けたために、解答が出来なかった」のか、「その問題に時間を割り当てたのにもかかわらず分からなくて解けなかった」のかについて弁別することができない。こうした観点からも、出題方法の在り方を検討していくことが必要である。

　4点目は、時間管理である。PBTでは試験監督が試験時間を管理するのが一般的だが、CBTでは終了時刻に自動的に試験終了できるため、厳密な試験時間の管理が可能である。さらに、各設問にどの程度の時間を要しているかなど、PBTでは取得ができなかった情報を得ることができ、新たな観点から受験者の解答を分析することも可能となる。

　以上4つの点は、化学の分野を対象にしたものであるが、他の分野でも様々な活用の可能性を検討している。特に、小論文形式の試験において有効な活用ができるのではないかと考えている。例えば、従来の小論文の出題では、ある状況の場面設定を提示する際に、文章によって適切に表現することが不可欠である。適切な文章表現でなければ、出題の意図が受験者に伝わらず、適切な評価ができなくなる。しかし、動画を用いれば、文章情報以上に豊富な情報量を提示することが可能となり、ストーリー性をもった場面設定が容易になる。そうすれば、提示したストーリーや場面を受験者に解釈させ、その文脈の中で問題発見能力や課題設定能力等に通じる学力を評価することができる。なお、この仕組みは、受験者個々人が重要だと考える映像や場面を何度も繰り返し確認し

第Ⅰ部　新共通テストと国立大学の入試改革

たり、必要な部分を拡大したり、再生を停止してメモをとるといった行為を前提としているためタブレットによる試験を想定しているが、プロジェクターによる動画のスクリーン投影でも実施が出来ないわけではない。

　他にも、資料を電子的に管理できる CBT は、資料提示について量的な制約を受けないため、豊富なドキュメントや簡易なデータベースといった多様なメディアを用いた出題が可能となる。つまり、豊富な素材から適切な情報を取り出して考えさせるような問題を出題すれば、情報選別や分析力に基づく思考力や判断力の側面を評価することができるのである。もちろん、こうした問いに対する解答は、小論文による解答のみならず、推薦入試や AO 入試であれば、プレゼンテーションという形で解答を求めても構わない。

タイプ 3：英語 4 技能テスト

　英語の「読む」「書く」「話す」「聞く」の 4 技能の測定に留まらない「コミュニケーション能力」の評価に重点を置いたテストである。デジタル技術のメリットを活かし、映像や資料等の組合せにより、対話的コミュニケーションだけではなく、映像や資料の読み取りなどを基本にした基礎的なプレゼンテーション能力なども「コミュニケーション能力」の一部として評価する。システム的に解答時間を制御することで、即時的な対応能力の評価も想定している。なお、解答はタブレットからの入力と音声録音によって行われる。ただし、平成 33 年度入試より大学入学共通テストでの外部検定試験の活用方針があるため、これらの動向を踏まえながら、佐賀大学の受験者層に適した英語のコミュニケーション能力の測定を検討しているところである。

タイプ 4：適性評価の材料としての CBT

　教育学部（教員養成課程）や医学部では、教師や医療従事者を育成することが学部の目的となるため、入試においては面接試験などによっ

て、その適性を判断することが多い。しかしながら、過度な受験対策によって受験者の回答がパターン化していたり、配慮を要する質問（例えば、尊敬する人物や愛読書など）を意識しすぎるために、質問項目が固定化してしまうなど、入試において有効な面接試験を実施するのは難しい。もちろん、各大学・学部等において、質問内容や実施方法の工夫を積み重ねているものの、受験者の本質的な部分に迫る有効なアプローチを見いだせずにいるのが現実であろう。

　こうした課題に対して、映像等を材料とした面接試験の組み立ては、現状打破に繋がる1つのきっかけになるのではないかと考える。先述したように、ストーリー性をもった場面設定などが映像を用いることで容易になる。例えば、状況に応じて判断が異なるような葛藤場面を提示して、どのような判断をするのかを理由を含めて尋ねたり、倫理的な判断を要する場面を見せて、どのように考えるかを述べさせたり、教育や医療に関する具体的なストーリーを見せて、どのような場面、行動、しぐさ等に注目したかなどを尋ねるといったことが可能となるだろう。つまり、これまでのように、面接者が口頭で指示した内容について回答させるといったものだけでなく、特定のテーマについて面接試験として掘り下げて聞くことで、これまでとは違った面接試験の在り方を模索するものである。つまり、CBTとしての利用というよりも、適性判断の材料としてCBTの機能を活用するという考え方である。

　以上が、佐賀大学版CBTの4つのタイプであるが、CBT導入において生じる課題についても触れておく。まず、PBTの強みをCBTで補うことの難しさである。例えば、PBTであれば、問題文の重要な部分に線を引いたり、メモを残したりすることができる。これらの機能をどのように位置づけるのかは重要な課題である。また、PBTであれば、全体の問題内容を把握してから、自分が解きたい問題から解くことが可能である。CBTでも全体の問題一覧やサムネイル表示といった対応は可能であるが、PBTと同等の効果を現段階で実現するのは難しい。

第 I 部　新共通テストと国立大学の入試改革

　一方、入試において PBT が主流であった理由の 1 つは、運用の容易さであると思われる。例えば、動画コンテンツの問題を作成する場合、動画撮影や編集作業などが必要である。その過程での出題内容の漏洩は許されず、機密性の保持は容易ではない。従来の仕組みとは異なる新たな試験問題管理の体制を構築する必要があるだろう。

2.2　特色加点制度の導入

　学力の 3 要素のうち、もっとも評価が難しいと思われるのが主体性等の評価であろう。一般的に、こうした能力や資質等は、短時間で評価するのは難しく、ある程度の時間をかけ、受験者に関する多くの材料をもとに丁寧に判定することが必要だと考えられる。また、面接試験や集団討論のような人が人を評価する場合、「公正な評価」を行うためには、評価の信頼性や妥当性を高めるための技術的な検討が欠かせない。例えば面接試験において信頼性や妥当性を高めるためには「構造化面接」という手法が知られている（例えば、今城、2005）。しかし、評価手続きを構造化しすぎると、面接者によって個別に工夫される展開や評価の視点を一定の枠組みに押し込めてしまうことになり、面接試験に期待する評価が出来なくなる可能性もある。そのため、主体性等を評価するためには、相応のコストと技術的限界を前提とした検討が求められる。

　一方で、答申では、大学入試における評価の在り方が変わることで、高等学校での教育活動に転換がもたらされることを期待している。したがって、受験者数が限られている AO 入試や推薦入試だけは、その効果は限定的であり、答申が求める本質的な改革は実現できないだろう。そのため、一般入試受験者も視野に入れて、大勢の受験者を対象にした主体性等の評価をどうするかを考えていかなければならない。つまり、丁寧な評価を行うためのコスト、評価方法の技術的限界、評価対象者の拡大という 3 つの条件を考慮した改革が求められるのである。

　こうした改革に向けた 1 つの切り口として、佐賀大学では、受験者の活動実績等を評価するための「特色加点」という考え方を導入してい

第 4 章　個別大学における高大接続改革モデル

る。「特色加点」とは、様々な選考資料の配点として募集要項等で示している当初配点とは別に、受験者の実績・活動・取り組みなど、これまでの主体的活動をアドミッション・ポリシーに応じて加点方式によって評価するものである（原則として書類審査を想定）。アドミッション・ポリシーにおいて、どのような点を重視するのか明記し、そこに各学部等の特色を示していくという意味で「特色加点」と命名している。

「特色加点」は、受験者の自己申告であるため、何も申告しなければ加点されないというのが特徴である。もちろん、特色加点の上限となる点数をあらかじめ当初配点に入れることは可能である。しかし、当初配点として組み入れる場合、様々な選考資料の 1 つに過ぎない。その点を考慮し、特色加点としてあえて当初配点から外に出すことで受験者に意識的に捉えてもらうことを狙いとしている。また、主体性等の評価として位置づけるため、受験者の主体的なアピールの場にするとともに、受験者自身の高校時代における主体的な活動を喚起する仕組みとして機能することを期待している。

特色加点のもう 1 つの狙いは、「自分の進路を見つめ直す機会」の提供である。特色加点として活動実績を申請する場合、受験者自身の高校時代の活動（例えば、部活動、生徒会活動、探究活動、ボランティア活動、海外留学の経験など）を振り返ることで、「申請する実績・活動を通して身に付けた能力・スキルや経験などが、大学入学後の学習や活動に、どのように活かせるか」などについて記述することを求めている。当然のことながら、何が活かせるのかをアピールするためには、志望する学部等のアドミッション・ポリシーや入学後の具体的な学習活動を理解しなければ、効果的なアピールを行うことができない。つまり、自省の機会を入試プロセスに組み込み、適性や志向との摺合せを自ら行ってもらうのである。大学入学後に、学業不振に陥ったり、学習内容に興味をもてずに退学したり、大学生活に適応できなかったりと、ミスマッチを起因とする問題は、大学共通の課題であろう。こうしたミスマッチを少しでも抑制する仕組みとして効果的に機能させたい。

99

第 I 部　新共通テストと国立大学の入試改革

　特色加点申請において申請者に求める情報は、「活動・実績等の名称」
「活動・実績等の主催、認定、授与、発行等の機関等の名称」「活動期
間」（または「実績取得年月日」）「活動・実績等を証明する資料及び参
考資料等の添付」「活動実績の概要（規模、参加資格、入賞条件、課題
研究の成果など）」に加え、「アドミッション・ポリシーとの関連性」な
ど、各学部等が求める内容の記述が必要である。これらの申請内容につ
いて、アドミッション・ポリシーに応じて作成された評価観点・評価基
準に基づき採点する仕組みになっている。

　ところで、この特色加点制度は、平成 27 年度入試より芸術地域デザ
イン学部の AO 入試（募集人員 15 名）において導入しており、平成 30
年度入試からは経済学部の推薦入試（募集人員 60 名）でも導入した。
これらの特別入試は、募集人員も多くはないため、申請者全員の書類を
対象に採点を行うことができる。しかし、一般入試では、受験者数が数
百名以上になるため、限られた期間で申請者全員の書類を丁寧に評価す
ることは困難である。こうした課題に対して、「ボーダーライン層受験
者の評価」を検討している。一般的に教科型の学力検査では、合否の
ボーダーライン付近にほぼ点数差のない受験者が集まることが多い。従
来であれば 1 点刻みで合否判定を行うところであるが、この数点差に能
力的な明確な順序性があるわけではない。そうであれば、ボーダーライ
ン付近の受験者層に対して学力検査の得点以外の評価したい要素（高校
時代の活動実績）に加点する方式をとれば、受験者にとっては、高校時
代に頑張った活動や実績を活かせるチャンスになるとともに、大学に
とっては、より望ましい人材の獲得に繋がる。

　ボーダー層の抽出は、「特色加点」を課すことで合否が入れ替わる可
能性がある層を対象とし、特色加点評価の点数を加点しても合否結果に
影響しない受験者層は、特色加点の評価対象外とする。もちろん、申請
内容を確認しない受験者層が生じることについて合理的な説明が必要な
わけだが、筆者は「段階選考」の枠組みが適切ではないかと考えてい
る。まず 1 次選考として、特色加点によって合格する可能性がある受験

者までを「1次選考合格者」とする。2次選考では、特色加点評価の有無に関わらず、「合格」という結果が変わらない層を「2次選考免除対象者」として扱う。2次選考免除対象者以外の受験者は特色加点評価の対象者となり、加点によって合格ラインを超えた者を「2次選考合格者」とする。すなわち、「2次選考免除対象者」と「2次選考合格者」が最終合格者となる。これにより、規模の大きい受験者集団であっても、すべての申請内容を対象にすることなく、適切な規模で評価できると考えている。

　結果的に主体性等の評価を全員に実施することにはならない。しかし、特色加点の申請は任意であっても志願者の多くが申請すると推察される。高校時代の活動や実績等を入試においてアピールすることを想定するならば、当然、彼らは様々な活動や学習に対して意識的に取り組むように動機づけられる。「接続段階での評価の在り方が変われば、それを梃子の一つとして、高等学校教育及び大学教育の在り方も大きく転換する」という接続答申の方向性とも一致するだろう。佐賀大学では、平成31年度入試より、理工学部と農学部の学部改組に合わせて一般入試において特色加点の導入を予定しており、上記のような考え方を反映した制度設計を検討している。さらに、インターネット出願と連動した形で、従来の紙ベースで実施してきた評価作業を電子的に処理できる「評価支援システム」を開発し、迅速かつ効率的な評価環境の構築を行っているところである。

2.3 「継続・育成型高大連携カリキュラム」の開発と導入

　高大連携活動には、様々な活動形態があるが、大学教員による「出前講義」は最も一般的なものであろう。しかしながら、多くの大学で行われている高大連携活動の課題は、それぞれの活動が「単発的」であり、参加する高校生にとって「継続性」がないことである。例えば、出前講義のアンケート調査結果などをみると、講義終了後の生徒たちの学習意欲や学問的な興味・関心は高まる傾向がみられる（西郡、2015）。しか

第Ⅰ部　新共通テストと国立大学の入試改革

し、その効果は限定的であると考えられる。というのも、学部新入生の
アンケート調査結果において出前講義の記憶がほぼ残っていないという
実態がみられるからである。こうした実態に鑑み、佐賀大学では、一定
のカリキュラム体系をもつ高大連携活動を「継続・育成型高大連携カリ
キュラム」として開発した。

　本カリキュラムの開発において重視した点は、高校生一般を対象と
し、様々な分野の学問的な興味・関心の喚起を目的とするのではなく、
分野を限定することで、同じ目標や方向性をもつ生徒を対象に高校3年
間の取り組みを通じて大学進学とその先にある将来像を考える機会を提
供することである。もちろん、このような種類の高大連携活動はこれま
でなかったわけではないが、付属校やスーパーサイエンスハイスクール
（SSH）指定校といった特定の高等学校を対象としたものであったり、
受講者を選抜して実施するものが多いと思われる。また、実施形態も集
中講義や合宿形式といった日程を集約するケースも少なくない。その理
由として、高校生を対象に継続的なプログラムを実施することが、高校
との調整や担当する大学教員の選定など、運用の面で容易ではないこと
が挙げられる。本カリキュラムの開発では、こうした運用面での難しさ
を理解しつつも、対象とする高等学校を極端に限定せず（ただし、佐賀
県内の高等学校）、原則として、高校1年生で3回、2年生で3回、3年
生で1回という計7回の分散的なプログラムでカリキュラムを構成し、
高校3年間での「継続性」を重視した。なお、高校3年生で1回とした
のは、部活動等が終わる6月以降は、受験準備の体制へと切り替わって
いく時期であるとともに、本カリキュラムでの学びの成果をAO入試や
推薦入試等で積極的に活用して欲しいと考えているからである。

　上記の7回のプログラムには、招聘した講師による講話や大学教員に
よる講義だけでなく、グループ討論や調べ学習といったアクティブ・
ラーニングの手法によるメニューを取り入れている。その1つの手法が
「ワールド・カフェ（World Cafe）」である。ワールド・カフェとは、
「知識や知恵は、機能的な会議室の中で生まれるのではなく、人々が

オープンに会話を行い、自由にネットワークを築くことのできる『カフェ』のような空間でこそ創発される」（WORLD CAFE.NET）という発想に基づいた話し合いの手法であり、茶菓子を傍らに、BGM を聞きながらリラックスした雰囲気の下、特定のテーマについて意見を交わし、一定の時間でメンバーチェンジをしながら、他者との相互理解や自分の考えを深めていくものである。この手法を高大連携活動におけるアクティブ・ラーニングとして活用できるかを検証するために、平成25年度に、県内の高等学校の生徒を対象に大学生を交えたワールド・カフェを試行し、その有用性を確認した。これにより、ワールド・カフェの手法を用いたアクティブ・ラーニングをメニューの1つとして加えることにした。

　各プログラムは、「リフレクション（reflection）」を前提とした内容で構成している。まず、オリエンテーションで当日のプログラムメニューの内容を説明し、その内容を踏まえて、「何を知りたいか」「何ができるようになりたいか」「どのようなことに挑戦したいか」などを「今日の目標」として書かせている。その後、「本メニュー」となる講話や講義あるいはグループ討論を実施し、最後にリフレクションの時間を設けている。

　こうした形式にしている理由の1つは、メタ認知的な枠組みから、参加者の学びを深めたいと考えているからである。三宮（2008）によれば、メタ認知は、人間の認知特性に関する知識、課題や方略に関する知識などを含むメタ認知的知識と自分の認知的な活動の進行状況や現状をモニタンリングしながら、必要に応じて目標や行動をコントロールするメタ認知的活動に分けられる。後者のメタ認知的活動の枠組みを踏まえ、事前段階に目標設定、遂行段階に本メニュー、事後段階にリフレクションを対応させ、認知的モニタリングと認知的コントロールを意識することで、受講者の学びを構造的に捉え、プログラムの検証や改善に役立てることを目的としている。

　また、リフレクションは、グループ作業と個人作業の2段階で行う。

第 I 部　新共通テストと国立大学の入試改革

自分が理解したことや分からない点などを他者に説明したり、他者の発言に対して意見を述べるような協同作業は、個々人の理解を深めたり動機づけに繋がるなど、学習効果として有効であることが知られている（Azmitia, 1996; Teasley, 1995）。そのため、5 名程度のグループを構成し、自分が立てた目標や本メニューで学んだこと、発見したことなどを各自が報告し、メンバーの意見や考え方を共有する時間を設けている。その際、自分になかった考えや気づいた点などはメモをとるように指導している。なお、グループは、当日の参加者で構成するため、初めて会う他校の生徒と一緒になることが多い。そのため、緊張を解きほぐすための簡単なアイスブレイクを行い、少しでも意見を述べやすい雰囲気作りを担当者に求めている。こうしたグループでの振り返り・情報共有のあとに、個人で省察する時間を設け、学んだことや気づいたことについて、「自分の言葉」で所定のワークシートにまとめさせている。

　本カリキュラムの受講者には、各プログラムで配布した資料、目標設定シート、リフレクションで用いたワークシートなどを指定のファイルに蓄積しておくよう指導している。これらの材料をもとに、3 年生で行う最後のプログラムで、「印象に残っていること」「新たに学んだこと」「今後の進路に対する自分なりの説明」「これからの自分に対して一言」といったことをレポートとしてまとめ、同ファイルをポートフォリオとして整理することにより、各自の取り組みの成果としている。

　一方、大学としても本カリキュラムでの学習活動の保証を行っている。各プログラムは、基本的に大学の 90 分講義 2 コマ程度、3 年生のプログラムのみ 3 コマ程度の学習時間を設定している。つまり、すべてのプログラムに参加すると 15 コマ分の学習をしたことになる。こうした学習活動に対して、規定数以上のプログラムに参加し、3 年生のプログラムでポートフォリオをまとめた者については、学部長とアドミッションセンター長より「修了証」を授与するとともに、受講証明を添付している。これにより、どのような内容のプログラムに、どの程度取り組んだかを大学が証明するようにしている。なお、規定に満たない参加

第4章　個別大学における高大接続改革モデル

者については、受講証明書のみを発行する。

　このように修了証や受講証明書を授与する理由は、高校生が積極的に取り組んできたことを学習成果として評価するとともに、取り組みの概要を明示的に示すことで、受講者がAO入試や推薦入試等でアピールできる材料を提供するためである。もちろん、大学入試のためという外発的な動機づけとなる点は避けられないが、大学進学前に、自らの進路を考える貴重な機会となり、キャリア教育的な視点からみれば有効である。さらに、各大学で同様の高大連携プログラムが開発され、その学習成果が大学入試で評価されるようになれば、高大連携活動自体の活性化に繋がることも考えられる。

　本カリキュラムは、アドミッションセンターと学部及び佐賀県教育委員会の連携体制で実施している。主にアドミッションセンターにおいて全体的なコーディネートを担当し、カリキュラムの内容に応じて関係する学部が実施を担っている。

　平成26年度からの本カリキュラム導入に向けて、高等学校の理解と佐賀県教育委員会の協力を得るために、次のような準備を行った。まず、平成24年度から平成26年度まで、佐賀大学と高等学校の相互理解を深めることを目的として、佐賀大学に進学者の多い高等学校を対象に、学長による高校訪問を実施しており、学長と高校長という両機関のトップ同士で、佐賀大学へ入学した学生の様子や進路指導の実情など様々なことについて意見交換する場があった。この場を利用し、平成24年度に、佐賀県内の高等学校に対して継続・育成型の高大連携カリキュラムに関するコンセプトの説明や実施に向けた協力について意見交換を行い、カリキュラム実施を行う平成26年度に、改めて実施する旨と希望する生徒への働きかけを依頼した。こうしたやり取りにより、本カリキュラムに対する県内高校の理解が十分に深まったと考えられる。また、佐賀県教育委員会との共同事業として展開するために、従来からあった佐賀大学と同委員会との協定書を見直し、実質的な連携体制を構築して事業を推進する環境を整えた。

105

第 I 部　新共通テストと国立大学の入試改革

　継続・育成型高大連携カリキュラムの 1 本目として、教育学部が中心となり実施する「教師へのとびら」を平成 26 年度より実施した。「教師へのとびら」とは、教師という職業や教育分野に興味がある佐賀県内の高校生を対象に、「高校の 3 年間と大学の 4 年間で未来の教師を育む」というコンセプトで実施するものでり、平成 28 年度に 3 年間のカリキュラムを終えて完成年度を迎えた。1 年次から登録した者は 53 名であり、全プログラムに欠席することなく参加した生徒は 9 名（17%）であった。「教師へのとびら」の効果と課題については西郡ら（2018）を参考にされたい。なお、修了者の多くが佐賀大学を受験し、入学することは大変喜ばしいと考えているが、学生確保を主たる成果とは捉えていない。その理由は、本来の目的が教育活動を主とした社会貢献志向の高大接続のカリキュラムを想定しており、学生確保を成果指標とした場合、学生獲得に繋がらなければ効果がないという結論になってしまうからである。継続・育成型カリキュラムの趣旨からすれば、修了生が明確な意識と希望をもって自分たちが目指したい進路へ進むことの方が目的に合致する。そのため、このカリキュラムで学んだことを他大学の入試でも積極的に活かすことを推奨している。

　現在、表 1 に示すように、佐賀大学では、「とびらプロジェクト」として、「教師のとびら」に加え、理工学部と農学部を中心とする「科学へのとびら」（平成 29 年度時点で 2 年目）、医学部を中心とする「医療人へのとびら」（平成 29 年度時点で 1 年目）を開発・実施している。「科学へのとびら」では、課題研究を参加者に課しているために、高等学校での日常的な研究活動や成果について e-ポートフォリオを活用した運用を試みている。こうした取り組みは、単独の大学だけで実施しても、その効果は限定的であろう。様々な大学で同様の活動が展開され、大学間の連携を通して相互の大学の取り組み内容や、生徒たちの活動、学びの履歴等が共有できる仕組みが構築されれば、これまで以上に、大学入試という「点」での接続ではなく、教育による「面」での接続という部分にも繋がっていくことが期待できる。高大連携活動を軸とする教

表1. 「とびらプロジェクト」の1年生登録実績

実施年度	教師へのとびら	科学へのとびら	医療人へのとびら
平成29年度	112	208	61
平成28年度	58	202	−
平成27年度	43	−	−
平成26年度	53	−	−

育接続の可能性をさらに模索していきたい。

3. まとめ

本章では、佐賀大学の高大接続改革の柱となる3つの事業の概要について紹介した。これらの事業は、個別の事業として独立しているのではなく、「佐賀大学版CBT」「特色加点」という多面的・総合的評価の手法の開発に加え、「継続・育成型高大連携カリキュラム」という高大連携活動までを一体的に捉えた改革モデルである（図3）。

答申の本質は、大学入試制度自体の改革が目的ではなく、大学入試が

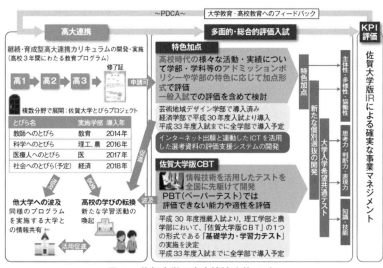

図3. 佐賀大学の高大接続改革モデル

第Ⅰ部　新共通テストと国立大学の入試改革

持つ影響力を利用して、高等学校と大学の教育改革を進めることにある。そのため、入試改革という技術論だけに焦点が定まり、高等学校と大学の教育現場が入試の対策や実施のために疲弊してしまうようなことがあれば本末転倒である。「佐賀大学版CBT」と「特色加点制度」の考え方の背景には、高校教育に与える負の影響力を極力避けたいという思惑がある。我が国では、「自己責任で勝手に受験しなさい」と指導する高校教師よりも「なんとかして生徒を合格させてあげたい」という教師の方が圧倒的に多いと思われる。こうした意識は、予備校や塾が少ない地方において特に強いだろう。そのため、多面的・総合的な評価の推進に伴い、各大学において新しい評価方法の開発や導入が進めば、高等学校の進路指導現場は今以上に受験指導のための情報収集に追われる可能性がある。現行の入試制度でさえ、入試説明会等では、PBT以外の評価方法（面接試験や集団討論など）に関する質問が大半を占める。したがって、特殊な評価手法の乱立は、高等学校に情報収集等の負担を強いることになり、本来行うべき教育活動を阻害してしまう恐れがある。こうした点を考慮し、特別な受験対策を強いかねない評価手法に向かうのではなく、高等学校における正課・課外活動に真摯に取り組むことが評価される仕組み（「受験対策を前提とする視点」）を検討していくことが重要であると考える。

　また、「平成33年度大学入学者選抜実施要項の見直しに係る予告」（文部科学省、2017）では、一般選抜において「筆記試験に加え、『主体性を持って多様な人々と協働して学ぶ態度』をより積極的に評価するため、調査書や志願者本人が記載する資料等の積極的な活用を促す」とある。先述したように受験者数の多い一般入試において調査書や他の資料等を評価するためには、効率的に評価を行うための仕組みや環境の構築が不可欠である。近年、インターネット出願の普及によって従来は紙媒体で取り扱わなければならなかったものが電子化されることで効率的に処理できる部分が多くなる。調査書の電子化の検討も進められているが、可能な限り早期に電子化されることを期待したい。また、志願者が

申請してくる活動実績を評価するときに、申請される活動実績がどのようなものなのかを把握することが適切な評価に繋がる。そのため、資格や検定等を評価する際には、どのような機関が認定する資格なのか、どの程度の難易度なのか、あるいは社会的にどのように評価されているかなどについて、評価担当者が、評価作業の段階で細かく調べることが多い。このような作業が各大学の各所で行われているとすれば、きわめて非効率といえる。さらに、志願者が申請する活動実績の表現についても一様ではない。脇田ら（2017）によれば、「実用英語技能検定準2級」という記載に注目して調査書を分析したところ、記載欄の不統一、資格名称の表記の揺れ、取得年月日の記載の有無など、記載ルールがないために、同じ申請内容でもバラバラなものを整理することから行う必要があり、調査書活用の際の壁となることを指摘している。

　こうした状況を踏まえれば、高校生が取得するような代表的な資格、検定等に関して、評価に必要となる情報を取りまとめたデータベースのようなものがあれば、評価者側にとって有効な支援ツールとなる。イギリスの中間団体である UCAS（University and College Admissions System）など、志願者全体の情報を一元的に管理するという仕組みが海外にある。こうした仕組みの有効な部分をわが国でも導入し、各大学が活用できるようになれば、一般入試における評価も促進されるのではないだろうか。現在、文部科学省の「大学入学者選抜改革推進委託事業」によって主体性等を評価する仕組みとしてeポートフォリオ等の構築が進められているが、これらの実績をさらに展開して、UCAS のような機能をもつ機関が生まれることを期待したい。

　最後に、アドミッション・ポリシーの重要性に触れたい。天野（1992）は、「一般入試の量的な比重の高いうちは、不平等、不公平感をうむことはない。しかし、多様化の名のもとに学力以外の、ということは客観的でメリトクラティックな、業績本位のそれではない基準で選抜され入学してくる学生の数の増加が、あるレベルをこえれば、状況は一変する」と指摘している。つまり、受験者全員が同一条件、同一環境で

第Ⅰ部　新共通テストと国立大学の入試改革

実施する学力検査を中心とした一般入試が大半を占めているうちは、一部の特別入試でどのような評価をしていても、ある程度受容されてきたが、多面的・総合的な評価を伴う入試が、あるレベルを超えるまで拡大すれば、受験当事者たちの結果に対する納得性をどのように担保するかが大きな問題になることを示唆している。

　答申では、「画一的な一斉試験による大学入学者選抜だけを取り上げて『公平性』を論ずるのではなく」と、従来の公平性意識の変革を求めている。この場合、アドミッション・ポリシーで示した能力や適性等を適切に評価し、求める学生を獲得できているという「入試の妥当性」を大学が示すことが、公平性意識の変革に向けた前提になるのではないだろうか。多面的・総合的な評価手続きによって、条件や環境の同一性、均一性を担保できない以上、当該方法の妥当性を示すことは、公平性批判に対する重要な説明根拠となり、大学の説明責任として不可欠なものとなる。ただし、これを主張するには、「求める学生像」を理念的、抽象的に示しただけの「形式的なアドミッション・ポリシー」から、求める能力や適性等と整合した選抜方法、評価方法を明示した「実質的なアドミッション・ポリシー」へ転換することが重要となる。これに加え、入学者の追跡調査、選抜方法の検証、合格発表後の成績情報開示のあり方の検討等、アドミッション機能の強化は欠かせないだろう。妥当性を説明できなければ、その入試制度は存在意義を失うのである。「多様な方法で『公正』に評価するという理念」（答申）をどのように実現するのか。各大学の挑戦的な改革が求められる。

【引用文献】

天野郁夫（1992）.「大学入学者選抜論」『IDE 現代の高等教育』No. 338、5-12.

Azmitia, M.（1996）. Peer interactive minds: Developmental, theoretical, and methodological issues. In P. B. Baltes & U. M. Staudinger（Eds.）, Interactive minds: Life-Span perspective on the social foundation of cognition. New York: Cambridge University Press.

中央教育審議会（2014）.「新しい時代にふさわしい高大接続の実現に向けた高等学校教育、大学教育、入学者選抜者の一体的改革について〜すべての若者が夢や目標を芽吹かせ、未来に花咲かせるために〜」（答申）.

Frederiksen, J. R., & Collins, A（1989）. A systems approach to educational testing. Educational Researcher, 18, 27-32.

今城志保（2005）「採用面接評価の実証的研究：応募者、面接者、組織が面接評価に及ぼす影響の多水準分析」『産業・組織心理学研究』vol. 19、No. 1、3-16.

兒玉浩明・長田聰史・坂口幸一・山口明徳・松高和秀・園田泰正、西郡大（2017）.「化学実験を題材にした CBT 方式の試験開発」『全国大学入学者選抜研究連絡協議会研究発表予稿集』、211-214.

国立大学協会（2015）.「国立大学の将来ビジョンに関するアクションプラン」（工程表）.

高大接続システム改革会議（2016）.「高大接続システム改革会議」（最終報告）.

Messick, S.（1989）. Validity. In R. L. Linn（Ed.）, Educational measurement（3rd ed.）. Washington, DC: American Council on Education/ Macmillan. 13-103.

文部科学省（2017）.「平成 33 年度大学入学者選抜実施要項の見直しに係る予告」.

日本テスト学会（2016）.「公開シンポジウム 1：大規模 e テスティングの運用モデルの確立を目指して」、日本テスト学会第 14 大会発表論文抄録集、22-31.

日本化学会教育・普及部門 入試問題検討小委員会（2015）.「化学の大学入試問題を考える（26）」『化学と教育』、63、40-46.

西郡大（2015）.「キャリア教育からみた出前講義の効果と限界―普通科高校のキャリア教育に高大連携活動をどのように位置づけるか」『Quality Education』、7、65-79.

西郡大・竜田徹・山内一祥・福井寿雄・髙森裕美子・園田泰正・兒玉浩明（2018）.「継続・育成型高大連携活動カリキュラムの開発と実施―完成年度を迎えた「教師へのとびら」の効果と課題―」『大学入試研究ジャーナル』、28、印刷中.

西郡大・山口明徳・松高和秀・長田聰史・坂口幸一・福井寿雄・髙森裕美子・園田泰正・兒玉浩明（2017）.「デジタル技術を活用したタブレット入試の開発―多面的・総合的評価に向けた技術的検討―」『大学入試研究ジャーナル』、27、63-69.

三宮真知子（2008）『メタ認知』、北大路書房、1-16.

Teasley, S. D.（1995）. The role of talk in children's peer collaborations. Developmental Psychology, 31, 207-220.

脇田貴文・北原聡・小泉良幸・井村誠・中田隆（2017）.「大学入学者選抜における調査書活用に向けた課題―記載ルールの必要性―」『全国大学入学者選抜研究連絡協議会研究発表予稿集』、72-77.

WORLD CAFE.NET. http://world-cafe.net/about/（2018 年 1 月 26 日アクセス）

第II部

高校現場からみた入試改革

第1章 『共通テスト』と『東北大学個別試験問題（前期)』に関する高校側の一考察

阿部　淳（秋田県立湯沢高等学校）

1.　はじめに

　平成29年度の中学3年生が高校3年生として大学受験を迎える平成32年度（2020年度）入試〔＊大学入学試験は明けて平成33年（2021年)〕から、大学入試センター試験に代わり、『大学入学共通テスト』〔＊以下『共通テスト』という〕が実施される。ここでは、岩手県と秋田県の県立高校の教職員に対して個人的に依頼した2つのアンケートに寄せられた回答をもとに、各高校の『共通テスト』に対する取組の現状を報告するとともに、『平成29年度東北大学個別試験問題（前期)』に関して、高校側はどのような意見をもっているかを紹介する。

2.　第1回アンケートについて

　第1回アンケートは記述式で、2月初旬に各校に送付し、3月末までに回答するよう依頼した。なお、第1回アンケート時点では新テストの名称を『学力評価テスト』としていたが、ここでは『共通テスト』とした。なお、寄せられた回答の原文をできるだけ尊重したので、文中の「」内の表現には統一性のないものもある。また、英語の民間試験などについては固有名詞を避けたことをご理解いただきたい。

2.1　第1回アンケート質問項目

(1)『共通テスト』に関して
　① 今年度末の反省と新年度へ向けた対策会議等で『共通テスト』に対する取組が話題になりましたか。自校の現状を書いてください。
　② すでに決まった具体的な取組や予定などがあったら書いてください。

第 II 部　高校現場からみた入試改革

③　自校の生徒の記述力や教職員の指導体制などを勘案した時、『共通テスト』の実施についてどのように考えているか書いてください。

④　もし、具体的な対策を取るとすれば、どのようなことが考えられるか書いてください。

(2) 『平成29年度東北大学個別試験問題（前期）』に関して

平成29年2月実施の個別試験問題（前期）に関する意見や感想、今後の個別試験問題に対する要望や意見などを書いてください。

各教科ごとに回答をいただければ幸いですので、自校の教科担当者にご依頼をお願いします。もちろん、すべての教科・科目から回答が寄せられなくてもかまいません。

【国語　英語　数学〔文系＋看護学〕〔理系（看護学を除く）〕物理　化学　生物
　地学　　　＊該当教科・科目に○を付けてください】

①　平成29年度の2次試験問題に関する意見や感想など
②　今後の2次試験問題に関する要望や意見など

2.2　回答校と回答者

第1回アンケートへの回答を依頼したのは、下記の岩手県と秋田県の県立高校各10校で、回答者は、副校長、教頭、教務主任、進路指導主事、各教科担当教諭である。

【岩手県】
盛岡第一高校　盛岡第三高校　盛岡北高校　花巻北高校　黒沢尻北高校
水沢高校　一関第一高校　遠野高校　宮古高校　釜石高校
【秋田県】
大館鳳鳴高校　能代高校　秋田高校　秋田南高校　秋田中央高校　本荘高校
角館高校　大曲高校　横手高校　湯沢高校

2.3　「『共通テスト』に関して」への回答結果について

①今年度末の反省と新年度へ向けた対策会議等で『共通テスト』に対する取組が話題になりましたか。自校の現状を書いてください。

回答は、各校1名の意見に留まらず、複数名の回答を寄せた高校もあったが、高校ごとにまとめ、次のように分けた。

第1章 『共通テスト』と『東北大学個別試験問題（前期）』に関する高校側の一考察

　１つは「『共通テスト』が学校全体の話題になっている高校」で、「管理職からの話題提供や対応などの指示がある」「職員会議などで取り上げられている」と回答したのが 20 校中 6 校。もう１つは「『共通テスト』が学校全体の話題になっていない高校」で、「教科内、分掌内（主に進路指導）、職員室では話題になっているが全体のものになっていない」と回答したのが 20 校中 10 校。そして「話題になっていない」と回答した高校が 4 校であった。

　教職員個々には『共通テスト』に関心をもっていても、全体のものになるまでには至っていない実態がある。また、自身の所属する『教科』や『分掌』では話題にしていると回答しても、他教科や他分掌で話し合われていることには言及していない。「『共通テスト』の具体的なスケジュールが公表されてから、全体で協議する予定」という回答は、多くの高校の考えを代弁していると感じた。その中で、「学校運営委員会から、新テストや新教育課程を踏まえた学校運営やカリキュラムの見直しの提案が出され、これを受け、検討委員会を立ち上げ、平成 30 年度からスタートできるよう内容を検討中である」という具体的な回答が秋田県の高校からあった。

②すでに決まった具体的な取組や予定などがあったら書いてください。

　これに対する回答で最も多いのは「特になし」の 13 校である。前述の①において、『共通テスト』の具体像が見えず、学校全体のものになっていない現状の回答があったので、理解できる結果である。

　一方、取組例としては、教科での取組〔国語、数学、英語〕、進路指導での取組、『総合的な学習の時間』や『探究活動』、学校の研究活動〔SGH（スーパーグローバルハイスクール）、SSH（スーパーサイエンスハイスクール）〕と連動した取組のほか、「まずは情報収集と校内向け広報活動」「新たな適性テストを実施する予定」「アクティブ・ラーニングや情報端末の活用」「教育課程の検討」などが上げられている。

③自校の生徒の記述力や教職員の指導体制などを勘案した時、『共通テスト』の実

第Ⅱ部 高校現場からみた入試改革

施についてどのように考えているか書いてください。

　「自校の指導で十分対応できる」「従来の指導で心配ない」「教職員の指導力で大丈夫」といった回答の高校では、生徒の記述力を養成する指導を日常的あるいは計画的に行っており、その指導が教職員の中で定着しているという自負が感じられる。また、「国語科、英語科以外にも、地歴公民科で、平素の授業や添削において記述答案作りの指導が行われており、当該教科の教員は OJT によって指導力の向上に努めているほか、各種研修に積極的に参加することで、さらに指導力を自己養成しているため、指導に関しては不安はない」という回答もあり、授業改善や考査問題・実力テストなどで記述力を高めるための工夫を行うことで対応できるということであった。

　一方、「生徒の記述力の低下」「生徒が自ら考える力、考えを表現する力、自ら考えるために必要な基礎知識の醸成」などを課題として上げる学校も多くあった。教職員の指導体制の問題として、「『記述力』や『共通テスト』に対する意識の差、温度差、低さ」「教職員間の連携不足あるいは連携時間の不足」「さらなる多忙化」「指導体制の確立ができるのか」が上げられている。もちろん、『共通テスト』の全容が見えていない状況なので、「すべてに不安である」という回答も複数あった。また、「高校だけでは指導は難しい。すべてを変えるには時間がかかる。多様な生徒すべてに対応するのは負担も大きく、『共通テスト』だけに向けて対応するのはいかがか」「生徒の学力差が非常に大きく、東京大学や東北大学志望から就職・公務員希望まで、進路は多様である。一部の方向性だけを見て、急激に現状を変更することは、生徒の混乱を招くだけである」といった回答もあった。

　さらに、『共通テスト』自体への疑問もあり、「『記述力』が必要な能力であることは理解できるが、全国一斉のテストとして実施することに『？』を感じる」「教職員の指導体制は十分組めるとは思うが、採点や処理日程など、文科省や入試センターの方がこちらの満足できるような対

第1章 『共通テスト』と『東北大学個別試験問題（前期）』に関する高校側の一考察

応ができるかが疑問である」といった回答も寄せられている。

> ④もし、具体的な対策を取るとすれば、どのようなことが考えられるか書いてください。

「『記述力』を意識した『授業（改善）』『考査問題』『教職員研修』『情報収集』」が上げられている。

『授業』においては、「演習型・ドリル型のトレーニングを減らし、考える時間を確保した授業を展開する」「思考や論述など、生徒の様々な能力を伸ばせる授業を教員個々が行えるかどうかが重要」「グループワークなど、生徒同士が話し合うような学びを効果的に取り入れる授業スタイルの改革」「低学年からより一層記述を念頭に置いた指導をする」「3年間を通して『言語活動の充実』に対応する必要がある。AL（アクティブ・ラーニング）の充実に向けて学校の指導体制を整えていくことが急務である」といった回答があった。また、「『総合的な学習の時間』を、今以上に『考える』『書く』『調べる』など多角的な活動のできるものとして計画する」として、教科授業以外の時間の活用も提言されている。個人的には、「記述力を高めるためには、実は教科書の基礎事項の十分な理解が必要である。身に付けさせる内容の精選が今まで以上に重要となる」という意見に共感した。

『定期考査』『実力テスト』などにおいては、「『記述式』に対応する問題を意識し、作成していく」ということになるが、「『記述力』をどう試すのかイメージがもてないので対策の立てようがない」という回答もあった。

『教職員研修』では、「『論文』の読み書き指導を念頭に、全教科一致して指導にあたる。大学は、論文の読み書きをする場であるから、当たり前のことを当たり前に進める。『共通テスト』を新傾向ととらえず、当たり前のことに納まると考える」「予備校や進学塾の講師を招きノウハウを取り入れる」「教科内での協力体制を早期に形成する」「指導に対する教職員の意識を変える」「指導力のある教員による実践演習を繰り

第Ⅱ部　高校現場からみた入試改革

返す」といった回答に加え、「先進校での取組を参考にする」といった
『情報収集』のほかに、「教育課程の変更」「対策委員会の立ち上げ」を
上げる学校もあった。

　しかし、「『記述』に重点を置いても、内容が浅く今後多くの対策が必
要である」という不安は絶えずつきまとう。それを克服するためには、
「授業改善の中で、『研修→実施→改善』というように、確実に改善でき
るパターンを作る」とか「授業で記述させる機会を増やすとともに、
（生徒の）相互評価の場面を設定するなどして、よりわかりやすい記述
内容にブラッシュアップさせるための授業研修を国語科を中心として学
校全体で行う」といった具体策が参考になる。

2.4　考察

　第1回アンケートは、文部科学省からの「『共通テスト』実施案」が
示される前の調査だったので、各校からは、『共通テスト』に関する具
体的な姿をもてないままの回答が寄せられた。しかし、それでも、各校
の状況が見えて、参考になった。

3.　第2回アンケートについて

　文部科学省から5月16日『2020年度からの大学入試改革案』、7月
13日『大学入学共通テストの実施方針』と『国語と数学のマーク式問
題例』が出された後、第2回アンケートも記述式で、7月中旬に各校に
送付し、8月末までに回答するよう依頼した。

3.1　第2回アンケート質問項目

---

(1) 『共通テスト』の国語と数学において、『記述問題』が出題されることに関して
　① 学校全体の対策や取組状況について、すでに決まった具体的な対策や取組や
　　予定などがあったら書いてください。
　② 国語科における対策や取組状況について、すでに決まった具体的な対策や取
　　組や予定などがあったら書いてください。
　③ 数学科における対策や取組状況について、すでに決まった具体的な対策や取

第 1 章　『共通テスト』と『東北大学個別試験問題（前期）』に関する高校側の一考察

組や予定などがあったら書いてください。
④　自校の生徒の記述力や教職員の指導体制などを勘案した時、『共通テスト』の実施に対してどのように考えているか書いてください。

(2)「英語における民間試験の導入」に関して
①「英語における民間試験の導入」について、率直な意見や感想などを書いてください。
②「英語における民間試験」に対して、すでに決まった具体的な対策や取組や予定などがあったら書いてください。

3.2　回答校と回答者

　第 2 回アンケートへの回答を依頼したのは、岩手県と秋田県の公立高等学校各 10 校で、回答者は、副校長、教頭、教務主任、進路指導主事、各教科担当教諭である。また、今回も、各校から複数の教職員の回答が寄せられた。

【岩手県】
　盛岡第一高校　盛岡第三高校　盛岡北高校　花巻北高校　黒沢尻北高校
　水沢高校　一関第一高校　遠野高校　宮古高校　釜石高校

【秋田県】
　大館鳳鳴高校　能代高校　秋田高校　秋田西高校　秋田中央高校　本荘高校
　角館高校　大曲高校　横手高校　湯沢高校

3.3　「『共通テスト』の国語と数学において、『記述問題』が出題されることに関して」への回答結果について

①学校全体の対策や取組状況について、すでに決まった具体的な対策や取組や予定などがあったら書いてください。

　新年度に入り、『共通テスト』に関する具体的な情報が出ているが、「学校全体での協議になっていない」と回答した高校が半数である。「管理職からの情報提供」「外部研修会への参加」「外部業者による校内研修会実施」という回答もあるが、第 1 回アンケート時点から、高校の対策や取組状況が目立って進展しているという様子は感じられず、結局「具

第II部　高校現場からみた入試改革

体的な対策や取組は特にない」という回答が半数であった。その中で、多少踏み込んだ回答としては、「平成30年度入学生のカリキュラム変更」が2校、「『総合的な学習の時間』の活用」があった。また、「speaking を重視して、『英語ディベート大会』などを企画し、3年間で積み上げていく」「授業コマ数の変更（50分×7コマへ）」「ICT導入（民間の）」「『探究活動』の導入」「学力3要素育成に向け、AL などの組織的な導入」、さらに、「管理職、進路指導部、国語・英語・数学各教科主任での『共通テスト』対策会議の企画」などの回答があった。また、「新しい『調査書』への対応」を上げる学校が2校あり、『高大接続改革』においては、『調査書』と『推薦入試』〔＊平成20年度から、書類や面接などで選考するアドミッション・オフィス（AO）入試を「総合型選抜」、推薦入試を「学校推薦型選抜」、一般入試を「一般選抜」と名称変更する〕も大きな課題であるという認識が必要だと感じた。

②国語科における対策や取組状況について、すでに決まった具体的な対策や取組や予定などがあったら書いてください。

　寄せられた回答からは、『記述式』の出題例が公表された後、高校側の受け止め方に大きな変化があったとは感じられなかった。つまり、「普段の授業で記述力の育成に重点を置いて取り組んでいる」高校が多いためであり、「対策や取組は考えていない」という回答が多かったのは、これまでの授業で大丈夫という感触を多くの教員がもったからである。

　むしろ、出題例に対する批判が多かった。「情報を正しく理解しなければならない現代社会への対応ということであろうが、国語教育の目指すものやこれまで蓄積してきたこととは大きくズレているように思われてならない」「条件付きの記述問題となっているが、確かに条件をつけると解答に一定性が生じるので採点のしやすさには確実につながるのだろうが、本来測定したい『思考力』の測定には制限がかかるという矛盾が生じている」「公表された例題はやさしすぎる。また各大学の個別試

第1章 『共通テスト』と『東北大学個別試験問題（前期）』に関する高校側の一考察

験記述問題との差が大きすぎる」「モデル問題例を見ると、説明文であり、単一の解答しか出ない。本来、言語はそれぞれの文化を反映し、様々な読解が可能な豊かなものである。特に文学作品における人間の心情や思考のあり方は多岐にわたり、人生そのものについて深い理解と共感を得ることができるものである。そのため、読解、記述における自己表現も多様にならざるを得ない。『共通テスト』では、説明文を出題するしかないのだろうが、このような問題で思考力の深まりを知ることができるのだろうか疑問である」「記述問題は素点ではなく段階別に評価するという話も出ているが、そうなると逆にはっきりと点数が出る国数以外の他教科の点数の重みがむしろ増すことが想像される。1点刻みの評価に対する批判への対応そのものと逆行する気がしてならない」などである。

　一方、何らかの対策を考えている学校も多く、「『教科』として（設定し）、3学年部と国語科が協力して、小論文、面接、討論の場を設定し、テーマ決め、読書や上記の演習をとおして、生徒の思考の枠を拡げ、他者を意識しつつ、自分の考えを論理的に表現できる力を養おうとしている」「現代文の時間で200字要約、感想文などを教材毎に実施している。小論模試、志望理由書、模試等も実施し、記述力の養成に努めている」「アクティブ・ラーニングを通じて思考力を養成している」「授業で行っている『読み取ったことを踏まえて自分の意見をもち、根拠も併せて述べる』取組を継続する」「科内で『共通テスト』を研究し、授業に反映できるようにしないといけない」「授業をとおして、グループでの対話を重視し、思考力・表現力を高めるよう取り組んでいる」「記述式問題のモデル例の文章は、より実社会に即した内容が予定されており、今後はより広範な文章に触れさせる必要がある」「ディベート等を取り入れ、さらに論理的思考力を高めたい」といった回答がある。また、「『プレテスト』まで様子見」の高校もあった。

第 II 部　高校現場からみた入試改革

> ③数学科における対策や取組状況について、すでに決まった具体的な対策や取組や
> 予定などがあったら書いてください。

　「公表されたモデル問題のレベルであれば、特段の対策をしなくても
対応できる」として、「特別な対策よりも授業で対応する」という回答
が国語よりさらに多くあった。その中で、「思考力を高める指導をして
いく必要があるので、日常や身の回りの数学への応用を意識した指導が
必要である」「基本から標準的な問題までをきちんと解決し検証できる
確かな学力が背景にないことには、いくら先進的な取組をしたところ
で、本末転倒である」「教員個々のレベルで AL は導入している。記述
式問題の出題比率は小さく、それ以外の（従来までの）学力分野につい
て、しっかりと習得させることが先決である」「何事にも『慣れ』は必
要であるので、似たような問題に対する演習を部分的に取り入れてい
く」「授業内での『数学用語』調べに始まり、解法などの調べ学習に力
を入れ、それを様々な形で発表する形式の授業を継続している」という
回答がある一方、「試問を解いてみて、現状の授業では対応不可である。
科目間での協議等の必要があり、数学科単体での対策は効果が薄い」と
いう危機感もあった。やはり、『出題例』から方向性を探る必要性を感
じているため、「今後、いろいろな機関や研究会から、出題形式や範囲
など、より具体的な情報が入れば、またそれに沿った対策を立てること
になる」「どのようなテストになるのかが全く手探り状態のため、現段
階で具体的な取組のしようがない」という回答も理解できる。さらに
「数学の試作問題のような問題はいずれ枯渇するし、無理に身近な内容
にする必要性があるとは思えない」という意見もあった。

> ④自校の生徒の記述力や教職員の指導体制などを勘案した時、『共通テスト』の実
> 施に対してどのように考えているか書いてください。

　第 1 回アンケートの（1）③と全く同じ質問で、回答内容にも大きな
変化はなかった。「日常の授業を通して、指導できる高校」は、いかよ
うにでも対応できる一方、「多様な進路志望の生徒がいる高校」からは、

第1章 『共通テスト』と『東北大学個別試験問題（前期）』に関する高校側の一考察

「実施時期が一番の問題である。3年1月より早い実施もあるならば、生徒の記述、指導体制も全く追いつかない」「中学生段階での基礎・基本的知識・技能が、高校入学段階で不十分な生徒にとっては、新制度での大学進学はとても難しい」「難易度が上がると生徒が対応できるか不安である」「本校生徒の記述力では、『共通テスト』に対応するのは困難である」という回答があった。また、「実際にどのような形式・内容等で出題されるかが、現段階でははっきりしていないため、指導内容をどうしたらよいのかもわかりづらい」「記述の採点はどのような方法で、どこまで詳しくしてくれるのか謎であり、そこから遡って、どのような対応をすべきか見当がつかない」「記述問題が導入されるという方向性には賛成だが、これまでの国公立大2次試験や私大入試等での記述試験というイメージで対応できるのかどうか、問題例や具体的な採点基準をもっと示してもらわないと受験を意識した指導は困難である」「3題の記述部分が段階評価となれば、これまで以上に不確定な得点となり、自己採点の際は、2次試験で逆転が可能かどうかの判断・見極めが重要視される」「『共通テスト』の実施に伴い、入試の日程時期（『総合型選抜』『学校推薦型選抜』『一般選抜』）がすべて近づき、生徒に十分な指導ができるのか不安である」という不確定要素に対する懸念や「教員間で温度差があるので、共通意識を持って取り組む必要がある」「共通一次試験導入直後の混乱や大変さを知らない教員が大半で、何も起こらないと考えている。このままでは対応できないと考えている職員と『共通テスト』が全く念頭にない職員がいるので、対策を講じるための会議も熱が入らないことがあり、共通意識の醸成までもっていけない」という教職員側の課題を指摘する回答も相変わらずある。

　一方、前向きな回答としては、「記述力を身に付けさせることは必要であり、自分の考えを表現する力が付く授業を展開することが求められているので、探究活動等をとおして深く学ばせる指導体制を模索していきたい」「数学、国語に関しては従来のセンター試験のマイナーチェンジといった印象であるが、今後は、入試対策に関わらず、学力の3要素

第Ⅱ部　高校現場からみた入試改革

の育成は高校教育では必須の課題となる。これに対する高校側の指導内容と評価の見直しは必要だ」「5月の発表通りの内容で出題されるとしたら、記述力の強化はもちろんだが、読解力や雑多な知識が要求されるため、『読むこと』の指導を改めて考え直す必要がある」「（科内では）これまでのマークシート式のみでも、このような内容の理解度をはかることは出来るという意見が多かった。しかし、これも大学入試センターの新たなメッセージだと受け止めて、主体的、対話的で深い学びをはかってくれるものと信じて授業改善と受験対策をしていきたい」といったものを上げておく。

3.4 「『英語における民間試験の導入』に関して」の回答結果について

> ①「英語における民間試験の導入」について、率直な意見や感想などを書いてください。

　まず、好意的な受け止め方として、「実施する側は、ものすごく大変だが、複数回受験を可能にする案は、高校生にとってメリットが大きい」「英語力のはかり方に、多様性が与えられるメリットがある」「例えば、もしある民間試験一本ということであれば、試験形式にスピーキングも入っているので授業もやりやすく、スピーキング能力育成にもつながりやすい」「4技能をバランスよく評価するためにはよい。これによって、授業も変わっていくと期待する」という回答があった。しかしながら、その数は非常に少なかった。

　寄せられた回答の多くは、不安や批判である。最も多かったのは、『地域間格差と不公平感』に関わる内容で、受験地、受験機会、受験費用といった、生徒の英語力と全く関係ない点で生じる問題を上げている。このことは、『英語における民間試験導入』が、日本の高校生全体を見ているものではないという印象を与えている証左であろう。「地方と都会で差がつきやすい可能性がある（受験地、英語学校、受験できる

第1章 『共通テスト』と『東北大学個別試験問題（前期）』に関する高校側の一考察

であろう民間試験の豊富さ、教材の豊富さと数等）」「受験料や会場までの交通費、試験対策の指導を学校以外で受講できるか否かを考慮すると、格差はさらに広がることが懸念される」「国公立2次や私立大の個別試験が更に実施されるとすると、学校だけで傾向の全く異なる英語テストに対応できるか疑問である。それは同時に、学校で対応できない部分を、生徒が学校外にアウトソーシングすることを意味し、各家庭の経済力が影響してくる」「受験地域が限定的で検定料についても試験毎に異なり、居住地域や経済的な面から受験機会が公平ではない」「高校3年生の4〜12月に2回までということだが、1、2年次に複数回練習で受験できる生徒とそうでない生徒との間にも不公平感が生じる。また、異なる資格試験となると、『2回まで』をどのようにチェックするのか疑問が残る」といった回答は、日々生徒と真剣に向き合っている教員からの切実な問題提起である。

　『民間試験自体の問題点』も多く上げられた。「どの民間試験が有利か不利かの論や、取りやすいかの論が出るのではないか」「民間試験は『大学教育を受けるに足る英語の能力が身に付いているか』をはかるこれまでの大学入試試験とは性格が違うものであり、試験毎に難易度も違うので公平に生徒の学力をはかることはできないのではないか」「様々な試験の中から選択できる環境とそうではない場合とでは、不公平が生じる。本校を含む地方では、費用や受験機会の観点から言っても、実質的にある特定の民間試験に限定されてしまう生徒が大半ではないか」「民間の各試験は対象者、測定する英語力、判断基準がそれぞれに異なり、英語力を見る参考資料にはなり得るにしても、果たして1点を争う大学入試の厳しい合否判定にどう反映されるのかがわからない」「民間試験は現行の試験と比べて優れているのか疑問である」「各試験団体のデータによるCEFRとの対照表なども出されてはいるが、大学側は独自の判断で細かい点数の読み替えをしなければならないことになるだろう」「CEFRの妥当性に関しては大いに疑問が残る。異なる試験を一つのスケールで図り、統一するのには無理がある」「例えば、2年生で準1

第II部　高校現場からみた入試改革

級を取得した生徒に、3年生でもう一度同じ級を受験させるのはおかしい」「ある民間試験をこれまで所属校で実施してきたが、入試の合否に関わるとなると、不正が生じるのではないか。試験の公平性をどのように担保するのか」といった回答にきちんと答えられる導入になるのだろうか。

『大学側の対応』に対しては、「従来のセンター試験において、高校生が身に付けるべきListening、Reading、Writingの基礎学力を測定し、その後、各大学がアドミッションポリシーに基づいた独自の個別試験（Speakingを含む）を実施したらいいのではないか」「各大学がどのように対応するのかについて、なるべく早く公表していただきたい」「大学側が英語の結果をどのように評価するのか、あるいは評価の仕方を大学側の裁量にどの程度まかせるのかなど、非常に不安である」「『共通テスト』は平成35年度までは実施し、各大学の判断で『共通テスト』にするのか、『認定試験』にするのか、あるいは両方を使うのか選択できるとしているが、この『共通テスト』と『認定試験』が混在している状況は大学にとっても、高校にとっても対応に苦慮する状況である。各大学によって違うというのが一番困る」という回答があった。

さらに、『高校の授業などに関わる課題』も上げられた。「『認定試験』の結果をどのように活用するかを大学側が検討するとあるが、『4技能のうちとりわけ○○のスコアを重視する』といった形で大学側の方針が出る場合もあると思う。そういった場合、生徒（受験生）は志望先に応じてある特定の技能のスコアだけを取りにいくような偏った学習（または指導）になるという懸念がある」「授業が民間試験対策になる可能性はある」「スピーキングの導入に関しては、ネイティブ教員が潤沢に配置されていたり、オンライン英会話を取り入れていたりする高校とそういった人員配置や予算・設備がない高校とでは、学習の機会という点で差が生じてしまう」「高校3年の4月～12月の間の2回までの（認定）試験結果が各大学に送付されるというが、高校3年の4月～7月はまだ全県総体や甲子園予選など部活動の大きな大会等もあり、この間に2回

第 1 章　『共通テスト』と『東北大学個別試験問題（前期）』に関する高校側の一考察

受験させるとなれば、授業進度や特活行事、部活動などに大きな支障が出る」「日程的に、どの検定も 7 月と 10 月 11 月に実施が集中しており、この辺りに受験が集中した場合、学校行事に関わる指導に大きな支障が出るだろうと危惧している。つくづくお役人が考えることなのだろうと思う」「センター試験とは異なり、語彙等において、高校の教科書の範囲外にも対応する必要が出てくる」「『認定試験』が主流になれば、大学入試は英語のみ早期実施という形になり、実質 2 年で基礎を固めなければならず、現場は大きな変化を強いられることになる」「大学によって採用する民間試験が異なることが予想されるため、数種類の試験を 2 回まで受験するときの経済的負担が大きくなるのは間違いなく、さらに、試験対策をする必要が生じ、指導を見直す必要もある」「自校開催の場合は、最大年 2 回とはいえ、業務が増えることで現場が忙殺され、試験官の確保も問題である」といった回答があった。

②「英語における民間試験」に対して、すでに決まった具体的な対策や取組や予定などがあったら書いてください。

　これに対する回答の大多数は「特になし」である。「現段階では対策や取組はまったく未定である。正直言って後手にまわる可能性も大いにある」というのが全体を代弁している。おもしろいのは、業務の煩雑さや試験内容から、民間試験の校内実施を取り止めている現状が報告されている点である。今後どう取り組み直すのか注目される。

　前向きな回答としては、「speaking を意識した授業を展開していく」「英語授業改善プログラムの協力校に指定されており、2 年次、民間試験が無料で受験できるので、合格を目指すことで『英語における民間試験』への対策やスピーキング活動の動機付けに取り組んでいる。具体的には、一次試験のエッセーライティングを想定したスピーキング活動や、それをライティングやディスカッション活動、ミニディベート活動に結びつけている」「各大学の方針が明らかになっていない現状では、対策や取組について具体的に協議することは難しい。今後は資格試験の

第Ⅱ部　高校現場からみた入試改革

選定やスピーキング、準1級レベルへの対策について協議されるだろう」「ある民間試験が新型4技能になった（1日でスピーキングも含めて終了できる）ので、それに向けて対策を立てていくことになる」「私大や2次試験につながる魅力的な民間試験がある」「今のところ、大学入試対策としての民間試験対策は行っていないが、今後学校全体で指導するとなれば、最も一般的な検定試験を1つか2つ対策として取り上げることになるのではないか。今年度中に、来年度入学生への対応を英語科全体で協議する予定である」といった回答が寄せられた。

3.5　考察

5月16日に出された文部科学省の実施案を読む限り、これまでの高校の進路指導に大きな影響を与える大学入試改革になるであろう。ただ、『共通テスト』の国語と数学の『記述式問題』に対しては、高校側は十分対応できると考える。なぜなら、教職員集団は生徒の進路達成のために努力することを惜しまず、対策を講ずる時間を確保する方向に進むからである。

しかしながら、「果たして『記述式問題』の採点は大丈夫か」という不安がある。大学入試では、高校入試とは比べものにならない大人数が受験する。大量かつ多岐にわたる解答が予想される答案を、弁別性をもって均質に評価〔採点〕できる人材を実際に一定数確保できるのか、その採点者の資質は、誰によって、いつ、どのように確認されるのかという不安である。もちろん目処が立っているから実施するのだろうが、『【国語】モデル問題例』の『解答類型』を見ると、「正答の条件」の項目をいくつ満たしているかで評価されるようだ。これまでの「1点刻みの入試」に対する批判の中で『共通テスト』が導入されるととらえているが、合否を決める資料としてのテストである以上、結果は「点数」で表される。『共通テスト』の目玉となる『記述力』の評価が、「『マニュアル化された型通りの解答』を書ける力」の評価になるのではないかと危惧している。大学入試センター試験終了翌日に行われていた『自己採

第 1 章 『共通テスト』と『東北大学個別試験問題（前期）』に関する高校側の一考察

点』は、『共通テスト』終了翌日に、どのようになるのだろうか。

英語試験は『認定試験』という呼称の民間による資格・検定試験となり、これまで各校の英語教員が感じていた「この生徒は英語力がある」という主観的な印象が、統一された基準をもった客観的な判断として情報提供されることになる。『認定試験』の受験は、3 年次の 1 月実施予定の『共通テスト』前に終了することとなり、3 年次の早い段階で求められた結果を得た生徒は、英語以外の教科・科目の学習に集中して臨むことも可能になるだろう。例えば、英語の授業指導計画の中に「認定試験対策」と記載することはできるのか。なぜ 3 年次以前に取得した資格は有効にならないのか。小学校から英語塾等に通う児童生徒が増えてくるのか。受験料や受験地の不均衡の問題も含めて、不確定要素が多く、むしろ、混迷を深めたと考える。いずれにせよ、寄せられた回答は、高校現場の教職員が抱える不安であり、『民間試験』が導入される前に解決すべき課題である。ここに上げられなかった諸課題も含めて、満足できる解決策を示さずに、実施期日優先で強行することは避けてほしいと願っている。

4.　「東北大学個別試験（前期）」に関するアンケートついて

平成 29 年 2 月実施の個別試験問題（前期）に関する意見や感想、今後の個別試験問題に対する要望や意見などを書いてください。

平成 29 年度の東北大学の個別試験（前期）に関する意見を第 1 回アンケートで依頼したところ、各校で非常に熱心な分析が行われ、その回答をまとめたものは膨大な量となった。ここでは、各教科・科目に関する意見や感想や要望などの一部を紹介する。

4.1　高校側からの意見と感想

高校側では個別試験問題を東北大学からのメッセージと受けとめ、東北大学が求める生徒の教科学力を示す目標として、高く評価している。

第Ⅱ部　高校現場からみた入試改革

東北大学を受験する生徒にとって「入学できるために日常の学習で深めるべき内容」なのである。生徒にとっての学習目標は、教員にとっての指導目標〔指標〕でもある。教科の『基礎基本』をしっかりふまえ、『知識』に基き、日頃の授業において深めるべき『読解力』『思考力』『想像力』『実験過程と結果』などをまとめる『記述力』『表現力』が問われている。東北大学の個別試験はまさに「よく練られた『良問』」という評価である。「今後も是非この出題を堅持してほしい」という意見が圧倒的であり、高校関係者が頷くところである。

4.2　高校側からの要望

まず、『採点の透明性』という視点である。「『採点基準』『正答率』を公表することで、東北大学が求める生徒の答案がよりよくなる」という考えである。さらに、「いくつかの設問で、指示がわかりにくい」という意見があった。もちろん、毎年反省して、作題に生かしているはずだが、『設問の妥当性』などを外部に聞く機会はあるのだろうか。また、「せっかく作ったのに、あまりに難しすぎて、誰も手をつけられなかったのではないか」という『難易度の妥当性』もある。さらに、「すべての問題に答えられないので、部分点を狙う」とした『解答時間の妥当性』に対する意見もあった。

4.3　考察

高校教員は大学入試問題に対して、『教員の視点』と『生徒の視点』をもって解答し、分析する。ワクワク感をもって教員としての自分の力を試しながら、「我が校の生徒は、ここで迷うだろうなあ」とか「ここで勘違いしなければいいなあ」とか「これはできないだろうなあ」という生徒の解答過程を思い、今後の進学指導や授業指導につなげる。東北大学の個別試験はまさに生徒に提示すべきモデルである。「教科書をしっかりやっていればできる」「基礎基本をしっかり身に付けていれば解ける」「授業や問題演習で何度も繰り返した内容である」「日常の授業

第1章 『共通テスト』と『東北大学個別試験問題（前期）』に関する高校側の一考察

で十分対応できる」という意見が寄せられるのも理解できる。アンケートに寄せられた回答は概ね好意的で、教科担当者としてよく分析しており、高校教員の指導力の高さを感じ取ることができた。さらに、「東北大学一般入試個別学力試験　出題意図」（東北大学入試センター）も参考にしたい。

　もちろん、分析を依頼したのだから、回答は分析になる。しかし、分析家が評論家になってはいけない。回答を寄せた教員は、教科のプロである。だから、「基礎基本があれば解ける」と回答する。しかし、教員は「東北大学を受験する私の生徒は、本当に合格答案を作れるのか」「私の日常の授業で、（生徒が）本当に解答できるレベルにまで達しているのか」「（生徒が）できないとすればなぜなのか？」「（生徒が）できるようにするには、私はどのような視点をもって授業を進めるべきか」といった問いかけを自らに課さなければならない。

　東北大学入試問題に関する『大学側のメッセージの分析』から『生徒が求められる教科学力・目標』を把握し、『東北大学に入学できるための学力、日常深めるべき内容』を毎年確認していくべきである。勤務校に東北大学受験生がいなくても研究を続ける意義がある。生徒が大学へ進学しても必要なものは『学力、熱意、創造性、実現力、表現力、耐性、協働性』などであろう。そして、高校の授業の中で教員がもつべき指標や活用方法を個別入試問題は提示している。授業で目標とすべき指導内容・思考過程・実験材料・教科の可能性など、多くの示唆を受け入れることで、授業の指導目標はより明確になり、『教科の基礎基本』『日常の授業における教科書と個別入試問題のつながり』『制限時間を加えることの必要性』『あせらないで取り組むといった心理的余裕』という現実的対処ができる。高校の授業内容において、入試問題対策がすべてではないが、進学指導の『学力指標』の一つとして、有効に活用すべきである。

第 II 部　高校現場からみた入試改革

5.　結びに

　今回、東北大学フォーラムで発表する機会を与えていただき、『共通テスト』と『平成 29 年度東北大学個別試験（前期）』について、岩手県と秋田県の公立高校の教職員の皆さんから意見を集めて、整理してみた。

　これまで 38 年間英語教員として高校教育に携わり、進学指導にも多少関わってきた。私は「授業と大学等受験指導は大いに関わりがある」と考えている。高校教科書の教材研究も大学入試問題の研究も、教員にとって必要なことである。これまでも、名称や方法を変えた『教育改革』が叫ばれるたび、高校側は誠実に対応してきた。「高校の授業が変わらないのは、大学入試問題が変わらないからだ」という批判があれば、大学の個別入試問題が変わってきている実情を示しながら、授業などで対応してきたつもりである。実際、個別入試問題には各大学の特徴が表れており、決して否定されるものではないという思いもある。「受験指導や対策をすること自体が問題で、生徒の学習意欲をそいでいる」という意見もあるが、私には「何の対策も取らなくてよい」という考えはない。生徒は自分自身の進路目標達成のために努力する。教員はそれを支え導く。「進路指導」において重要なことは、教職員間で意見の相違はあろうとも、生徒の目標達成に向けて同じ方向へ進んで行くことである。

　だからこそ、教員は生徒のために努力する集団でありたい。授業力を向上させることは当然である。キーワードは「教員自身が受けて楽しい授業」「力が付く授業」。そのためには、授業の理想像をもたなければならない。「生徒の何を、どの点を見るか〔将来像〕」を目標として設定し、授業の中に「『キャリア教育』『人間教育〔citizenship 教育〕』『社会〔地球、地域〕貢献』の視点」を入れ、さらに地方の時代は必ず来ると信じて、「地方を光らせる視点」を盛り込めれば一層楽しいだろうと考えてみる。「自分にとって理想の生徒像：どのような授業姿勢、学力の生徒を望むか」「自分にとって理想の授業：理想の生徒たちとどのよう

第1章　『共通テスト』と『東北大学個別試験問題（前期）』に関する高校側の一考察

な授業をするのか」「自分の理想の教員像：私はそれができるか。その授業は楽しいか。目標の先にあるものは何か」「上記の目標を達成するためにどのような努力をしているか。例えば、教材研究、情報収集、研究会出席など」、例えば「『東北大学レベルの授業』とは、いかなるレベルか。単に入試問題を取り入れるだけでいいのか」などと思い悩んでほしい。

　この後、日本の教育がどのような方向に進むのか、私には見極められない。『共通テスト』の実施をただ見ているだけになるであろう。しかし、どんなに素晴らしい『教育改革』が行われるとしても、影響を全く与えずに進んでいくことはない。ここに掲載した岩手県と秋田県の高校教員たちの意見や要望に目が向けられることを願っている。

　今回、このような形で意見をまとめる機会を与えてくださった関係者の皆さんに感謝申し上げる。また、教育を取り巻く多くの課題を解決するため、高校と大学が一層協力していくことを期待したい。

【参考文献】

文部科学省（2017）『大学入学者選抜改革について』、http://www.mext.go.jp/b_menu/
　　houdou/29/07/1388131.htm（2017年11月アクセス）

第2章 「新たな学力」を考察する
　　——国語問題を中心として——

清水　和弘（福岡大学附属大濠中学校・高等学校）

1. 「学力」とは何か

　「高等学校学習指導要領解説　国語編」第1章「総説」第1節「改訂の趣旨」（平成22年6月文部科学省）によれば、
「他方、OECD（経済協力開発機構）の PISA 調査など各種の調査からは、我が国の児童生徒については、例えば、

① 　思考力・判断力・表現力等を問う読解力や記述式問題、知識・技能を活用する問題に課題、（下線筆者）

② 　読解力で成績分布の分散が拡大しており、その背景には家庭での学習時間などの学習意欲、学習習慣・生活習慣に課題、

③ 　自分への自信の欠如や自らの将来への不安、体力の低下といった課題、

が見られるところである。」という。

　従って、「基礎的・基本的な知識・技能、思考力・判断力・表現力等及び学習意欲を重視し（学校教育法第30条第2項）、学校教育においてはこれらを調和的にはぐくむことが必要である旨が法律上規定された」（下線筆者）と指摘し、更に「中央教育審議会」は平成20年1月に「③ 基礎的・基本的な知識・技能の習得」「④ 　思考力・判断力・表現力等の育成」（下線筆者）を目指した答申がなされたことを記している。

　また、「2 国語科改訂の趣旨」を見ると、「特に、言葉を通して的確に理解し、論理的に思考し表現する能力、互いの立場や考えを尊重して言葉で伝え合う能力を育成すること」を重視する、と明記する。（下線筆者）さらに「そのため、現行の『話すこと・聞くこと』、『書くこと』及び『読むこと』からなる領域構成は維持しつつ、基礎的・基本的な知

第Ⅱ部　高校現場からみた入試改革

識・技能を活用して課題を探究することのできる国語の能力を身に付ける」とも記す。（下線筆者）

　さらに、「高等学校」については次のように示されている。

（イ）「国語表現」は、現行の「国語表現Ⅰ」及び「国語表現Ⅱ」の内容を再構成したものとする。「国語総合」の学習を踏まえ、文章や資料等を的確に理解し、論理的に考え、適切に話したり書いたりする力など、実社会で活用することのできる表現の能力を確実に育成する。（下線筆者）

（エ）「現代文B」は、現行の「現代文」の内容を改善したものとする。「国語総合」の学習を踏まえ、近代以降の様々な種類の文章や資料を教材として取り上げ、話すこと・聞くこと、書くこと及び読むことの言語活動を通して、読む能力のみならず、読んだことをもとにして考え、判断・評価し、それをまとめて論理的に表現する能力を育成するとともに、文字・活字文化に対する理解が深まるようにする。（下線筆者）

　このように頻繁に「思考力・判断力・表現力」を使用しながら、そこには「論理的」な思考や判断や表現を求めているということだ。

　もちろんこれらは平成22年6月の「高等学校学習指導要領」だけではなく、すでに平成11年3月告示の「学習指導要領」にも見られ、その「第1款　目標」には「伝え合う力を高めるとともに、思考力を伸ばし心情を豊かにし」（下線筆者）と記され、さらに「第2款　各科目」の「第1　国語表現Ⅰ」の目標にも同じ文言が見られる。そして平成22年6月の「高等学校学習指導要領」と同様に、指導の留意点として「ア　自分の考えをもって論理的に意見を述べたり」と記して「思考力」「判断力」「表現力」が「論理的」であることを求めてもいる。

　また、同指導要領を提示するに当たって出された「新しい学習指導要領のねらいの実現に向けて」では「学力」を次のように定義づけてい

る。「知識・技能は重要であるが、単なる知識の量のみではなく、学ぶ意欲、思考力、判断力、表現力まで含めて学力ととらえる必要がある」と。「学力」をそのように捉えたとして、では「論理的」な「思考力、判断力、表現力」とはそれぞれ何か。さらにまた、それら「思考力、判断力、表現力」は一体どのようにして、あるいはどのようなテストで測定可能なのか。

　ここでもう一つの問題点を指摘しておく。

2.　「新たな学力」と PISA の読解リテラシー

　先に引いた平成 22 年 6 月の「高等学校学習指導要領解説　国語編」第 1 章「総説」第 1 節「改訂の趣旨」によれば、「OECD（経済協力開発機構）の PISA 調査など各種の調査からは、我が国の児童生徒については、例えば、①　思考力・判断力・表現力等を問う読解力や記述式問題、知識・技能を活用する問題に課題、」（下線筆者）としていた。そうするとその「思考力・判断力・表現力」の定義には PISA の学力状況調査が深く関わっているということだ。

　そこで、OECD（Organisation for Economic Cooperation and Development：経済協力開発機構」の略）による PISA（Programme for International Student Assessment：生徒の学習到達度調査）の「読解力リテラシー」の問題を見ることにする。そのフレーム・ワークである「探求・取り出し」、「統合・解釈」、「熟考・評価」のうちの「熟考・評価」の問題が思考力・判断力・表現力等を問う読解力の問題だということになるだろう。

　もっとも、国立教育政策研究所が発表した「OECD　生徒の学習到達度調査」における「2015 年調査国際結果の要約」（平成 28 年 12 月）では、「読解力の問題 88 題の日本の平均正答率は、63%」であり、「『探求・取り出し』については 72%、『統合・解釈』については 60%、『熟考・評価』については 62% である」という。ここに大きな問題点はないように思われる。また「出題形式別の日本の平均正答率は、『多肢選

第 II 部　高校現場からみた入試改革

択・複合的選択肢』については 63%、『求答・短答』については 66%、
『自由記述』については 63% である」としており、ここでもさほど目に
付く問題はなさそうに思われる。

　一方、「読解力の問題の日本の平均無答率は 6% である」のだが、「平
均無答率を側面別に見ると、『探求・取り出し』については 3%、『統
合・解釈』については 4%、『熟考・評価』については 13%」となり、
「熟考・評価」における無答率が多いことは気になる。さらには、「出題
形式別」に見ると、『多肢選択・複合的選択肢』については 1%「求答・
短答」については 3% なのに対して、「自由記述」については 13% が無
答となっており明らかに「熟考・評価」で「自由記述」問題の解答姿勢
は劣っている。

　しかしながらこのことは、日本の生徒達の「熟考・評価」問題への理
解が低く、「自由記述」問題に対する能力が低いとは、かならずしも言
えないのではないか。この PISA の問題は本人の受検意思によるもので
はなく、抽出であり、しかも課外に受検することになる。受検者の意識
は自ずと知れよう。

　ただ、公開された PISA の読解リテラシーの問題を見てみると、確か
にこれまで生徒達が学校等で受検していた問題に比すれば戸惑いがあっ
たことは頷ける。「本文に書かれている以上でもなく以下でもない」と
いうのがこれまでの「国語」の問題であったし、本文を所謂「外」から
見なければならない PISA の「熟考・評価」の問題は、生徒にとっては
馴染みがない問題だと言えよう。

　それにしても、仮に、PISA の「熟考・評価」問題や「自由記述」問
題への日本の生徒達の対応が劣るとしても、そのことが「思考力・判断
力・表現力等を問う読解力や記述式問題、知識・技能を活用する問題に
課題」がある、となぜ言えるのだろうか。

　なお、2017 年度 6 月に発表された「中学校学習指導要領解説」の
「国語編」にも、「2 国語科の改訂の趣旨及び要点」において以下のよう
に記している。

第 2 章 「新たな学力」を考察する

○　PISA2012（平成 24 年実施）においては、読解力の平均得点が比較
可能な調査回以降、最も高くなっているなどの成果が見られたが、
PISA2015（平成 27 年実施）においては、読解力について、国際的には
引き続き平均得点が高い上位グループに位置しているものの、前回調査
と比較して平均得点が有意に低下していると分析がなされている。これ
は、調査の方式がコンピュータを用いたテスト（CBT）に全面移行する
中で、子供たちが、紙ではないコンピュータ上の複数の画面から情報を
取り出し、考察しながら解答することに慣れておらず、戸惑いがあった
ものと考えられるが、そうした影響に加えて、情報化の進展に伴い、特
に子供にとって言葉を取り巻く環境が変化する中で、読解力に関して改
善すべき課題が明らかとなったものと考えられる。（下線筆者）

　やはり、ここでも抽出による受検の、受検者のモチベーションは考慮
されてしかるべきではなかったか。また、

○　全国学力・学習状況調査等の結果によると、小学校では、文におけ
る主語を捉えることや文の構成を理解したり表現の工夫を捉えたりする
こと、目的に応じて文章を要約したり複数の情報を関連付けて理解を深
めたりすることなどに課題があることが明らかになっている。中学校で
は、伝えたい内容や自分の考えについて根拠を明確にして書いたり話し
たりすることや、複数の資料から適切な情報を得てそれらを比較したり
関連付けたりすること、文章を読んで根拠の明確さや論理の展開、表現
の仕方等について評価することなどに課題があることが明らかになって
いる。

　とも記しており、確かに課題はあるとして、その課題を生じさせた要
因の分析は妥当だったのだろうか。また同じ解説の中で「（1）目標及び
内容の構成」では、

141

第II部　高校現場からみた入試改革

②内容の構成の改善

　三つの柱に沿った資質・能力の整理を踏まえ、従前、「話すこと・聞くこと」、「書くこと」、「読むこと」の3領域及び〔伝統的な言語文化と国語の特質に関する事項〕で構成していた内容を、〔知識及び技能〕及び〔思考力、判断力、表現力等〕に構成し直した。

〔知識及び技能〕及び〔思考力、判断力、表現力等〕の構成は以下のとおりである。

〔知識及び技能〕

（1）言葉の特徴や使い方に関する事項

（2）情報の扱い方に関する事項

（3）我が国の言語文化に関する事項

〔思考力、判断力、表現力等〕

A 話すこと・聞くこと

B 書くこと

C 読むこと

　としている。しかしながら、「知識及び技能」と「思考力、判断力、表現力」とはこのように切り離すことが出来るのだろうか。それにしても、国語の場合、思考もせず判断もせずに「読解する」ことがあるのだろうか。そのようなことが出来るのだろうか。「読解する」能力は「思考力」や「判断力」は当然備わったものであり、これまでのテストにおいても当然問われていた能力ではなかったか。そして PISA が求めたものはそうした「読解力」を測定するに当たって、問題として提示された資料（連続テキストや非連続テキストを問わず）に記載された事実だけではなく、その資料を批判（主観を排除した客観的な論理による評価）する能力を問うているのではなかったか。その問い方として選択肢でも充分に能力値は判断できているのではないか。だからこそ、「高等学校学習指導要領解説　国語編」第1章「総説」第1節「改訂の趣旨」（平成22年6月文部科学省）のも PISA の結果を引用したのではなかった

第 2 章 「新たな学力」を考察する

か。「知識及び技能」は学問的真理に基づくものであり、その真理が覆らない限り議論の余地はない。つまり混乱は生じない。しかし「思考力、判断力、表現力」は人それぞれのものであり、その深浅や方法の善し悪しをどのように定義づけ、どのように客観的に測定するか、教育に関わる人々の合意が必要ではないか、という気がしてならない。

3. 「新たな学力」と現行の「大学入試センター試験」

　実は、現行の「大学入学センター試験」の国語の問題にも、本文を「外」から客観的に評価したり、本文の展開を問う問題はここ数年出題され続けている。問題 1 の「評論」はもちろん、問題 2 の「小説」にも本文全体の印象や表現といった、PISA 型問題のフレーム・ワークにおける「熟考・評価」の問題は出題されてきているし、そのことは問題 3 の「古文」や問題 4 の「漢文」の問題にも見られる。それらの問題の正解率が低いという報告はなされた例がないし、新傾向の設問だという認識は受験者にも教師にもあるものの、特段問題視しなければならないような問題があるという認識はないのではないか。

　平成 27 年度の本試験問題の第 1 問の評論文の問題の「問 5　この文章全体を踏まえ、『啓蒙』という行為に対する筆者の考えをまとめたものとして最も適当なものを、次の①〜⑤のうちから一つ選べ。」同じく「問 6　この文章の表現に関する説明として適当でないものを、次の①〜⑧のうちから二つ選べ。」同じく第 2 問小説の問題の「問 6　この文章の表現に関する説明として適当でないものを、次の①〜⑥のうちから二つ選べ。」また同じく、第 4 問漢文の問題の「問 6　この文章全体から読み取れる筆者の考えの説明として最も適当なものを、次の①〜⑤のうちから一つ選べ。」などといった設問は、PISA の問題の読解リテラシーのフレーム・ワークでは「熟考・評価」の問題であろう。

　さらには、平成 28 年度本試験問題の第 1 問の評論文の問題の問 5 や問 6 も同様であり、第 2 問小説の問題の問 6 も同様の設問である。この傾向は平成 29 年度の本試験問題にも見られるものである。尤も、指摘

143

第 II 部　高校現場からみた入試改革

したセンター試験の問題には「表現力」は問われてはいない、という指摘はあるであろうし、その通りだと考える。

しかし、「表現力」という「学力」はそもそもどのようなものなのかといった、この論考の最初に指摘した問題にやはり戻ってしまう。

しかも、そうした「思考力、判断力、表現力」を問う問題であるとして平成 29 年 5 月に提示された「大学入学共通テスト（仮称）記述式問題のモデル問題例」には、その「表現力」を問うた問題となっているのだろうか。そもそもこの問題は「思考力」や「判断力」を問うた問題だと言い切れるのだろうか。

4.　「大学入学共通テスト（仮称）」記述式問題のモデル問題例 1

ここで、平成 29 年 5 月に公開された「大学入学共通テスト（仮称）」記述式問題のモデル問題例の正答例 1 を見てみることにする。

＜正答例＞

問 1　景観を守るガイドラインによって、治安が維持され観光資源として活用されること。（38 字）

問 2　看板は目につきやすい色ではなく、伝統的建築物と調和した色彩にすること。（35 字）

問 3　例①個人の自由を制限し、自己負担を求めること（の是非。）（20字）

例②自己負担や制限を受け入れて進めること（の是非。）（18 字）

問 4　姉の意見は、「全ての人々」が「意識の向上」を図り、「景観を将来の世代に引き継ぐ」というガイドラインの考え方と一致している。また、方針に「景観を保護するために必要な予算があれば、その計上を検討」するとあるので、補助が受けられる可能性がある。（119 字）

この設問を PISA のフレームワークに沿って分類すると凡そ次のよう

第2章 「新たな学力」を考察する

になるだろう。

問1→情報の取り出し

問2→情報の取り出し or 解釈

問3→情報の取り出し or 解釈

問4→情報の取り出し or 解釈

となって、「熟考・評価」の設問は無い。

　また、問4についてはその設問を見てみることにする。

問4　父と姉の会話を聞いて、改めてガイドラインを読んだかおるさん
は、姉に賛成する立場で姉の意見を補うことにした。かおるさんはどの
ような意見を述べたと考えられるか、次の条件に従って述べよ（ただ
し、句読点を含む）。

条件1　全体を二文でまとめ、合計八〇字以上、一二〇字以内で述べる
　　　　こと。なお、会話体にしなくてよい。

条件2　一文目に、「ガイドラインの基本的な考え方」と、姉の意見が
　　　　一致している点を簡潔に示すこと。

条件3　二文目に、「経済的負担」を軽減する方法について述べること。

条件4　条件2・条件3について、それぞれの根拠となる記述を【資料
　　　　B】「城見市『街並み保存地区』景観保護ガイドラインのあらま
　　　　し」から引用し、その部分を「　」で示すこと。なお、文中では
　　　　「ガイドライン」と省略してよい。

　この問いかけは設問としては成立していても、このような「条件」の
付け方は良いのだろうか。これは一定の（出題者の意図に沿った、とい
うべきか）解答に誘導しようとした「条件」であり、本来の「条件」の
付け方ではない。本来の「条件」は解答するための「ヒント」となるべ
きものではないか。こうした問題を教師が作問した場合、我々は「条件
は解答のヒントとなるものであり、採点者の都合の為のものではない。
もっとシンプルな問いで一定の解答が得られる工夫をしなさい」と指導

145

第II部　高校現場からみた入試改革

する。

　要するに、これは良問とは言い難いし、そもそも「思考力」や「判断力」や「表現力」を問うたものなのだろうか。設問に対して、どのような解答要素が必要となるのか（思考力）、どのような組み立てが必要となるのか（判断力）、採点者に明確に伝わるにはどのように表現すれば良いのだろうか（表現力）、解答者が思考し、判断し、表現するものでなければ「思考力」「判断力」「表現力」を問うたことにはならないのではないか。解答者が設問に対して自ら思考し、判断し、表現することを考えるものであって、その点を指示してしまう「条件」は付けるべきではないのではないか。

　さらに出題の意図を見てみよう。

問4【解答させる内容（問題の例）と資質・能力、出題形式との関係について（素案）】

　③　テクストの精査・解釈に基づく考えの形成条件として示された目的等に応じて、考えを形成して論じる。

　とあるのだが、「形成条件として示された目的等に応じて、考えを形成して論じる」という中の、「形成条件」は解答者自らが読解して思考し、判断し、表現するものではないか。そこに「主体性」があるのではないか。

　また、「第1回、第2回モニター調査実施結果の概要について」を見てみよう。

第1回平成28年11月27日（日）

　約400名を対象に、様々なパターンの記述式問題を出題。

【記述式問題における解答に当たっての条件設定と採点】

○　大規模での一斉の共通試験では、資質・能力を適切に問うとともに、客観性・公平性を確保した短期間での採点が必要である。

〇　このことを踏まえたモニター調査の採点を、「記述式問題採点業務に関する技術アドバイザリー業務」の委託を受けた民間事業者に依頼したところ、解答に当たっての条件として、受験者が思考・判断・表現を求められる具体的な場面を適切に設定することにより、解答のパターンがある程度限定され、短期間での客観性・公平性を確保した採点が見込めることがわかった。

　というのだが、結局「採点」の便宜上の「条件」であることを前提にしている問題だということだ。これで「思考力・判断力・表現力」を問うたことになるのだろうか。さらにいうなら、「採点可能」であるか否かを「『記述式問題採点業務に関する技術アドバイザリー業務』の委託を受けた民間事業者」が判断するのだろうか。採点基準や採点に関する判断は作問者が判断するものではないのか。

　さらにまた、「自己採点」が出来るのだろうか。経験上、生徒は種々様々に解答する。結論から言えばこのモデル問題の「自己採点」が何ら問題無く行われるという保証はない。生徒が自己採点できない場合、教師が生徒に代わって生徒の解答を採点することになるのか、あるいは業者に採点委託する「丸投げ」の状態が生じることになりはしないか。しかしそれでも正確な「点数」である確証は無い。そうすると「段階評価」となるのだろうか。けれどもその「段階」の判別基準は何だろうか。そもそもそれほど手間をかけて記述にして問うほどの問題なのだろうか。この自己採点に関しては、高等学校の現場では大変苦慮することが予想される。最後は、採点を委託された民間業者に、一体どのような採点をしたのか、と問い合わせることになりかねない。出題者が採点基準を定めて、それを基に出題者が採点する、というのが本来のあり様ではないか。

　また、このモデル問題例に関して「第1回、第2回モニター調査実施結果の概要について」（独立行政法人大学入試センター）における【第2回調査における記述式問題等の正答率】では、大学1年生400人を対

第II部　高校現場からみた入試改革

象にしたモデル問題のモニター調査の結果として、モデル問題例1、2
の全ての設問で「自己採点と採点結果の一致率」が平均で70%を下回
るという報告になっており、どの問題も85%を切っているということ
からすれば、50万を超える受検者のうち、実に10万人の生徒が自己採
点で困惑するということになる。これで採点には問題ない、といえるの
だろうか。

　記述問題の特質としては、○か×かといった採点ではなく、○△▲×
といった段階的な理解や部分的な理解が判断できるという点である。こ
のモデル問題例の採点には、そうした記述問題としての特質が生かされ
てはいないのではないか。これなら○か×かといったマーク式の問題で
良かったということだ。

5.　「大学入学共通テスト（仮称）」記述式問題のモデル問題例2

　「モデル問題例2　契約書の問題」を見てみよう。そもそも高校生が
駐車場の契約などすることは日常的なものなのだろうか。

問1　駐車場使用契約を行った3か月後のある日、サユリさんのもと
に、原パークの担当者から電話があった。
「もしもし、原パークですが、サユリさんですか？　いつもご利用ありが
とうございます。現在、サユリさんには駐車場料金を毎月21,600円
払っていただいておりますが、このたび24,840円に値上げすることを
決定いたしました。来月分より新料金でのお振り込みをよろしくお願い
いたします。」

　サユリさんは、この突然の値上げに納得がいかないので、原パークに
対して今回の値上げに関する質問をしたい。契約書に沿って、どの条文
の、どのような点について質問したらよいと考えられるか。解答の文末
が「〜について質問する。」となるようにして、40字以内で述べよ（句
読点を含む）。

やはり「条件」が付けば PISA の問題からはほど遠くなるし、モデル問題の問題例 1 と同様良問とは言い難い。余計なことだが、駐車場料金を毎月 21,600 円も払わなければならない所は一体どこだろう。どう考えても高すぎる。因みに、ネット検索したところ、月極駐車場の全国平均値は 8,000 円を少し上回る程度であった。そして 21,600 円もの高額になる地域は首都圏か大阪を中心とした大都市に限られるようだ。そうだとすれば、公共の交通機関は発達しており、車を所有する「サユリさん」は一体どういう人なのだろう。「サユリさん」の情報がなさ過ぎる…。さらに言うなら、最良の問題解決としては、車を売って必要なときにレンタルした方が得策ではないか…。これは高校生にとって「日常的」で「実用的」なのだろうか。

また、平成 28 年 3 月 31 日付で公表された「高大接続システム会議」の「最終報告」での別添資料 7 では「大学入学希望者学力評価テスト (仮称)」の各教科において、大学教育を受けるために必要な能力としてどのような力を評価すべきか？」と題した総論の中で、

①内容に関する十分な知識と本質的な理解を基に問題を<u>主体的に</u>発見・定義し、
②様々な情報を統合し構造化しながら問題解決に向けて<u>主体的に</u>思考・判断し、
③そのプロセスや結果について<u>主体的に</u>表現したり実行したりするために必要な諸能力をいかに適切に評価するかを重視すべき。（下線筆者）

と指摘してはいるが、やはり設問に「条件」を付せば、解答者の「主体的」な態度は薄れる。

また、「新しい時代にふさわしい高大接続の実現に向けた高等学校教育、大学教育、大学入学者選抜の一体的改革について〜すべての若者が夢や目標を芽吹かせ、未来に花開かせるために〜」と題した「答申」（平成 26 年 12 月 22 日　中央教育審議会）における「学力評価のための

第 II 部　高校現場からみた入試改革

新たなテスト（仮称）別添資料 3」では、高等学校基礎学力テスト（仮称）の作問イメージとして「全国学力・学習状況調査の A 問題（主として知識に関する問題）及び B 問題（主として活用に関する問題）の高校教育レベルの問題を想定」するとし、大学入学希望者学力評価テスト（仮称）の作問のイメージとしては「知識・技能を活用して、自ら課題を発見し、その解決に向けて探究し成果等を表現するための力を評価する、PISA 型の問題を想定」するとしていたはずである。

　また、先に引いた平成 29 年 5 月に公開された「大学入学共通テスト（仮称）」記述式問題のモデル問題例の「解説」によれば、「※高等学校学習指導要領における言語活動例として『現代の社会生活で必要とされている実用的な文章を読んで内容を理解し、自分の考えをもって話し合うこと。』（国語総合『C　読むこと（2）ウ』）が設けられ、本問が取り上げる契約書のような実用的な文章を読んで話し合うことが重視されていることを踏まえた出題であり、法律的な知識や法的文書作成の技能等に係る力を問うことをねらいとするものではないことに留意が必要である。」という。（下線筆者）

「法律的な知識や法的文書作成の技能等に係る力を問うことをねらいとするものではない」といい、「現代の社会生活で必要とされている実用的な文章を読んで内容を理解し、自分の考えをもって話し合う」という「国語総合」の指導要領の言葉が添えられているのだが、駐車場の契約書は高校生にとっては縁の薄い「実用的」なものであるし、契約という法的根拠を拠り所とした文書に対して、「法律的な知識や法的文書作成の技能等に係る力を問うことをねらいとするものではない」といえば少なくとも「実用的」なものではなくなる。また、どの地域なのか、どのような理由で車を所有しているのか、果ては、「サユリさん」の収入は？などの「実用的」側面は明らかにはされておらず、やはり「実用的」というには現実味がない。

　さらにいえば、問題解決能力や課題解決能力を有する者なら、この契約の問題にあるような問題が生じると、交渉するという方法以外の、

もっと条件の良い駐車場を探すという選択肢も考えつくのではないか。その方が「実用的」な判断の場合もあるのではないか……。いずれにしても、「国語」という教科はもっと学問的でアカデミカルなものではなかったか……。

6. 「大学入学共通テスト」マークシート式問題のモデル問題例

さて、その後平成29年7月に公開された「大学入学共通テスト」マークシート式問題のモデル問題例も見てみよう。

まず、留意点について、「これまでの高大接続システム改革会議等の検討を踏まえ～多様な文章をもとに、複数の情報を統合し構造化してとらえる」ことに留意したという。具体的には、問題例1では短歌について記された二つの評論文の内容を問う問題で、問1に語句の意味が出題されている点も含めて従来出題されていた問題と何ら変わるところはない。また、問5のような本文の評価に関する複数の生徒による発言を基にした設問も近年何度か見かけた問題であり、さほど「新規」の問題といった感はない。モデル問題例2は『平家物語』の「忠度都落」の一文と、その作品を論じた評論文との二つの文の内容を問う問題で、解釈、文法、文学史、内容、表現と構成を問うており、従来出題されている内容と変わりはない。

ただ、問5は「～ここから読み取れる忠度の人物像として適当な内容を、（中略）①～⑦のうちから全て選べ」と問うており、「難問」である。「正解の番号を過不足無くマークしているもののみ正答」であり、正解は①、⑤だが、①だけ、あるいは⑤だけ選択したものと、①、⑤と他の選択肢一つの3つを選んだものとの理解度の差はどうなるのか。あるいは全て誤答を選んだもの、あるいは無解答のものとの差別化はどう考えれば良いのか。これまで通り「二つ選べ」として「解答の順序は問わない」といった解答方法ではなぜいけないのか。おそらく、「全国学力・学習状況調査」の国語問題の記述の正解として、全ての条件を満たしたものを正解とする考えと同じものであり、また、先に引いたモデル

第 II 部　高校現場からみた入試改革

問題例の記述問題の採点基準に準じた考えであろうが、いずれにしても
このような問いをする「妥当性」が分からない。

　因みに問題例 1 の問 5、問題例 2 の問 5、問 6 は PISA のフレーム
ワークでは「熟考・評価」の問題となるだろうし、モデル問題 2 の問 5
以外は過去のセンター試験の問題と変わりはない。

　些か強引な分析をした感は否めない。しかしながら、大学入学試験改
革に関する現在の議論の方向やそれに伴う「モデル問題例」に見る内容
は、生徒を間近で見る高校教師としては凡そ納得できる状況ではないこ
とを理解して頂きたい。

　そして、こうした「モデル問題例」のような問題が長続きするとは思
えないのである。理由は、以下の通りである。

1. この手の良質とは言えない問題を作問することに、何ら抵抗を感
   じない、という教師がそれほどいるとは思えない。
2. 高校の教室で教える教師が、条件によって誘導された問いが「思
   考力」や「判断力」を問うた問題であると納得するとは思えない。
3. 受検した生徒が、自己採点も含めて納得するとは思えない。

　PISA や全国学力・学習状況調査の目的は受検集団の特質を捉えよう
とするものであって、個々人の評価が目的ではない。ところが入学試験
は個々人の評価をすることを目的としているし個々人の順位が常につき
まとう。この点の違いは大きい。模擬試験さえも暫定的なものであって
「本番」ではない。この点を考慮する必要があるのではないか、といっ
た感は否めないのである。

7.　平成 29 年度全国学力・学習状況調査　国語問題

　ここで、先に引いた「学力評価のための新たなテスト（仮称）別添資
料 3」の「『高等学校基礎学力テスト（仮称）』の作問イメージとして
『全国学力・学習状況調査』の A 問題（主として知識に関する問題）及
び B 問題（主として活用に関する問題）の高校教育レベルの問題を想

第2章 「新たな学力」を考察する

定」する、としていた平成26年12月22日の中央教育審議会の提言に従って「平成29年度全国学力・学習状況調査 国語問題」を見てみる。なお、各項の後の「知識、情報の取り出し、解釈・熟考評価」の判断は、PISAのフレームワークの分類を筆者の判断で付記したものである。また、主に「熟考・評価」の後の※印のコメントは、「熟考・評価」の判断に伴う筆者の評であり、個人的な感想の域を出ないものである。

平成29年度 全国学力・学習状況調査 小学校6年 国語A問題

1 文集タイトル（内容のまとめ・マーク）話し合い―解釈―

2 歴史資料館

　一 （内容のまとめ・マーク）―解釈―

　二 （知識―手紙の後付け・マーク）―知識―

3 時の記念日 （内容の理解・マーク）―情報の取り出しor解釈―

4 俳句―話し合いあり―

　一 （内容理解・マーク）―解釈―

　二 （内容理解・マーク）―解釈―

5 ことわざカード（内容理解・マーク）―解釈―

6 歌舞伎『外郎売』（内容理解・マーク）―解釈―

7 漢字（1）〜（6）

平成29年度 全国学力・学習状況調査 小学校6年 国語B問題

1 折り紙 ―話し合いあり―

　一（内容のまとめ・マーク）―情報の取り出しor 解釈―

　二（内容のまとめ・40字記述）―情報の取り出しor 解釈―

　三（内容のまとめ・80字記述）―情報の取り出しor 解釈―

※二、三は解答の方向を一定方向に指示している点PISAとは異なる。また根拠を問題の中に求めている点、PISAの「熟考評価」に比してスケールは狭小。なお、三の問題に関しては2017年8月28日に公表された「平成29年度 全国学力・学習状況調査 報告書・調査結果資料」によれば、正答率が48.6%であり、「目的や意図に応じて、話の構成や内容を工夫し、場に応じた適切な言葉遣いで話すことに課題がある」と

153

第 II 部　高校現場からみた入試改革

いう。「平成 29 年度　全国学力・学習状況調査　解説資料」の「解答類
型」によると、全ての条件を満たした解答を正解とし、部分的な解答は
不正解としている。実際の採点基準がどのようであったのかは定かでは
ないが、これでは部分的な正解を導いた解答者と無解答とでは同質に
なってしまう。こうした採点なら点数は低く抑えられるだろう。また、
「スピーチとしてふさわしい言葉遣い」で書いていないものは不正解だ
という。「スピーチとしてふさわしい言葉遣い」とはどのような言葉遣
いなのか…。

2　緑のカーテン―話し合いあり―

　　一（内容のまとめ・マーク）―情報の取り出し or　解釈―

　　二（内容の要点・マーク）―情報の取り出し or　解釈―

　　三（内容のまとめ・30〜60 字記述）―情報の取り出し or　解釈―

※三は解答の方向を一定方向に指示している点 PISA とは異なる。表現
の指示がある点、PISA ではないが、高校入試で出題されることが多い
作文ではあり得る。また、この問題に関しても 2017 年 8 月 28 日に公表
された「平成 29 年度　全国学力・学習状況調査　報告書・調査結果資
料」によれば、正答率が 33.2% であり、「目的や意図に応じ、必要な内
容を整理して、協力を依頼する文章を書くことに課題がある」という。
これも「平成 29 年度　全国学力・学習状況調査　解説資料」の「解答
類型」によると、全ての条件を満たした解答を正解とし、部分的な解答
は不正解としている。また、この問題でも「【緑のカーテン作りへの協
力のお願い】にふさわしい表現」という曖昧な条件が満たされなければ
不正解という。「【緑のカーテン作りへの協力のお願い】にふさわしい表
現」とはどのような表現なのか。

3　「きつねの写真」―話し合いあり―

　　一（形容動詞・マーク）―解釈 or 熟考評価―

　　二（内容の理解・マーク）―解釈―

　　三（内容のまとめ・60〜100 字記述）―情報の取り出し or　解釈―

※三は解答の方向を一定方向に指示している点 PISA とは異なる。な

154

お、この問題に関しても 2017 年 8 月 28 日に公表された「平成 29 年度
全国学力・学習状況調査　報告書・調査結果資料」によれば、正答率が
43.9% であり、「物語を読み、感想を伝え合う中で、具体的な叙述を基
に理由を明確にして、自分の考えをまとめることに課題がある。」とい
う。この問題も実際の採点基準がどのようなものであったのか気がかり
であり、そもそも具体的にどのような課題があるのか、是非知りたい。

平成 29 年度　　全国学力・学習状況調査　中学校 3 年　国語 A 問題

1　入学式のニュース（内容理解・マーク）―解釈―

2　身近な道具の今と昔スピーチ

　　一（内容の展開・内容・マーク）―熟考・評価―

　　二（内容の展開・形式・マーク）―熟考・評価―

※一、二は設問の内容に重なりがある。

3　物語の下書きと助言

　　一（内容の理解・記述）―解釈 or 熟考・評価―

　　二（内容の理解・マーク）―解釈 or 熟考・評価―

※一は採点基準が全く分からない点、PISA にはほど遠い。

4　池上嘉彦『ふしぎなことば　ことばのふしぎ』

　　一（見出しの内容の理解・マーク）―解釈―

　　二（文章の説明、内容理解・マーク）―熟考・評価―

※二は現行のセンター試験のまとめの問題と同質である。

5　生徒会だより

　　一（内容のまとめ・マーク）―熟考・評価―

　　二（内容の理解・マーク）―熟考・評価―

※一、二は現行のセンター試験の出題レベルと同質である。

6　夏目漱石『夢十夜』

　　一（登場人物のまとめ・マーク）―熟考―

　　二（内容の理解・マーク）―解釈―

7　本の紹介

　　一（内容の展開・記述）―熟考―

第II部　高校現場からみた入試改革

　　二（内容の理解・マーク）―解釈―

8　三好達治の詩

　　一（内容の評価・マーク）―評価―

　　二（内容の理解・マーク）―熟考・評価―

9　漢字

　一書き取り

　二読み

　三表現等

平成29年度　全国学力・学習状況調査　中学校3年　国語B問題

1　自分らしさ

　　一（部分理解・マーク）―情報の取り出し―

　　二（部分理解・マーク）―情報の取り出し―

　　三（オープンエンド・記述）―熟考・評価―

　　※根拠を指示はしているが、個人的な感想のレベルであり、PISAの
　　　ような限定的な解答にはならない。

2　けん玉

　　一（実演の意図の理解・マーク）―解釈―

　　二（内容の理解・マーク）―解釈―

　　三（内容の理解・40～80字記述）―解釈―

　※三は文中の内容を取り出して記述すれば良い。PISAでいう「熟
考・評価」のつもりかも知れないがそうはなっていない。今回の2017
年5月16日発表の「モデル問題」と同質である。なお、この問題に関
しては2017年8月28日に公表された「平成29年度　全国学力・学習
状況調査　報告書・調査結果資料」によれば、正答率が58.2%であり、
「伝えたい事実や事柄について、根拠として取り上げる内容が適切かど
うかを吟味する点に、依然として課題がある。」というが、正答率が
58.2%は悪くはないのではないか。何を基準に「課題がある」とする
のか分からない。

3　太宰治『走れメロス』

一（内容の理解・マーク）—熟考・評価—

二（内容の理解・マーク）—解釈—

三（オープンエンド・記述）—熟考・評価—

※一の PISA でいう「熟考・評価」はセンター試験のレベルであろう。三は根拠を指示してはいるが、本文からの根拠ではなく、PISA ではない。なお、この問題に関しては 2017 年 8 月 28 日に公表された「平成29 年度　全国学力・学習状況調査　報告書・調査結果資料」によれば、正答率が 69.3% であり、「見通しをもって必要な情報を集める際に、集める方法や内容を構想することはできているが、その情報が必要であると考える理由を明確にする点に課題がある」というが、正答率が69.3% は良いのではないか。具体的な指摘が是非知りたい。

　このように見てみると、中学校 B 問題は条件（根拠）を指示して記述させる点で大学共通テスト（仮称）のモデル問題例と共通していると言えるのではないか。そして、「条件」によって解答の方向が制限され、採点基準に関しては、その「条件」を全て満たすことを前提としているといえよう。むろん、中学校 B 問題の各設問が PISA のフレームワークを基にしているのか否かは定かではないが、形式としては PISA 型ではあっても、設問に条件や指示が多い点で、PISA のような「綺麗さ」はないと考える。

8.　AO 入試、推薦入試の動向と資料読解型論述問題の行方

　さて、大学入試改革の発端の一つになったものが、推薦入試や AO 入試で大学に進学するもののうち、学力の保証がなされてはいない学生がいる、ということであった。この問題点の解消として AO 入試や推薦入試に学力試験の実施を義務づけるという。「AO 入試・推薦入試において、小論文、プレゼンテーション、教科・科目に係るテスト、共通テスト等のうち、いずれかの活用を必須化」（「平成 28 年度における大学入学者選抜改革の主な取組等について」別添資料 2 —平成 29 年 5 月　文

第 II 部　高校現場からみた入試改革

部科学省発表）。

　そして、こうした AO 入試や推薦入試の募集枠の拡大に伴って、所謂
「小論文」が、それも資料読解型の論述問題が増えると予想される。東
京大学や京都大学が開始したこともその誘因となるであろうし、すでに
この手の資料読解型の論述問題を課している大学は既に相当数ある。個
人的にはこうした資料読解型の論述問題が課されることに反対はしない
し、むしろこうした課題が課されることによって、高校現場でも意識的
に「読解力」の中に「思考」や「判断」や「表現」といった能力を育む
機会が増えることが期待できる。

　ただ、問題は「採点基準」である。論述問題の主な「採点基準」の項
目としては以下のような項目が考えられよう。

1.　結論、主張が明記されているか。
2.　結論、主張に至る論理的な根拠が明記されているか。
3.　正しい日本語の表現が出来ているか。（漢字、慣用句、表記、段落
　　等）
4.　主張や結論を印象づける工夫がなされているか。

　これらの「重み付け」はどうなるのか。採点者側によって異なること
が考えられるのだが、指導する側にとってどのように指導すれば良いの
か、一定の指導範囲を是非知りたい。また、4 の項目については問うの
か問わないのか、あるいはこの項目に該当する答案については「加点」
があるのか否か……。

　こうした「採点基準」を各大学が提示することによって論述問題の指
導の要点が整理されることになり、生徒により合理的なトレーニングを
積ませる契機となるはずである。

　「論理的な思考」を展開する場合に、どのような「論理」が存在する
のか。その「論理」の構造が共有され、「採点基準」が指導する側にも
共有されることが求められている。そうした「論理」の学問的基盤とし
て所謂「クリティカル・シンキング」（批判的思考）があるのではない
か。その「批判的思考」（主観を排した客観的根拠に基づく論理的思考）

158

を基にした授業が、小中高大学の教室で展開され、児童、生徒、学生が
プレゼンテーションし、ディスカッションする教室の光景が、近い未来
に行われていることを期待する。

　高大接続改革の中心は日々行われる教育の質的転換であって、大学入
試そのものはそのための方法ではないか。しかしながら、大学入試の動
向によっては日々の教室で行われる授業が大きく左右されることも現実
である。そうだとすれば、本稿で指摘したような懸念はそのまま教室に
おける懸念となる。つまりは日々行われる教育の質的転換への懸念であ
る。

9.　今、なされなければならないこと、そして期待すること

　ここで、2017 年（平成 29 年）5 月現在の「高大接続改革」の進捗状
況に沿って、なされなければならないことを述べておく。

9.1　高等学校教育改革

9.1.1.　教育課程の見直しについて

「思考力」「判断力」「表現力」の定義とその評価方法が確立され、あ
らゆる教育機関に携わる人々に共有されなければならない。そのための
時間はかける必要がある。

9.1.2.　学習・指導方法の改善と教員の指導力の向上について

　上記の「思考力」「判断力」「表現力」の定義がなされ、その評価方法
が定着すれば、自ずと研究研修はなされ、その能力値を測定する問題と
しても納得が得られ、共有可能であろう。

9.1.3.　多面的な評価の推進について

　大学入試制度において、AO 入試や推薦入試に学力評価を導入しよう
という動きに関しては全面的に賛成する。ただ、本稿でも触れたとお
り、論述型の学力試験における「採点基準」については個別大学と高等
学校を初めとしたあらゆる教育機関に携わる人々と共有することを願
う。

第Ⅱ部　高校現場からみた入試改革

9.1.4. 具体的な実施体制（民間の知見・ノウハウの活用を含む。）について

モデル問題例に関する本稿で「採点の問題」でも触れたが、民間の知見の前に高等学校や中学校を初めとしたあらゆる教育機関に携わる人々の意見の集約が必要であろう。

9.1.5. 「高校生のための学びの基礎診断（仮称）」の導入について

これは「高等学校基礎学力テスト（仮称）」として議論されてきたものであるが、「義務教育段階の学習内容を含めた高校生に求められる基礎学力の確実な習得」と「高校生の学習意欲の喚起」を促すためのもの、という位置づけだという。生徒の学力的な位置や意欲は、教師の、授業における「感触」が最も正確な掌握であることを忘れてはならないが、その補助としての「診断」であるという前提が持続的に堅持される必要がある。それにしても、入試に利用するものでもなく悉皆でもないのなら一体誰が受検するのだろうか。

9.2　大学入学者選抜改革

9.2.1. 「大学入学共通テスト（仮称）」の導入について

本稿で懸念したとおりである。

9.2.2. 個別大学の入学者選抜の改革について

大いに期待する。基礎的な「大学入学共通テスト（仮称）」があり、その後様々な能力を独自のテストで測定する方法はあって良いと考える。ただ、高等学校の教育課程にはない突飛な試験であってはならない。その意味で、「大学入学共通テスト（仮称）」は高等学校の教育課程の基礎的な学力を測定するものとしての位置づけは守られる必要があり、個別試験もやはり高等学校の教育課程の中における基礎的な知識や技能の汎用的な能力としての「思考力」「判断力」「表現力」を問うテストであって欲しい。

第2章 「新たな学力」を考察する

10. 最後に

　我々は、未来を生きる子供達を健全に育む責任がある。それは確かに知識だけではなく様々な局面で思考し判断する力を発揮するような能力を育む責任である。その点で、この改革の意義は理解しているつもりであるし、必要なものだという認識もある。

　しかしながら、本稿で述べたように、現在進行しつつある改革には、問題が多すぎる。その結果、本質的ではないところで困惑するのは子供達ではないか。そうした不安を抱きながら教育現場に立ち合っている者として心を痛める。「思考力」「判断力」「表現力」とはそれぞれどのような能力なのか。そしてその能力を測定するのに相応しいテストとはどのようなものなのか。これらについて教育に携わる全ての人々の意見を集約する施策がなされることを心から期待する。　　　　　　（了）

【引用文献】

文部科学省（2010）『高等学校学習指導要領解説　国語編』
文部科学省（2009）『学習指導要領』「第1款　目標」
国立教育政策研究所（2016）『PISA2015年調査国際結果の要約』
文部科学省（2017）『中学校学習指導要領解説（国語編）』
大学入試センターテスト平成27年度　国語問題（大学入試センター）
大学入試センターテスト平成28年度　国語問題（大学入試センター）
大学入試センターテスト平成29年度　国語問題（大学入試センター）
文部科学省（2017）「大学入学共通テスト（仮称）」国語記述式問題モデル問題例1、国語記述式問題モデル問題例2、国語マーク式問題モデル問題例
高大接続システム会議（2016）「最終報告」別添資料7
中央教育審議会（2014）「新しい時代にふさわしい高大接続の実現に向けた高等学校教育、大学教育、大学入学者選抜の一体的改革について～すべての若者が夢や目標を芽吹かせ、未来に花開かせるために～」「答申」における「学力評価のための新たなテスト（仮称）別添資料3」
国立教育政策研究所（2017）『平成29年度全国学力・学習状況調査　国語問題』

第II部　高校現場からみた入試改革

【参考文献】

齋藤孝（2016）『新しい学力』岩波新書

楠見孝・道田泰司編（2015）『ワードマップ　批判的思考―21世紀を生きぬくリテラシーの基盤』新曜社

楠見孝・子安増生・道田泰司編（2011）『批判的思考力を育む―学士力と社会人基礎力の基盤形成』有斐閣

第 3 章　大学入試で問われるべき英語力とは何か
——資格・検定試験導入の持つ意味——

秦野　進一（東北大学）

1.　はじめに

　筆者は平成 29 年 3 月まで、東京都立西高等学校に 17 年間英語科教員として勤務してきた。その間、進路主任を 6 年間勤め、他に総務主任、学年主任なども務めた。そして 4 月からは東北大学入試センターで英語教育担当特任教授として勤務している。今までの高校の教員としての経験と、数か月間の大学での経験をもとに、ここ数年の大学入試改革に関連して特に英語の分野に関して考察を試みたい。

2.　大学入学共通テスト（以降「共通テスト」と記す）における資格・検定試験の活用について

　文部科学省は平成 32 年度から導入される共通テストの英語について、平成 35 年度までの 4 年間は大学入試センターが作成する従来型のマークシート方式と、「現に民間事業者等により広く実施され、一定の評価が定着している資格・検定試験」の利用を併存する方針を固めた（文部科学省、2017a）。平成 32 年度に一気に資格・検定試験へ移行するより高校・大学が準備期間を持つことができるので現場の混乱を避ける望ましい方法であろう。しかし完全実施が数年間先延ばしになったとはいえ、民間の資格・検定試験を利用するにはまだ解決しなくてはならないいくつもの課題がある。考えられる問題点としては以下の点があげられる。

① 　異なった複数の資格・検定試験を利用することにより選抜の妥当性確保が危惧される点

第 II 部　高校現場からみた入試改革

② 資格・検定試験の受検機会が多い都市部と地方では地域間格差が
ある点
③ 受検料が高額なため受検できる回数に経済的格差が生ずる点
以下、これらの課題について論点の整理を試みたい。

2.1　複数の資格・検定試験を利用することは問題か

英語 4 技能資格・検定試験懇談会[1)] が運営する「英語 4 技能試験情報
サイト」（http://4skills.jp/）の資格・検定試験一覧には平成 29 年 8 月 7
日現在 9 種類の資格・検定試験が紹介されている。それぞれが例えば
「英語を母語としない人々の英語コミュニケーション能力を測るテスト」
（TOEFL）、「海外留学や研修のために英語力を証明する必要のある方、
およびイギリス、オーストラリア、カナダなどへの海外移住申請に最適
なテスト」（IELTS）等、異なった目的が示されている。異なった目的
で開発された資格・検定試験なので、扱う題材や出題形式などはそれぞ
れ異なっている。そのような資格・検定試験を大学入試に使うことは果
たして妥当なのだろうかというのが 1 つ目の危惧される点である。

留学する際に海外の大学に提出が求められる英語力を証明する資格・
検定試験はアメリカの大学では TOEFL が主流だが、IELTS で受検可能
な大学も多い。例えばそれぞれの試験のウエブサイトでニューヨークに
ある大学等の教育機関（コミュニティカレッジ、大学院も含む）で利用
可能なところがいくつあるか検索すると、TOEFL が約 490（TOEFL、
2017a）、IELTS が約 220 ヒットする（IELTS、2017）。IELTS はイギリ
スで開発されオーストラリア、イギリス、カナダ、アイルランド、
ニュージーランド、南アフリカ共和国のほとんどの教育機関で受け入れ
られている資格・検定試験だが、アメリカでもかなり採用している大学
が多くなってきていることがわかる。同様にアメリカで開発・普及が進
んだ TOEFL もウエブサイトでは「アメリカ、イギリス、オーストラリ
ア、ニュージーランド、カナダのほぼ全ての大学をはじめとした、世界
130 以上の国の 1 万以上の大学で利用可能」と宣伝している（TOEFL、

第 3 章 大学入試で問われるべき英語力とは何か

2017b）。異なった目的で開発された複数の資格・検定試験を入試の際に利用してもまったく問題になっていないのは、このスコアが大学での授業についていくことができる英語力があるかどうかを証明するだけのものに過ぎず、選抜の資料として用いられていないからである。たとえばTOEFL のスコアが 90 の受検者と IELTS のスコアが 5.5 の受検者のどちらを合格させるべきかなどという議論にはならないのだから異なった複数の資格・検定試験を利用しても何の問題もない。同様に日本でも、もし資格・検定試験のスコアを大学に入学を希望する受検者に必要な 4技能にわたる英語力があるかどうかを示すエビデンスとしてのみ利用するのであれば、様々な試験があってもさほど大きな問題にはならない。そもそも資格・検定試験のスコアは全員が同時に同じ問題を解くスタイルで実施された試験の結果ではなく、別々の日に異なった試験を受けた結果であり、スコアの表記法も個々の試験によって異なるものなので、換算得点化して大学入試センター試験（以下、センター試験と記す）同様に 1 点刻みの点数で入学者選抜の資料として使用するということは相当乱暴なことなのである。後述するように実際には複数の異なった試験のスコアを独自の方法で換算して点数化した上で入学者選抜に利用すると発表している大学もある。対象としている入学者の枠がさほど多くないので全体的な影響は少ないかもしれないが、換算した得点がどの程度信頼できるものなのか、また誰もが納得できるものになっているのかなどは今後検証が必要であろう。複数の異なった資格・検定試験を利用する場合には、大学入試センターから各大学に提供されるデータのうち、個々の試験結果ではなく、CEFR の段階別成績表示を利用するというのはいくつもの資格・検定試験に適用する以上やむを得ないことであると考える。段階別成績表示は 6 段階という大変大雑把なものなので、受検者は概ね 2 つか 3 つの段階に集中することになるので、入学選抜の資料としては使うことは難しい。CEFR の枠組みを活かしつつ日本の英語学習者に合った導入を目指して開発が進められている CEFR-J（投野、2013）を用いれば枠組みが 6 段階から 12 段階に細分化されるので、多

165

第 II 部　高校現場からみた入試改革

少細かく成績表示できるようになるが、段階別成績表示であることは変わらない。資格・検定試験のスコアを入学選抜の資料として用いたい場合は 1 つの特定の資格・検定試験を指定して、そのスコアをそのまま利用するか、あるいは自前の 4 技能型の試験を実施することが望ましい。しかし文部科学省は「受検者の負担に配慮して、できるだけ多くの種類の認定試験を対象として活用するよう各大学に求める。」（文部科学省、2017a）と要請しているので、入学後に全員アメリカに留学させるのでTOEFL を利用するなどの特別な理由がない限り特定の試験だけを利用することは避けるべきであろう。

2.2　高等学校会場での資格・検定試験実施の可能性について

　例えば TOEFL は毎月 4 回程度実施されているが、会場数は東京が 21 会場に対して、沖縄は 1 会場、北海道は 3 会場のみである。IELTS はほぼ毎週実施と回数は多いのだが、会場は全国 14 都市のみで埼玉県より北部では仙台と札幌のみが会場である。北海道のような広いところで 1 つや 3 つの会場のみでは受検のために試験会場の近くに前泊しなくてはならない受検者が大部分である。このように受検機会における都市部と地方の地域間格差は厳然たる事実として存在している。会場をできるだけ増やせばいいといっても、民間団体が実施している以上、採算を全く度外視して実施することはできないであろう。試験会場を多くできないのであれば、生徒たちが普段通っている学校で資格・検定試験を受検できる高等学校会場での実施という方法を探ることが必要となる。以下、この学校実施の可能性について考えてみたい。

　平成 29 年度センター試験の英語の受検者数は筆記が約 54 万人、リスニングが約 53 万人とどちらも 50 万人を超えている（大学入試センター、2017）。この規模の受検者たちが、仮に受検の年に 1 回だけ資格・検定試験を受けたとしても約 50 万人、2 回受けたなら約 100 万人が資格・検定試験を受検することになる。それに高校 1 年生や 2 年生が練習のために受検することも考えると、さらに同数以上の受検者が加わ

ることになる。英語4技能試験情報サイトに掲載されている試験のうち、日本国内での受検者数を公表している6つの試験（Cambridge English、英検、GTEC、IELTS、TEAP、TOEFL iBT、TOEIC L&R、TOEIC S&W）のうち受検者が10万人を超えているのは英検の約339.4万人（H28実績）とGTECの約93万人（H28実績）の二つだけである（文部科学省、2017b）。TOEIC L&Rも約250万人と発表されており、一見多そうに見えるが、これはリスニングとリーディングだけの試験なので、4技能型試験にするには、もう一つ掲載されている受検者数約3.2万人のTOEIC S&Wを合わせて受けなくてはならないので、両方受けた受検者の数は最大でも3.2万人となる。英検とGTECの受検者数が多い理由はどちらも学校単位での申し込みや受検ができるというのが大きいと思われる。現実問題としてこの二つの試験のように学校を会場として試験を実施しなくては入学者全員に資格・検定試験のスコアを求めるという計画は実現できないと思われる。英検は高校や塾を準会場として1次試験を実施しており、GTECも高校会場で実施している。しかし問題はどちらの試験も学校の教員が試験監督を行うというスタイルなので、センター試験に代わる入学者選抜試験としての信頼性が担保されていないという点である。Cambridge Englishも学校会場での実施は可能だが、その場合、会場校に面接官のネイティブの試験官を何人も派遣しなくてはならないので、同日に多くの学校での実施は困難である。文部科学省は、「資格・検定試験のうち、試験内容・実施体制等が入学者選抜に活用する上で必要な水準及び要件を満たしているものを（大学入試）センターが認定」（文部科学省、2017a）すると発表している。その認定条件は原稿執筆段階ではまだ明らかになっていないので推測することしかできないが、検定試験を共通テストの英語の試験の代替として活用するのなら、その運営には現在のセンター試験と同等の信頼性を確保するための手立ての確立が求められる。センター試験でも高校を会場として使用しているが、運営には高校側の教職員は関わらず、大学入試センターと大学の教職員で試験を実施している。このスタイルに限りなく近

第II部　高校現場からみた入試改革

づける実施スタイルを設計することが求められる。そして、もし高校を会場として受検できる資格・検定試験があれば、受検機会の地域間格差の問題は相当解消することができる。

　また条件さえ整えば共通テストでのスピーキングテストの実施の可能性にもつながる技術としてはAIなどを活用した自動採点システムがある。現時点ではCambridge Englishが開発中であり、ピアソン社のPTE ACADEMICではすでに実用化され、スピーキングとライティングのテストも自動採点されている（Pearson、2017）。一度は文部科学省もあきらめた自前でのスピーキングテストの実施であるが、GTECのようなタブレットパソコンを利用して一斉にテストを実施し、自動採点システムで採点できるシステムが構築できれば現在のセンター試験とほぼ同じ日程でスピーキングとライティングの試験が実施できる可能性もあるだろう。

　資格・検定試験の受検料に関しては、文部科学省が例示した中で一番低額なものがGTECの5,040円、次いで英検準2級の5,200円である。高額なのがTOEFL iBTの約26,000円とIELTSの25,380円である（文部科学省、2017b）。共通テストの受検料に加えてこれらの試験を高3で2回受検するとしたら受検者には大きな負担である。これには県・国レベルでの団体契約などによるスケールメリットを活かした受検料の減額や受検費用の補助などの整備が必要であろう。ただし資格・検定試験の受検回数は、前述した資格・検定試験の扱い方によって変わってくると思われる。CEFRの段階別成績表示を利用して受検資格があることを証明する形にした場合、仮に1回目に受検した試験で要求される段階をクリアした受検者は2回目を受検する必要がないため1回しか資格・検定試験を受検しない。しかし段階別成績表示ではなく、スコアを何らかの方法で換算得点化して選抜に利用する場合には、より高いスコアを取るために2回目も受検する受検者が多くなる。受検資格にのみ資格・検定試験を利用する大学が多くなれば受検者の資格・検定試験の受検回数は減ることになるのである。

3. 高等学校に求められる対応

3.1 授業面での対応

今までの大学入試では問われてこなかった話す力が大学入試で問われることになるので、高校の授業では話す力をいかに養成するかが喫緊の課題となる。しかし資格・検定試験の利用は何年も前から話題になっていることでもあり、またアクティブラーニングなどの授業改革が高校現場で進んでいるので、実際にはすでにスピーキング対策も考慮に入れた方向で授業の改革が進んでいるところが多い。筆者の前任校でも、「授業は英語で行うことを基本とする」と明示された高等学校学習指導要領（2009年3月告示）が発表されて以降、授業内容は少しずつ変化していった。そのような変化は文部科学省が全国の中学校・高等学校を対象に平成15年度より毎年実施している英語教育改善実施状況調査からも見て取れる。以下の図1、2は平成25年度と平成28年度の英語教育改善実施状況調査に基づき、1単位時間の授業に占める、ペア・ワークやグループ・ワーク等で生徒が英語で言語活動をしている時間の割合（%）を示したものである。この場合のペア・ワークやグループ・ワーク等とは、生徒間でのやり取りを基本としており、教員が英語を用いて、生徒とやり取りを行う時間等も含んでいる。どちらも普通科高校におけるコミュニケーション英語Ⅰの授業に関する調査である。

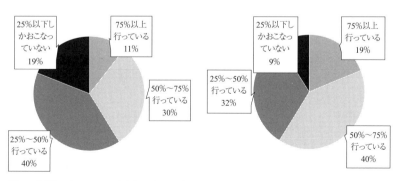

図1　授業における言語活動の時間の割合（平成25年度）

図2　授業における言語活動の時間の割合（平成28年度）

第 II 部　高校現場からみた入試改革

　2 つのグラフを見ていただけると授業に占める生徒の言語活動の割合が増えていることがよくわかる。たった 3 年の間で授業中の言語活動が 75% 以上を占めていると答えた教員の割合が 11% から 19% に、そして 50%〜75% 行っていると答えた教員の割合も 30% から 40% に増えている。これは相当急激な変化であると言える。平成 25 年度というのは、前述の高等学校学習指導要領（2009 年 3 月告示）が発表から 4 年を経て施行された年である。この間、新聞報道でも話題になり、現場では新学習指導要領の実施時期あたりから急速に対応が進んでいることがわかる。

　センター試験にリスニングテストが導入されたときも生徒・保護者の関心はとても高く、中学生や保護者対象の学校説明会のときなどにリスニング試験対策について説明を求められたことも多かった。おそらくこれをきっかけに授業内容にリスニングを多く取り入れるようになったという学校も少なくないであろう。昨今のグローバル化の進行による英語教育への関心の高まりを考えると、今回の資格・検定試験利用によるスピーキングテストの導入も現場への波及効果はリスニングテスト導入時以上のものがあると思われる。今まで入試においてスピーキングについてはほとんど扱われないできた状況は、言語教育という観点から考えるととてもいびつな状態であった。今回高大接続システム改革という大きな流れの中で、大学入試にスピーキングが取り入れられるようになることは現場としてはポジティブにとらえるべきであろう。ペア・ワークやグループワークを活用することで、授業にスピーキング活動を取り入れること自体はさほど困難なことではない。困難なのはその評価である。たとえば成績に入れることはできないが、スピーキングの評価項目を生徒に説明し、グループ内（あるいはペアで）お互いに評価させるなどのやり方は可能である。この点は教師の努力と工夫だけでは克服できない点も多々あるので、学校現場だけに責任を押し付けず、教育委員会の支援を期待したい。例えば前任校では外人講師 2 名が採点を担当して 1 コマの授業（50 分）で 1 人の採点官が 10 人の生徒を面接方式でスピーキ

170

第 3 章　大学入試で問われるべき英語力とは何か

ングのテストを行い、だいたい 2 回の授業で 1 クラスのテストを行って
いた。このような環境が整っていけば教員の負担が少ない形でスピーキ
ングテストの評価が可能になっていく。

　またライティングについては、資格・検定試験ではテーマに沿った英
文を書かせる、いわゆる自由英作文も出題されている。例えば受検者数
が多い GTEC と英検のライティングの問題の説明をそれぞれのウエブ
サイトで見てみると、GTEC では「与えられたテーマに対して自分の考
えを表現する問題 1 題を、自由記述形式で出題します。」(Benesse、
2017) と説明があり、英検では 2 級の試験に「指定されたトピックにつ
いての英作文を書く。」(英検、2017) と説明されている。英語 4 技能試
験情報サイトの資格・検定試験一覧に掲載されている他の資格・検定試
験にも同様の自由英作文が出題されている。このスタイルはマークシー
ト方式のセンター試験では出題できないため、通常は個別試験で出題さ
れている。つまり現状では受検者は個別試験の実施日である 2 月末まで
に自由英作文の対策を済ませておけばよいのである。それが共通テスト
以降は、資格・検定試験を受けるときまでに自由英作文に対して何らか
の対策をしておかなくてはならなくなる。ともすればスピーキングの導
入に目が行きがちであるが、ライティングの指導に関しては高校 3 年生
の前期に受ける資格・検定試験までに自由英作文対策を終えておかなく
てはならないというのは、多くの高校にとって指導計画の相当な前倒し
を必要とする変化である。

3.2　進路指導面での対応

　高等学校の進路指導担当者がまず考えなくてはならないのは、生徒に
いつ、どこで、どの資格・検定試験を受けさせるかということであろ
う。前述したように文部科学省はできるだけ多くの種類の認定試験を対
象として活用することを大学に求めており、また大学にとっても多くの
認定試験を指定することは受検者を集めやすくなるので、各大学が利用
する認定試験に大きな違いは出ないと思われる。しかしそれでも大学に

第Ⅱ部　高校現場からみた入試改革

よって利用する資格・検定試験に多少の違いが出る可能性はあるので、まずは大学ごとの認定試験とその活用方法（出願資格とするのか、得点加算・試験免除など、他の活用方法なのか）の情報収集が必要となる。そして自分の学校の受検者が多い大学が利用している認定試験を前期のうちに1回、それもできれば団体受検のような形で生徒が受けやすい環境で受検させたい。CEFRの段階別成績表示を出願資格として利用する大学を受検する場合なら、夏休み前に結果が出て、その後は資格・検定試験の心配はしなくて済むのが望ましい。高校3年生の1年間に2回まで結果を送付できるが、1回目で大学が要求するレベルをクリアできれば2回目は受検の必要がなくなるからである。1回目の試験で要求レベルに達しなかった場合や、スコアを得点換算する大学を受検する場合などは2回目の受検も考えることになる。情報（試験日、会場、価格、申込日等）を提供した上で、各自が申し込んで受検させるか、それが難しい場合、2回目も団体受検できる機会を設けることになる。今までの進路指導に加えてこのような資格・検定試験対策が必要になるであろう。

　一部の新聞では「民間試験は高校3年の4月〜12月に2回まで受験可能。」（読売新聞、2017）と受検回数の制限が報道されている。いくつもある資格・検定試験を個々の受検者が何回受検したかなど把握することができるのだろうかと疑問に思っていたのだが、文部科学省の発表では「各大学に送付する試験結果は、高校3年生の4月〜12月の2回までとする。」（文部科学省、2017b　p.27）と、受検ではなく送付できるのが2回となっている。つまり受検は3回以上可能だが、センターに送付できるのが2回までということである。また「受検者は、認定試験出願時に、センターへ自らの成績を送付することを認定試験実施団体に依頼。認定試験実施団体は、依頼を受けた受検者の成績をセンターに送付。」（同、p.26）とも記載されているので、受検者は利用する資格・検定試験を事前に届け出てから受けなくてはならないこと、また大学入試センターが受検者から送付されてくる資格・検定試験結果の回数を把握することがわかる。センターに送付するつもりがないなら資格・検定試

第3章　大学入試で問われるべき英語力とは何か

験を何回も受けることが可能なのである。しかしたとえ3つ以上の資格・検定試験を受けたとしても、結果を見た上でいいスコアの資格・検定試験を受検に使うということができないので、実際には多くの資格・検定試験を受けようとする受検者は少ないと思われる。

4.　大学に求められる対応

4.1　すでに資格・検定試験を導入している大学の利用例

　文部科学省によって大学入学共通テスト実施方針が発表され、当面各大学に求められる対応としては、共通テストと資格・検定試験が併存利用される平成32年度から平成35年度までの4年間、それに英語の共通テストがなくなる可能性の高い平成36年度以降のそれぞれの期間について文部科学省が認定した資格・検定試験のうち、どの試験をどのように入学者選抜に活用するかということであろう。英語4技能試験情報サイトの「大学・短期大学　入学者選抜試験　一般入試採用」の一覧に掲載されている大学数は平成29年8月7日現在で45校ある。これらの大学のウエブサイトに掲載されている資格・検定試験の利用方法をまとめ、一覧表にしたのが次ページの表1である。同じ大学でも学部によって対応が異なる場合があるので、総数が45にならない項目もある。45校のうち2校のみが31年度入試よりの対応で、他は30年度入試で実施する予定である。この分析から今後の大学の対応の方向性を探ってみたい。ここで取り上げる45校とは、推薦入試やAO入試など、一般入試に先立って行われる特別な入試方式を含まない通常の入試方式（私大のセンター試験利用型入試を含む）の中で資格・検定試験に何らかの対応をしている（する予定も含む）大学である。

　資格・検定試験の利用方法として一定のスコア以上を出願資格としている大学が10校あるが、そのほとんどはグローバル入試などの特別枠を設けた上での入試であり、一般入試で出願資格としているのは1校のみである。みなし得点方式のうち23校は満点や180点など大枠での換算だが、1点刻みで換算得点化している大学も2校あった。また加点方

第 II 部　高校現場からみた入試改革

表1　通常の入試方式に資格・検定試験を導入している大学の傾向

設置者	国立	公立	私立	
	10	0	35	
入試方式	一般	*1 センター利用	*2 特別枠	
	27	4	14	
対象	全学部	一部学部		
	32	13		
利用方法	出願資格	*3 みなし得点	*4 加点	*5 実得点
	10	28	7	1

*1　センター試験の成績によって合否判定が行わ
　　れる私立大学の入試。一部の科目で個別試験
　　の結果を利用する場合もある。
*2　「グローバル入試」等の名称で資格・検定試
　　験のスコア保持者のみの定員枠を設けた選考
　　方法。
*3　資格・検定試験のスコアを別の基準となる試
　　験の得点にみなす方法。たとえば英検準1級
　　以上を持っていればセンター試験で満点を
　　取ったとみなすなど。
*4　一定の資格・検定試験のスコア保持者に別の
　　基準となる試験の実際の得点に加点する方
　　法。たとえば英検2級を持っていれば個別試
　　験の得点に 15 点加点するなど。
*5　1つの資格・検定試験を指定し、その得点を
　　そのまま入試に利用する方法

式を採用している大学の中には資格・検定試験のスコアに応じて 10 点、
20 点というように点数を加点するのではなく、点数を 1.1 倍、1.2 倍に
するといった方法を取っている大学もあった。

　資格・検定試験で英検の旧来型のスコア（準 2 級、1 級などの級別の
表示方法。2016 年より英検では級別表示だけでなく 4 技能別のスコア
も表示する CSE スコアも導入している）を利用している大学 40 校のう
ち、利用できる最低スコアとして準 2 級以上を指定している大学が 3
校、2 級以上を指定している大学が 24 校、準 1 級以上を指定している
大学が 12 校であった。

　国立大学 10 校に限ると、資格・検定試験の利用方法を出願資格とし
ているのが 1 校、個別試験の得点に加点するのが 2 校、みなし得点が 8

校である（学部によって対応が分かれる大学、調査時点で対応方法が未定の大学もあり）。また国立大学の中には資格・検定試験のスコアを提出したとしてもセンター試験を受検することを義務付けている大学もある。これはみなし得点の妥当性の検証のためであると思われるが、資格・検定試験の替え玉受検に対しての予防策としても機能しそうである。

　上記の調査からわかるように、平成30年度（一部31年度）の通常の入試方式における資格・検定試験の利用方法で最も多いのは一定の資格・検定試験のスコアをセンター試験や個別試験の得点に置き換えるみなし得点方式である。そして考慮するスコアとしては英検スコアでは2級以上が最も多く、次いで準1級、準2級であった。

4.2　共通テストと併存する4年間の対応

　文部科学省が紹介している資格・検定試験の大学における活用のあり方としては、「出願資格、試験免除、得点加算、総合判定の一要素」（文部科学省、2017b p.25）の4つがある。それぞれについて導入の可能性について考察したい。

　まず資格・検定試験を出願資格とする例だが、共通テストの英語の試験が4年間継続されることになったのは、「制度の大幅な変更による受検者・高校・大学への影響を考慮」（文部科学省、2017a）したものであったので、平成32年度からすべての大学で一斉に資格・検定試験のスコアを出願資格とするというような大幅な変更が行われるというのは考えにくい。共通テストも併存している期間なので、共通テストで一定の得点を取れば出願資格になるという形を併用して実施するなら可能な方法と考えられる。しかし前述したように現在この方法を一般入試で採用している大学は1校のみで、多くは「グローバル入試」等の名称をつけて特別な定員枠を設けた上で利用している。資格・検定試験の受検環境が全国規模で整っているとは言えない現状がある以上、対象が少人数である総合型選抜（AO入試の後継）や学校推薦型選抜（推薦入試の後

第Ⅱ部　高校現場からみた入試改革

継）、そして例えば大学入学後に特にコミュニケーション活動を重視した英語教育を行うような学科などへの導入が考えられる。そして忘れてはならないのは、英語の資格・検定試験のスコアを出願資格としてのみ利用する場合、選抜の資料としては他の科目の得点を利用するということになるので、英語の学力を共通テストでの入学者選抜の資料として利用したい場合には適さない方法であるということである。

　2つ目の試験免除であるが、資格・検定試験の一定のスコアを持っている受検者のみ試験免除になり、スコアを持っていない受検者は共通テストの英語の試験を受けるということは、ベースとしては共通テストの得点を入学選抜に利用するというスタンスを取るということである。その点では後述のみなし得点方式と同じ利用方法であると言える。試験免除として満点扱いにするか、一定の得点とみなすかの違いだけである。みなし得点方式を採用する場合、資格・検定試験のスコアを提出した受検者が共通テストも受検できるようにして、いい方の得点を利用できるようにすれば受検者にとっては心理的負担が相当軽減される方法となる。共通テスト本番に思うように実力を発揮できない場合もあるし、当日体調を崩してしまうことや、マークミスで得点が低くなってしまうこともありうる。そんな不安を持つ受検者にとって、事前に共通テストの一定の得点が保証されることになるので、資格・検定試験の受検は魅力的な選択肢となるであろう。何らかの理由で資格・検定試験の受検が困難な受検者がいたとしてもそのことで不利になることもない。当日の共通テストでがんばればよいだけである。英語に関しては一発勝負の受検制度が緩和される方法となる。ただしベースとなる共通テストの英語版がなくなってしまった場合には利用できない方法なので、並行して別の対応方法の検討も求められることになる。

　次に得点加算の方法であるが、加算される試験が共通テストの場合と個別試験の場合が考えられる。しかしどちらの試験の場合においても、仮に同じ得点を取った受検者同士でも、資格・検定試験の一定のスコアを持っているかどうかで得点が変わってくるので明らかに資格・検定試

176

験のスコアを持っている受検者が有利になる。大学ができるだけ資格・検定試験の受検を促したいと考えるならこの方法も選択肢の1つだが、資格・検定試験の受検機会に恵まれない受検者には不利になってしまう可能性がある。受検機会に恵まれない地域の受検者が多い大学では、少なくとも資格・検定試験の受検環境がある程度整うまでは猶予した方がよい方法ではないだろうか。この方法も別のベースとなる試験が存在することが前提なので英語の共通テストがなくなった場合には共通テストへの加算という方法はできなくなる。実は大学入試ではないが、福井県では平成30年度の県立高校入試で英検の3級以上の級を持っている受検者に5点から15点の得点加算を行い、資格保有者は満点が115点になるという形での得点加算が実施されることになっていた（福井新聞、2017a）。しかし資格・検定試験が英検だけであることや、塾通いには所得や地域格差があることなどを問題視した県議会から見直しを求める意見書が提出され（福井新聞、2017b）、得点加算は予定通り行うが、満点の100点を超えないこととする形に修正された（福井新聞、2017c）。単純に高校入試のケースを大学入試に当てはめることはできないが、加算方式は資格保有者を有利に扱う方法なので公平性についての十分な検討が必要である。

　総合判定の一要素として扱う方法は、4つあげられた例の中では、資格・検定試験のスコアが持つ入学選抜の資料としての影響力が最も小さい方法である。多面的・総合的評価の1項目に過ぎなくなってしまうので、4技能型の英語力を大学入試でしっかり見ようというこれまでの経緯を考えると少々物足りない利用法と思われる。

　共通テストの英語の問題も併存する平成35年度までの4年間は、現在の私立大学のセンター試験利用型入試と国公立大学のセンター試験の得点を利用するAO入試も同様の形式での実施が可能となる。しかし大学入試センターからの共通テストの成績の送付スケジュールによっては大幅に受検日程を変更、もしくは中止しなくてはならなくなってしまう可能性もある。記述式試験の導入とも絡む問題であるが、記述式以外の

第 II 部　高校現場からみた入試改革

テスト結果のみを今まで同様のスケジュールで大学に送付してくれれば
大きな混乱は避けられる。大学入試センターの柔軟な対応に期待した
い。

4.3　平成 36 年度以降の対応

　共通テストの英語の試験については、「認定試験の実施・活用状況等
を検証しつつ、平成 35 年度までは実施」（文部科学省、2017a）となっ
ている。そのため検証の結果次第ではさらに実施期間が延長される可能
性も残っているが、現段階では平成 36 年度からは英語の共通テストは
なくなるものと考えられる。その場合、共通テストの得点をベースとし
て資格・検定試験のスコアを反映させる「試験免除、得点加算、みなし
得点」の 3 つの方法は利用できなくなる。個別試験の英語の得点に対し
てこの 3 つの方法を利用することは不可能ではないが、英語の試験のな
い共通テスト段階では英語の学力を問わない形になるので望ましい利用
方法ではないだろう。またこの年から考えられる利用方法としては、①
個々の資格・検定試験のスコアを得点換算して共通テストの英語の得点
として扱う、あるいは②他の科目の得点合計に加算する、③資格・検定
試験は出願資格としてのみ扱う、などの方法が考えられる。

　別々の資格・検定試験のスコアを何らかの方法で得点換算して共通テ
ストの英語の得点のように 1 つのスケールで表現してしまうのは入学者
選抜の方法としては便利だが、前述したように信頼できる換算方法がな
い以上、そこまでして 1 点刻みの得点にこだわらなくてもいいのではな
いかと思われる。また 1 点刻みではなく、段階に応じて例えば英検 2 級
なら 80 点、準 1 級なら 90 点のように大雑把に換算する方法も考えられ
るが、ボーダーライン付近で 1 つ上の段階に行けなかった受検者は、1
点の差が 10 点以上にもなってしまう可能性があるので相当不公平感が
残る方法である。

　大学入試センターから送られてくる CEFR の段階別成績表示を出願
資格として利用した場合には受検者に求める CEFR のレベルを高く設

定してしまうと、英語の成績が基準に達しなかったために受検ができないという受検者が続出してしまうという危険性がある。今までのセンター試験では英語は失敗したけど数学で取り返したとか、あるいはその逆など、できなかった科目があっても他教科で挽回して敗者復活する道があった。それが英語の資格・検定試験導入によって、数学が苦手でも他教科でカバーできるのに、英語が苦手な子はそれができないことということになり、英語だけが特別扱いされることになってしまう。グローバル社会に対応できる人材を育てるためには英語だけ特別扱いしてもやむなしという考え方もあるかもしれないが、現実的にはあまり高い段階には設定しにくいであろう。かといって CEFR の一番下の A1（英検 3級レベル）ではそもそも資格として課す意味があるのかという議論になってしまうので、英検準 2 級レベルに相当する A2 あたりから設定する大学が多くなるのではないだろうか。一方で外語系・国際系の学部・学科などでもっと高い段階を設定するなど、大学入学後の教育内容に応じて違うスコアを要求したり、あるいは A1 という実質的に一番低いハードルを設定して、4 技能についてはうちの大学ではあまり高くは要求しませんという姿勢を打ち出したりするやり方もありうるであろう。前述の CEFR-J を用いれば枠組みが 6 段階から 12 段階に細分化されているので、もう少し大学の要求水準を細かく表示することは可能である。

　平成 36 年度以降、英語については CEFR の段階別成績表示と、各資格・検定試験のスコアのみが各大学に届くことになるので、現在センター試験だけで合否を決めているスタイルの国公立大学の AO 入試や私立大学のセンター試験利用型入試については、各資格・検定試験のスコアを換算得点化するか、あるいは CEFR の段階別成績表示を利用することになる。段階別成績表示を利用した場合、多くの受検者がいくつかの段階に集中してしまうので選抜のための資料としては使えないため、合否は実質的に英語以外の科目の成績で決まることになる。そのため私大のセンター試験利用型入試や国公立大のセンター試験を利用する AO

第 II 部　高校現場からみた入試改革

入試は実質的に英語以外の科目で選抜を行う入試に性格が変わることになる。英語の成績を合否に使いたい場合は、英語の試験のみ大学で作成した試験の受検を課す方法もあるが、その場合、試験日を1日設けなくてはならないため、センター試験の得点だけで合否を決めていたときと同じスケジュールでは試験日程が組めなくなる。また受検のために大学まで出ていくことが大変な地方の受検者にとって、わざわざ大学まで行かなくても済むというセンター試験利用型入試のメリットが失われることになってしまう。

5.　終わりに　～大学入試で問われるべき英語力とは～

　筆者は以前、「（大学）入試で問われる英語力、学校教育で目標とする英語力、そして社会が求める英語力の三者が大きくかけ離れたものになったとき、英語教育に対する不平・不満は大きくなり、外圧となって英語教育界を襲ってくる。（秦野、2010）」と雑誌に書いたことがある。このうち学校教育で目標とする英語力については学習指導要領でコミュニケーション能力の育成を重視する方向性が明確になっている。また社会が求める英語力についても例えば経団連が「実用的な英語力の強化」のために「英会話を重視した英語教育に一層の力を入れるべきである」（経済団体連合会、2000）と主張しているようにコミュニケーション能力の育成を求めている。今回の共通テストにおける4技能型の資格・検定試験の導入により、学校教育で目標とする英語力と社会が求める英語力に合致する方向での英語力を大学入試（共通テスト段階）においても担保する仕組みが整いつつあると言える。しかし一方で入学してくる学生に大学が求める英語力と社会で求める英語力は必ずしも完全に一致するとは限らない。確かにビジネスの現場で必要なのは英語を用いて交渉、議論、調整するようなコミュニケーション能力かもしれないが、それを大学教育の一義的な目標にしてしまったら、大学が就職のための予備校のような存在になってしまう。大学の教育内容は社会の要請を反映すべきだと考えるが、同時に各大学の特色や社会的使命を十分理解した

第3章　大学入試で問われるべき英語力とは何か

上で大学入学後に必要な英語力、それに入学後に育てたい英語力を考えることも必要である。そしてそれこそが個別試験で問われるべき英語力であろう。例えばある大学では毎年個別試験で海外の雑誌に掲載されている論文を読ませて日本語の要約を書かせる問題を出題している。この大学が入学してくる学生に求める英語力（国語力も必要だが）は実に明快である。1時間程度の時間があれば海外論文の概要を把握して日本語でまとめる力を学生たちに求めているのだ。おそらく入学後、そのような形で英語を使用することが多いのであろう。入学後に授業をすべて英語で行っているような学科や学生の全員を留学させるような国際・外語系の学部・学科が入試で4技能型の英語の学力を重視することが必要であると同様に、入学後に使う英語力が海外の論文の読解が主であるような大学が読解力を中心に見るような試験を重視するということもまた必要なことである。大学・学部の性格、入学後に求められる英語力の違いによって個別試験の英語も異なったものになっていくべきであろう。

　共通テストへの資格・検定試験の導入決定により、4技能型の英語力を大学入試で問うことは一定の決着を見た。次はいよいよ各大学が資格・検定試験の利用方法や個別試験の内容を検討する段階である。大学入試改革のバトンは大学側に渡された。教育は国家百年の大計である。各大学には入試で問う試験の内容は大学から受検者、高校現場への明確なメッセージであることを肝に銘じ、十分検討した上での対応を期待したい。

【注】
1)　平成26年12月に4技能にわたるテストの学校の授業や大学入学者選抜等における活用を促進することを目的に文部科学省に発足した「英語力評価及び入学者選抜における英語の資格・検定試験の活用促進に関する連絡協議会」に参加する6つの試験運営団体による懇談会。教育関係者、受験者、保護者等に、ポータルサイトの運営や指針作り等を通して、適正かつ包括的な英語4技能試験の内容・レベル・活用事例等の情報提供を行うことを目的とする。

第 II 部　高校現場からみた入試改革

【参考文献】

英検（2017）http://www.eiken.or.jp/eiken/exam/grade_2/detail.html（2017 年 9 月 5 日）

経済団体連合会（2000）『グローバル化時代の人材育成について』

投野由紀夫（2013）『英語到達度指標 CEFR-J ガイドブック』大修館書店

大学入試センター（2017）『平成 29 年度大学入試センター試験 実施結果の概要』

秦野進一（2010）「もしも大学入試に英語がなかったら」『英語教育』2010 年 1 月号、
　　大修館、12-13 頁。
　　http://www.eigokyoikunews.com/columns/taishukan/2010/01/post_63.html（2017 年 8
　　月 25 日）

福井新聞（2017a）「県立高入試、英検の取得級で加点へ」福井新聞
　　ONLINE 2017 年 3 月 23 日午前 7 時 00 分
　　http://www.fukuishimbun.co.jp/articles/-/194144（2017 年 8 月 24 日）

福井新聞（2017b）「県立高校入試の英検加点に待った」福井新聞 ONLINE
　　2017 年 7 月 2 日午後 5 時 00 分
　　http://www.fukuishimbun.co.jp/articles/-/211830（2017 年 8 月 24 日）

福井新聞（2017c）「英検加算「百点上限」正式に導入」福井新聞 ONLINE 2017 年 8
　　月 18 日午後 0 時 00 分
　　http://www.fukuishimbun.co.jp/articles/-/228119（2017 年 8 月 24 日）

文部科学省（2017a）「大学入学共通テスト実施方針」平成 29 年 7 月 13 日
　　http: //www. mext. go. jp/b_menu/houdou/29/07/__icsFiles/afieldfile/2017/07/18/13880
　　89_002_1.pdf（2017 年 8 月 7 日）

文部科学省（2017b）「大学入学共通テスト実施方針策定に当たっての考え方　主な
　　英語の資格・検定試験」平成 29 年 7 月 13 日
　　http: //www. mext. go. jp/b_menu/houdou/29/07/__icsFiles/afieldfile/2017/07/18/13880
　　89_002_1.pdf（2017 年 8 月 3 日）

読売新聞（2017）「新大学入試事前模試 2 回」2017 年 7 月 14 日朝刊 13 版 32 面

Benesse（2017）http://www.benesse-gtec.com/fs/about/ab_content（2017 年 9 月 5 日）

IELTS（2017）http://takeielts.britishcouncil.org/choose-ielts/who-accepts-ielts（2017 年 9
　　月 7 日）

Pearson（2017）https://pearsonpte.com/why-pte-academic/（2017 年 9 月 7 日）

TOEFL（2017a）https: //www. toeflgoanywhere. org/search-who-accepts-toefl（2017 年 9
　　月 7 日）

TOEFL（2017b）https://www.cieej.or.jp/toefl/toefl/index.html（2017 年 9 月 7 日）

第 III 部

海外における多面的・総合的評価の取組み

第1章　コンピテンス基盤型教育とフィンランドの
　　　　大学入学資格試験
　　　　——試験問題「生物」は何を測っているのか——

鈴木　誠（北海道大学）

1.　はじめに

　世界の初等中等教育は、急速な改革が進んでいる。PISA ショック
（OECD PISA、2003）以降、教育先進国として世界に認知されたフィン
ランドが、その一つである。コンピテンス基盤型教育、すなわち醸成す
べき資質や能力、スキルや態度をあらかじめ明示し、それらをより効率
的・合理的に育むことができる学習コンテンツと、評価を教育課程に取
り込んだ教育は、様々な教育課程の調査によって世界に明らかになっ
た。フィンランドの教育の成果は、その到達点と言われている。

　PISA ショック以降、欧州の各国を中心に多くの国々が初等中等教育
改革に着手した。例えばドイツは 2003 年以降物理を中心とした教科教
育で、フランスは 2016 年から新たなコンピテンス基盤型初等中等教育
が始まっている。DeSeCo プロジェクトのキー・コンピテンシー作成に
関与した各国の研究者は、それぞれ母国に戻りコンピテンス基盤型教育
の設計を始め、特にオセアニアを中心に急速な教育課程の改革が進んで
いる。世界の初等中等教育は、コンピテンス基盤型教育に大きく舵を
切ったと言っても過言ではない。

　一方、アメリカの科学教育の改革も急である。長く国民の幅広い素養
の育成を主眼とすると STEM（Science、Technology、Engineering and
Mathematics）教育を展開していたが、それと相反する内容を含む NGSS
（Next Generation Science Standards）（NGSS、2013）が、近年登場してき
た。そこには、コンピテンスに基づいた人材育成の必要性が示され、研
究者の注目を集めている。このような急な改革の背景には、児童や生徒

185

第 III 部　海外における多面的・総合的評価の取組み

の資質や能力の育成がいかに困難かつ、国として喫緊の課題であるからである。

　今日本では高等学校、大学を中心とした教育改革が注目されている。高大接続システム改革会議の活動の最終報告書（高大接続システム改革会議、2016）が公開されたが、その最大の特徴は、高等学校教育改革、大学教育改革、大学入学者選抜改革を一体的に進める点にある。そこには、協働的学びの導入による高等学校の学習指導の質的改革や、ディプロマポリシーやカリキュラムポリシー、そしてアドミッションポリシーの具体的な提示と、それらに基づく新たな大学教育の展開、それによる学生の享受等が盛り込まれた。特に高等学校と大学の接点である大学入学者選抜改革は、高等学校教育改革、大学教育改革両者を牽引する重要なものとして位置づけられている。受験生の「知識・技能」、それを基にした「思考力・判断力・表現力」、「主体性を持って多様な人々と協働して学ぶ態度」といった「学力の 3 要素」を中心に、多様な資質や能力を多面的・総合的に捉えていく新たな入学者選抜を強く求めているのである（高大接続会議の動向について：文部科学省 2017）。

　それと呼応する形で小学校、中学校、高等学校の学習指導要領の改訂も同時並行で進められている。今春発表された小学校や中学校の学習指導要領（新学習指導要領：平成 29 年 3 月公示）には、「資質」や「能力」という用語が数多く散見されるようになった。これらのことは、前述したコンピテンシーの醸成を基盤とした世界の教育改革の流れと同調するものである。平成 29 年度末に発表される高等学校の新学習指導要領はその延長線上にあるともいわれている。しかし、日本がこれから目指すべき教育の方向性や 10 年後に求められる学力、資質・能力については、まだ多くの議論の余地を残していると考えられる。

　ところで多くの教育先進国では、初等中等教育課程の先は、大学教育へ向けた入学者選抜のための試験が存在し、教育現場に大きな影響を与えている。フィンランドでは、各大学の個別試験の前に日本のセンター試験の位置づけに近い大学入学資格試験が存在する。初等中等教育で醸

186

第1章　コンピテンス基盤型教育とフィンランドの大学入学資格試験

成したコンピテンシーを1科目6時間、ほぼ記述・論述式で測っており、思考力を問う良問が多い（鈴木、2015）。日本では、センター試験と各大学の個別学力試験が存在し、高等学校までの学びの質の維持や学習指導に大きく貢献してきた。しかしながら、「テスト」そのものに対する批判も相変わらず根強い。高大接続システム改革会議が提示した改革を一体的に進めるのであれば、その接点である入学者選抜試験において、これまでどのような資質・能力を、どのような出題範囲や出題形式で測定してきたか、また今後何を測定すべきかといった、試験問題の「質」に関する検討が求められるはずである。日本の教育改革に影響を与えるコンピテンス基盤型教育を行うフィンランドの試験は、そのための参考となるであろう。

　本稿は、まずフィンランドが初等中等教育において醸成を目指す7つのコンピテンシー（Domain of Competency と同義と考えられる）とは何かを具体的に明らかにし、コンピテンス基盤型教育の概要を欧州の教育改革や医学教育改革と絡めて提示する。そしてフィンランドの大学入学資格試験における試験科目「生物」が、それら7つのコンピテンシーのどれを、どのような出題範囲や出題形式で測っているかについて明らかにする。それらの知見から過去の日本の「良問」を振り返り、到来するであろう日本のコンピテンス基盤型教育下での入学者選抜試験の方向性について、一つの示唆を提示することを目的とする。

2.　コンピテンスとは何か

　主題に進む前に、コンピテンスとは何かについて述べることにする。というのは、コンピテンス（Competence）やコンピテンシー（Competency）について、公文書含めて用語使用の混乱が見られるからである。まず、その歴史的背景と合わせて簡単に用語を整理する。

　コンピテンスというと、教育心理学では、White（1959）らが明らかにした認知心理学で使われる「有能感」という動機づけ領域でのテクニカルタームとして、広く認知されてきた。この用語を個人の潜在的「能

第 III 部　海外における多面的・総合的評価の取組み

力」として位置づけたのは、Chomsky（1965）である。今日ではコンピ
テンスとは、知識、技能、態度を包含する包括的かつ永続的な概念や実
践力を示す概念と定義され、コンピテンシーはコンピテンスの集合概念
と捉えられている（立田、2006）。また後述する医学教育では、コンピ
テンシーの集合上位概念としてコンピテンスの領域（Domain of
Competence）が設定され、後述する DeSeCo プロジェクトのキー・コン
ピテンシーとほぼ同じ概念的枠組みを意味する語として用いられてい
る。

　1970 年代以降産業界を中心に、コンピテンスは Competition からの派
生語という性質から、組織管理における対人能力指標（Argyris、
1978）、競争に打ち勝つ力、業務遂行能力（品質マネジメントシステ
ム：ISO9001）として人事考課などでも広く用いられてきた。例えばイ
ギリスでは、職業の遂行に関する社会人行動としての基準をレベルに分
けて表す全国職業資格制度（NVQ：National Vocational Qualification）が
1986 年に導入され、各レベルにおいてどのような資質や能力が対応す
るかが示されたことは広く知られている（ただし、イギリスでコンピテ
ンスを表す用語は、learning outcomes と言う場合が多い）。

3.　コンピテンス基盤型教育とは何か

　次に、コンピテンスという用語がどのようにして教育の世界に入って
きたかについて、以下に簡単に記す。

　教育の現場で醸成すべき資質や能力、スキルや態度を明示し、それら
を効率的に教育課程に組み込んでいくコンピテンス基盤型教育が体系化
したのは、1960 年代に始まったアメリカの教員養成改革からと言われ
ている。それまで行ってきた伝統的な体系的知識注入型ではなく、パ
フォーマンスに基づく教員養成へと舵を切る必要があったからである。
その実現のために、学習者が身につけるべきことに関する具体的な要
求、評価、教授法などがあらかじめ準備され、それらの測定をモジュー
ル化したプログラムが用意されていった。この教育改革が、先に記した

188

第1章　コンピテンス基盤型教育とフィンランドの大学入学資格試験

産業界や職業教育全体へと飛び火していったのである。

　1990年代に入ると、EUではイギリスなどの職業教育や訓練に用いられてきたコンピテンスとは異なる、初等中等教育レベルの学校教育の目標としてコンピテンスが登場した。また社会のグローバル化が進む中で、児童や生徒、学生がより複雑な社会へ適応するときに必要なキー・コンピテンシーやそれを育む教育についての議論が始まった。

　特に、PISA調査の概念枠組みの基本となり、2001年12月から2003年まで活動したOECD DeSeCoプロジェクトが示した「コンピテンシーの定義と選択：その理論的・概念的基礎」は、その後の初等中等教育やボローニャプロセスのさなかにあった高等教育に大きな影響を及ぼしていった（黄、2011）。

　それを簡単に示すと、

①　社会・文化的、技術的ツールを相互作用的に活用する能力（個人と社会との相互関係）

②　多様な社会グループにおける人間関係形成能力（自己と他者との相互関係）

③　自律的に行動する能力（個人の自律性と主体性）

の3つのカテゴリーからなり、それぞれについて下位概念が規定されている。

　一方、アメリカの教員養成から生まれたコンピテンス基盤型教育は、その後90年代から始まった医学教育改革の中で大きく開花した。元々医学教育では膨大な量の知識を取得させる必要があり、様々なスキルや態度の育成は常に課題となっている。また典型的な専門職でもある。そのような背景から、旧来の内科学・外科学・細菌学などの個別の学問体系、専門診療の学問体系に密着したカリキュラム（主題中心型カリキュラム）や、基礎から疾患まで臓器別にまとまったカリキュラム、基礎と臨床医学により意味を持たせ重要事項を強調したカリキュラム（統合型カリキュラム）ではなく、あらかじめ医師として醸成すべきコンピテンスを明らかにし、それを効率的に獲得できるようにカリキュラム（コン

189

第 III 部　海外における多面的・総合的評価の取組み

ピテンス基盤型カリキュラム）を組み立て、学習内容を配置し、何ができるようになったのかを合理的に評価していくという考え方が登場した。

　この教育改革を牽引したのが、ブラウン大学医学部である。そこでは、基礎・臨床全ての教員が参加し、コンピテンスを明らかにする試みがなされた。それを要約すると、

1）50 を超える資質や能力をリストアップし、9 つに集約した。

2）18 の部会を設定し、半分の 9 グループは、1）で明らかになった 9 つの資質や能力を「観察できる行為」に言い換え、初級・中級・上級レベルの資質や能力及びそれらの測定方法を検討した。

　その過程で明らかになった資質や能力が以下の 9 つである。

1）　効果的なコミュニケーション能力

2）　基本的臨床技術

3）　医学の実践における基礎科学の応用

4）　診断、マネージメント、予防

5）　生涯学習

6）　自己の自覚、自己のケア、人としての成長

7）　社会、地域におけるヘルスケア

8）　モラルによる理由づけと臨床倫理

9）　問題解決能力

　残り 9 グループは、この 9 つの能力に必要な知識の決定を行い、コンピテンスを構成する知識と行為を分析・整理し、教育を行い評価するためのデータが作成された。醸成すべき資質・能力の明示とその評価が一体になったコンピテンス基盤型教育は、その後の世界の医学教育改革を牽引することとなった（田川ら、2006）。さらにこの進化形と言われているアウトカム基盤型教育（Outcome Based Education）が 21 世紀初頭に登場し、評価がより具体的に変化しながら、日本の医学教育改革が進んでいるのである。

4. 進む欧州のコンピテンス基盤型教育と日本の新しい学習指導要領

PISA ショック以降、欧州各国がコンピテンス基盤型教育に移行してきたのは前述の通りである。復唱になるが、コンピテンス基盤型教育とはあらかじめ醸成すべき資質・能力を明示しそれを醸成するための学習コンテンツを配置し、アウトプットを評価し、学習指導にフィードバックしていく教育を指す。

ドイツは PISA2003 以降、コンピテンスに基づいた教育が各州で進められ、例えばニークダーゼン州の高校物理では独自のカリキュラムを作り出し、実践が進められている（古屋、2014）。また、フランスでも「知識とコンピテンスと文化の共通基盤（2013）」を策定した後、大規模なコンサルテーションの末に 5 つのコンピテンスの領域が定義された。その後、共通基礎知識技能教養（2015）という政令を経て、昨年秋から新たな初等中等教育が始まった。

例えば、「ドメイン 1：思考しコミュニケーションをとるための言語」では、1）説明するために書くことができる、2）数学的・行為的言語を使うことができる、というコンピテンシーが設定されている。それを理科であれば、安静時における筋肉に出入りする血液中の酸素を比較し表現しなさい、安静時に筋肉が働くためには何が必要か、説明しなさいといった学習活動を通して、ドメイン内のコンピテンスの醸成を図っていくのである。そこでの評価は、1）適切な方法で語彙が使われたか、2）計算を生かした方法で説明できたか、3）単位を使い数値を表現できたか、4）科学的語彙を用いてより正確に答えを導くことができたかの 4 つのレベルから進められ、教科の領域を超えた学びとなる。このような教育が世界各国で始まっているのである。また中学校の修了証明書では、科目の試験成績の他に習得したコンピテンスの証明（1100 満点中 400 点）が記載される。この改革は、実験などの実技を伴った BAC（フランスバカロレア）の試験にもやがて反映されることになる。

コンピテンス基盤型教育が最も進化しているのは、フィンランドであ

第 III 部　海外における多面的・総合的評価の取組み

る（鈴木、2015a）。そこでは、新しい National core Curriculum（日本の学習指導要領に類似）が 2014 年に告示され、2016 年から施行された。改訂に先立ち 2009 年から 2 年間、16 名の専門家を交えてこれからのフィンランドの児童や生徒がどのような資質や能力を具備すべきかが議論された（Perusoprtus 2020、2010）。この国の National core Curriculum の改訂は教育現場が先行しその後を追う形で改訂されることが多い。今回の改訂も 2004 年の改訂が原型となっており、以後展開されたコンピテンス基盤型教育における教師間での取り組みや、実践の中で検討されたコンピテンシーが盛り込まれ、明文化されている。

　以上述べてきた様々な国際的な教育改革の動向を背景に、日本の次期学習指導要領の議論はコンピテンス基盤型に近い形で進んでいる。今春告示された小学校や中学校の新しい学習指導要領の告示に関する資料では、例えばカリキュラムマネジメントの確立を求め、「教科などの目標や内容を見渡し、特に学習の基礎となる資質・能力（言語能力、情報活用能力、問題発見・解決能力等）や現代的な諸課題に対して求められる資質・能力の育成のためには教科等横断的な学習を充実する必要」、あるいは『知識の理解の質を高め資質・能力を育む「主体的・対話的で深い学び」』といった表現が随所に見られるようになっている。これらはまだコンピテンシーの域であり、測定可能なコンピテンスまでブレイクダウンしなければ教育現場での醸成やその評価は難しい。また、欧州が進めるような教科横断的な内容には至っていない。しかし、資質・能力をより具体的に示した上で、それらを効率的に醸成していこうとする教育改革の方向性が示されたことは、世界の流れに追従するものである。そこに日本の文化的基盤が加味されれば、意味のある改革となると考えられる。教育はその国の文化だからである。

5.　フィンランドの National core Culliculum に示される醸成すべき 7 つのコンピテンシー

　2014 年に公示された National core Curriculum は全 473 頁に及び、2004

年に公示されたものより150頁ほど増えている。第4章では、基礎教育
9年間に醸成すべき7つのコンピテンシー

L1）思考と学び方を学ぶ力

L2）文化の理解と相互作用と表現能力

L3）自己のケアと周囲のケア、そして日常生活を安全に生きることへ
のスキル

L4）多様な読解力

L5）ICTに関するスキルと能力

L6）個の自立のための職業スキルの獲得と起業家精神

L7）持続可能な未来を構成するために自ら参加し影響を与える力

が示され、その基本方針が細かく示されている。長蛇になるが、
National core Curriculum 第4章に書かれた7つのコンピテンシーとそれ
を醸成する指導の基本方針全文を訳出し、表1として示す。

表1　フィンランドが初等中等教育で醸成を目指す7つのコンピテンシー

1.　**思考と学び方を学ぶ力（L1）**

　「思考と学び方を学ぶ力」に関するスキルは、他の能力の発達と生涯学習の基礎
になる。生徒が自分をどのような学習者としてイメージし、どのように環境と相互
作用するかが思考や学習に影響を与える。その上で重要なことは、生徒がどのよう
に様々な事象を観察し、情報・知識やアイデアを探し、評価し、編集し、自ら知識
を構成し、シェアするようになるかである。

　情報が構成される形は多様であり、それは例えば意識的に推論、あるいは自分の
経験に基づいた直感の結果構成されるものであると気付くよう生徒を指導する。探
究的かつ創造的な活動、共働、また何かに深く集中できる可能性を与えることは、
思考や「学び方を学ぶ力」の獲得を促進する。

　生徒が自分自身や自分の意見に自信を持ちながら、新たな解決をオープンマイン
ドで受け入れるようになるには、先生からの励ましが大切である。曖昧で矛盾した
情報を扱う時にも励ましが必要となる。生徒は物事を様々な視点から考えるように
なり、新しい情報を探し、その情報に基づいて自分の考え方を調べるように指導さ
れる。生徒からの質問のためにスペース（時間と機会）を設ける。答えを探して、
他者の意見を聞きながら自分の中にある情報を考察するように促す。新しい情報や
考え方を作れるようにも促す。学校の学習コミュニティのメンバーとして、生徒の
アイデアや発議を支援し、応援する。それにより、彼らの「agency」が強くなりう
る。

　自分の持つ知識・情報を自律的にも、他者と相互作用している時にも、問題を解

第 III 部　海外における多面的・総合的評価の取組み

決し、論議し、推論し、また新しいことを発見するためにも利用するよう、生徒を指導する。課題を批判的に様々な視点から分析するチャンスを生徒に与えるべきである。またある限界を超えるには、選択肢をよく見、躊躇わずに色々な視点を組み合わせ、想像力を使わなければ革新的な解決策を見つけることができない。遊び、ゲーム、身体的な活動、探究心、そして他のアクティブな活動や様々なアートの使い方は、学習に対する喜びを促進し、創造的な思考や発見を可能にする。組織と倫理的な思考のレディネスは、生徒が事象の間の相互作用関係や関連に気付き、大きな全体を知覚するようになるにつれて発展する。

　全ての生徒が自分にとって最も相応しい学び方を知り、そして自分の学習方略（learning strategy）を向上させるように手伝う。「学び方を学ぶ力」に関する能力を伸ばすには、
1）年齢段階に相応しい目標を立てること、2）計画を立ててから作業すること、3）作業のプログレスを評価すること　4）勉強でテクノロジーや他の道具を使うことに関しての指導、が必要である。義務教育において良い知識や能力のベース、進学や生涯学習に対し長く持ち続けられる強いモチベーションを作るように生徒をサポートする。

2.　文化の理解と相互作用と表現能力　（L2）

　生徒は文化、言語、宗教と世界観に多様な世界の中で成長する。文化的に持続可能なライフタイルと多様な環境で活動できるために、人権を守ることに必要な文化的な能力、相手を尊敬する相互作用のスキルと自己表現する方法が必要である。

　義務教育で、環境の文化的な意味に気付き、尊敬し、そして自分の文化的なアイデンティティと積極的な自然との関係を構成するように生徒を指導する。生徒は、自分の生活環境やその文化遺産、また自分の社会、文化、宗教、世界観や言語的なルーツを知り、敬意を抱くようになる。自分の背景の意味や時代の連続の中での自分の位置を把握するよう促す。文化的な多様性を、基本的でポジティブな資力としてとらえるよう指導する。それと同時に、文化、宗教及び世界観がどのように社会と日常生活へ影響を与えるか、メディアがどのように文化をある一定の形にするか、またどのようなことが人権違反として絶対に許されないのかを認識するよう、生徒を指導する。学校コミュニティの中でも校外の人と協力する際にも、生徒は文化的な特徴に目を向けるようになり、柔軟に様々な環境で活動することを学ぶ。敬意を持って他人と向き合い、礼儀正しく行動するように彼らを育てる。生徒にアート、文化と文化遺産を経験し、解釈する機会を与える。生徒は、文化や伝統を伝達し、変更し、作り出すようになり、そして福祉の意義を理解するようになる。

　学校の活動では、上手に自分の意見を建設的に表し、倫理的に行動できる機会を与える。他人の立場を考え、物事や事情を様々な視点から見るように指導する。教育は人権、特に子どもの権利をよく知り、敬意を持つよう計画的に、またその人権に応じて行動することを促す。自分以外の人々や民族に対する敬意と信頼を全ての活動で育む。国際的な協力はその活動のひとつである。

　学校の活動では、生徒は相互作用が自分の成長にとってどのような意味を持つか

194

第1章　コンピテンス基盤型教育とフィンランドの大学入学資格試験

を経験する。生徒が社交的なスキルを伸ばし、多様に表現し、ステージ（活躍できる舞台）に出、行動するようにサポートする。言語の能力レベルが低い場合でも、生徒が相互作用し、自己表現をするように促す。それと同様に重要なのは、相互作用や自己表現の道具として、数学的な記号、絵、他のビジュアル表現、ドラマ、音楽及び運動を利用するようになることである。手を使って多様に色々なことをし、作る機会も与える。自分の体を大切に扱い、コントロールし、自分の感情、考え、意見やアイデアを表現するためにそれを使うように生徒を指導する。想像力を用い、発見することを促す。生徒は自分の行動を通して美学（aesthetics）を発展させ、その様々に現れる形を楽しめるように指導を受ける。

3.　自己のケアと周囲のケア、そして日常生活を安全に生きることへのスキル（L3）

　人生や日常を順調に過ごすには、多様なスキルが求められる。そのスキルには、健康、安全、人間関係、交通、テクノロジー化された日常で行動すること、自分の経済を管理し、また消費することが含まれている。全てのスキルは、持続可能なライフスタイルに影響を与える。義務教育では、生徒の未来への希望を育む。

　学校コミュニティは、皆が自分の行動が自他の福祉、健康や安全に影響を与えることを理解するように生徒を指導する。自分と他者をケアし、自分の生活や日常に関する必要なスキルを学び、また自分の生活環境での幸福（well-being）を育むように生徒を促す。義務教育を受ける時に生徒は、健康や幸福を促進すること、それらを損ねる物事、または安全性についての知識や理解を得、そしてそれらに関する情報を探すようになる。個々との共通作業に関して責任を持ち、感情や社交的なスキルを育てるチャンスを彼らに与える。生徒は人間関係や世話し合うことの大切さを学ぶ。日常生活の管理や自己コントロールの大事な一部として、時間管理も学ぶ。生徒に色々な状況の中で、交通も含め自分や他者の安全を守ることを練習する機会を与える。危険な事態を予期・予想し、その状況で適切に行動するように生徒を指導する。主要な安全記号を知り、自分のプライバシーやパーソナルスペースを守ることを生徒に教える。

　生徒にとっては、テクノロジーやそれの発展、またそれらの色々な生活への影響についての基礎知識が必要である。彼らが賢くテクノロジーの選択をできるようになるには指導が必要である。学級活動でテクノロジーの多様性を考察し、テクノロジーの機能原理やコストを理解するように指導する。テクノロジーを、責任を持って使うように指導する。それに関する倫理的な課題を皆と一緒に考察する。

　自分の消費者としてのスキル、また自分の経済を計画するスキル、管理するスキルを伸ばすように生徒を指導する。消費者として行動し、宣伝（広告）を批判的に考察し、自分の権利や責任やそれらを倫理的に使うことを生徒に教える。義務教育で、生徒は持続可能なライフスタイルに適した選択や行動を上手にできるようになる。

4.　多様な読解力（L4）

　「多様な読解力」とは、多様な文化的なコミュニケーションの形を理解し、自分

第 III 部　海外における多面的・総合的評価の取組み

のアイデンティティの構築に役に立つ様々なテキストを分析し、作文や評価するスキルである。多様な読解力は、テキストのコンセプトを広いものとして理解することに基づく。ここで「テキスト」とは、言語、絵画、聴覚、数字、そして運動感覚的な象徴システムやこのシステムの組み合わせを使って表現し、出力する情報である。テキストを分析し構成するために可能な形は、作文、口頭、印刷、視聴覚あるいはデジタルである。

　多様な読解力は、自分の周囲の世界を解釈し、その世界の文化的な多様性を見るために生徒にとって必要なスキルである。多様なリテラシーのスキルとは、様々な環境や事情（状況）で、様々な道具を用い、情報を取得し、統合し、変更し、構成し、発表し、そして評価することである。多様な読解力は、批判的な考え方や学習スキルの発達をサポートする。多様な読解力のスキルを伸ばす際、倫理や美的なことも観察し、考察する。その中には、学校活動が育む色々なリテラシーを含む。生徒に自分のスキルを色々な学習環境で実践する機会を与えるべきである。この環境とは、例えば、普通の学習環境あるいはマルチメディア環境である。

　生徒の多様な読解力を、全ての科目の授業で日常的に利用する言葉から科目に相応しい言葉や表現の方向へ発達させる。能力を伸ばせるよう、豊富なテキスト環境、それを利用する教授法、また科目間でも色々な活動者との協力が必要である。様々なテキストを楽しむ機会を与える。学習の場面において、生徒は一人でも他者と一緒でも様々なテキストを利用し、解釈し、作成する。教材として表現に多様なテキストを利用することで生徒がそれらの文化的な関連性を理解するようになる。教育では、生徒にとって意味のある真正な（authentic）テキストやそれらに基づく世界の解釈を考察する。それにより、生徒は勉強で自分の長所や関心のある領域を理解し、そしてそれらを用いてより影響を与える方法も可能にする。

5.　ICT に関するスキルと能力（L5）

　「ICT に関するスキル（以降、TVT とする）」に関する能力はそのままでも、また多様なリテラシーの一部としても、重要な市民のスキルである。それは学習の対象としても道具としても用いられる。義務教育では、全ての生徒に自らの TVT の能力を伸ばす可能性を与えることを確保する。義務教育の各学年、全ての科目、「多分野多科目の学習全体」、そして他の学校の活動へ TVT を計画的に利用する。メインエリアは TVT の能力を 3 つに分けて発展させる：1）生徒は TVT を扱うこと、基本的な機能や主要コンセプトを理解し、作品を作る時に実践的な TVT のスキルを伸ばすように指導する。2）責任を持って、安全や作業に最適なポージングを忘れずに TVT を利用するように生徒を指導する。3）TVT を情報管理と探究的で創造的な活動に利用するように指導する。生徒は、TVT を相互作用とネットワーキングのために利用する経験を得、両方を練習する。この際重要なのは、生徒のアクティブな姿勢と想像力を使い、自分に最もよく向いている取り組みや学習法を見つける可能性があることである。その上で、勉強のモチベーションにも繋がる、一緒に行動し発見することから生じる喜びも大切である。TVT は、自分の考えやアイデアを様々な形に視覚化するための道具を提供する。そして、それによっ

第1章　コンピテンス基盤型教育とフィンランドの大学入学資格試験

て思考や学習スキルが発展される。

　生徒に TVT の様々なアプリケーションと利用の目標を認識させ、TVT が日常生活や人間間の相互作用に影響を与える方法としても持つ意味を意識するように生徒を指導する。一緒に考察する課題は、「TVT がなぜ勉強、仕事と社会などの様々な場面で必要であるか」、そして「TVT のスキルがなぜ汎用的な労働能力になったのか」というものである。生徒は TVT が与える影響を持続可能な発展の視点から評価し、責任を持つ消費者として行動するようになる。義務教育で、生徒は TVT を中級規模での交流方法として利用する経験も得る。生徒は、それがグローバルな世界に対して持つ意味、可能性やリスクを少し把握するようになる。

6.　個の自立にための職業スキルの獲得と起業家精神（L6）

　テクノロジーの発展や経済のグローバル化によって職業生活、職業や仕事の質は変化する。仕事でどのようなことが求められているのかを予想するのは、以前より難しくなっている。義務教育を受ける生徒に一般的なレディネスを与えるべきである。このレディネスは、仕事に対する関心と積極的な態度を促進する。仕事や起業家精神の意味、起業家精神の可能性、そして、コミュニティと社会のメンバーとしての自分の責任を理解するためには、役に立つ経験を得ることが大事である。学校の活動は、生徒が職業生活に関する知識を得て、企業家的（事業的）なやり方を学び、そして学校やプライベートタイムで習得した能力が自分のキャリアのためにどのような意味を持つかを理解するよう手はずを整える。

　生徒に身近な地域の事業・ビジネスの特徴や主要な産業を紹介する。義務教育において、生徒は職業生活に慣れ親しみ、仕事や学校外の人物と協力する経験を得る。それから、生徒が職場で適切な行動や協力することを可能とするスキルを練習し、そして言語の能力と相互作用のスキルの意味を理解するようになる。様々なプロジェクトを通して、自分を活躍させるスキル、起業家精神、そしてリスクを判断し、制御することに慣れ親しむ。学校では、グループ活動、プロジェクト的な作業、そして人間関係の構築を学ぶ。

　学校では、一人でも一緒（多数）でも働くことに慣れ親しみ、筋道を立てて粘り強く働くようになる。一緒に働く時、全ての生徒は自分のタスクをより大きい全体の一部として見ることができる。互いに助け合い、ともに共通の目標を達成するために頑張ることも学ぶ。活動的な勉強の場面では、生徒は作業プロセスを計画し、仮説を立て、様々な選択肢を試し、結論を探すことを学べる。生徒は、作業のためにどれくらい時間が必要かを推測し、そしてそれ以外の作業に必要なこと、また変化を迎える状態での新しい解決策の発見を練習する。また、仕事において起こりうる問題を予測し、失敗や落胆を受け入れるようになる。携わる仕事に、最後まで諦めずに取り組むよう促し、自分の仕事の結果の価値を認めるように生徒を指導する。

　新しい可能性をオープンに受け入れ、変化が起こる状態において柔軟に、独創的に指導する。遠慮せず働き、色々な選択肢を探すよう彼らを指導する。自分の職業的な関心を認識し、そして伝統的（慣習的）な性別の役割あるいは他の役割からの

197

第 III 部　海外における多面的・総合的評価の取組み

影響を意識しながら、自分の事情に基づいて進路を決定するように指導する。

7.　持続可能な未来を構成するために自ら参加し影響を与える力 （L7）

　社会的な活動に参加することは、民主主義の基本条件である。参加や影響に関するスキル、また未来に対する責任感は、練習することでしか育てられない／学べない。学校コミュニティはそのために安全な場所を提供する。義務教育は同時に、民主主義の権利において責任を果たせるよう（responsibly）な国民になるための下地を作る。学校の役割は、全ての生徒の参加連携を育むことである。

　義務教育時に、学校コミュニティと社会の物事に対して生徒の関心を引き出すことが重要である。学校で、彼らが年齢や発達段階に相応しい意識決定（decision-making）に参加する権利を大事する。生徒は、自分の勉強、学習作業と学習環境を計画し、実行し、評価するプロセスに参加する。彼らは、市民社会の参加や勢力システム、可能な方法と学校外の集団的な作業について知識と経験を得る。自然を守ることの大切さを自分自身の自然関係を通して悟る。生徒は、メディアの与えるインパクトを評価し、そしてメディアが提供する可能性を利用できるようになる。自分の経験を通して、影響を与えること、意思決定をすること、また責任を果たすことを学ぶ。それと同時にルール、契約と信頼の意義を理解する。校内でも校外でも活動などに参加することによって生徒は、自分の考えや意見を建設的に表せるようになる。生徒は協働することを学び、交渉、決定、また争いの解決を習練する機会を得る。自分の提案を、関係する全ての者の公平や平等、公正な扱いと持続可能なライフスタイルの視点を含めて配慮するように（教育者は）促す。

　義務教育時に生徒は、過去、現在と未来の関連や様々な未来に関するシナリオを考察する。自分の選択肢やライフスタイルや行動は、自分自身だけではなく、身近なコミュニティ、社会や自然へも影響を与えうることを理解するよう生徒を指導する。自分、コミュニティと社会の方針や構成を評価し、持続可能な未来を作るものに変えさせるためのレディネスを彼らに与える。

　この新しい National core Curriculum では、どのような視点から教えるべきか、各地域ではどのように取り組むべきかといった具体的な学習指導が後半部分に記述されている。例えば、13 章から 15 章にかけて、1-2 年生、3-6 年生、7-9 年生の 3 段階に分けて順に各教科で発達段階に合わせた 7 つのコンピテンシーがリライトされ、伸ばすべき資質や指導上の留意事項などが、より具体的に示されている。また、そこには 7 つのコンピテンシーと科目の目標、主な学習内容の 3 つがマトリックスで示され、学びの領域と指導が連動して体系的に示されている。このパターンが全科目に渡って踏襲されている（鈴木、2016）。

　一方、2015 年には高等学校の National core Curriculum が発表になっ

第1章　コンピテンス基盤型教育とフィンランドの大学入学資格試験

た。その中には7つのコンピテンシーに対する詳細な記述こそないが、すでに初等中等教育で示されたキー・フレーズや用語が全体に散りばめられている。2017年10月に聞き取りをした国家教育委員会のTiina Tähkä氏によれば、「初等中等教育（基礎教育）と高等学校のNational core Curriculumの改善プロセスの両方に関わった人が何人かおり、作業プロセス自体には時間的にもオーバーラップがあったため、醸成すべきコンピテンシーも同じ方向のかなり近いものになった」という。また、2017年9月に行った現地の高等学校教員へのインタビューでも、初等中等教育でのコンピテンシーは当然受け継ぐものとして受け止められていることが確認されている。

6.　大学入学資格試験とフィンランドの実情

　本稿の目的は、コンピテンス基盤型教育の基で実施されている大学入学資格試験が、どのようなコンピテンシーをどのような出題内容や出題形式で測定しているかを分析し、今後コンピテンス基盤型教育が進むであろう日本の入学者選抜試験に参考となる知見を得ようというものである。そこで、まずフィンランドで実施されている大学入学資格試験の概要について、ごく簡単に触れることにする。

　試験は、秋（9月）と春（2、3月）の2回、フィンランドの高等学校を会場に実施される。受験規模は約4万名で、大学進学希望者は連続する3回の実施期間内に、必要な科目に合格することが必要であり、必修4科目を最低受験することが義務づけられている。1科目は語学で、いずれも母語であるフィンランド語、スウェーデン語、サーメ語のうちから一つ選択する。残りの3科目は①第2母語としてのフィンランド語、スウェーデン語、サーメ語（選択した母語以外のもの）、②外国語、③数学、④それ以外の教科（歴史学、心理学、哲学、宗教（ルーテル教）、生物学、物理学、化学、地理学、公民など）より選択する。本稿で分析する生物は④に該当する。語学や数学にはLong（応用）とShort（基礎）の2種類があり、進路の希望によって選択するが、1つはLongを

199

第 III 部　海外における多面的・総合的評価の取組み

選択しなければならない。この他総合的な問題もある。受験生は基本的に語学以外のものを 3 つ選択するが、人気の高い学部ではそれ以上を求められる場合がある。

　必修試験に不合格となった進学希望者は、以後春秋連続する 3 回の試験期間の中で 2 回の受験が認められ、合格が出来なければ再受験となる。数学と語学については、資格試験合格後も再受験が 1 度だけ認められ、良い成績の場合は成績証明書に記載される。試験の期間は 3 週間であり、1 日おきに実施される。生徒は希望する科目を秋と春に選択して受験する。試験は 1 日 1 教科 6 時間である（鈴木、2011a、2015b）。

　大学入学資格試験については、進学希望者は高等学校 3 年生の秋から受験をはじめ、翌年 1 月に授業が終了する頃から受験勉強を行い、春の試験に臨むのが一般的である。しかし、最近競争を意識し、試験準備の学習に時間を多く割きたいと考える高校生が増え、良い成績を得るために特定の教科をあえて受験しない進学希望者も見られるようになっている。また、ごく一部の学校（国民学校）では高等学校 2 年時から受験し、多くの科目の証明書を高いグレードで複数取得していることも知られるようになってきた。その後の個別学力試験は大学ごと異なり、およそ約一ヶ月を使いながら 3 次試験まで選抜を進めていく。ただし近年、個別学力試験を廃止して CBT 化が始まった大学入学資格試験に一本化する議論も始まっており、今後の動向が注目される。

　大学への出願は、証明書に記載されたグレードの高さが重視される。そのため、塾は昔から存在していたが、近年年額 500€ 以上の学費が必要な大学入学資格試験のための塾や、医学部や法学部の個別試験をターゲットにした高額な塾も出現し、所得の格差による教育の不均衡が問題になっている。これらの塾の案内は、ごく普通に高等学校内で見ることができる。

7. 大学入学資格試験「生物」の分析方法

7.1 問題の構成と分析対象

　秋・春に出題される「生物」は、一般問題が 10 題と、「ジョーカー・クエスション」と呼ばれる特別問題が 2 題の計 12 題で構成される。受験生は基本的には先の 10 題から最低で 4 つ最大で 8 つの問題に答えることができる。一般問題はそれぞれ 0〜6 でのグレードで採点が行われる。「ジョーカー・クエスション」は、それぞれ 0〜9 でのグレードで採点され、ボーナス点として加点される。分析は、2008 年から 2016 年までの 8 年間に年二回ずつ、計 16 回実施された試験において出題された 192 問を対象とした。問題の概要を理解いただくために、2016 年秋（9月実施）の問題全文を参考として以下に記す。

第 III 部　海外における多面的・総合的評価の取組み

YLIOPPILASTUTKINTO-
LAUTAKUNTA

BIOLOGIAN KOE
30. 9. 2016

Enintään 8 tehtävään saa vastata. Tehtävät arvostellaan pistein 0-6, paitsi muita vaativammat, +:lla merkityt jokeritehtävät, jotka arvostellaan pistein 0-9. Moniosaisissa, esimerkiksi a-, b- ja c-kohdan sisältävissä tehtävissä voidaan erikseen ilmoittaa eri ala- kohtien enimmäispistemäärät.

最大 8 問を選択して答えよ。一般問題は 0～6 点、設問番号の前に ＋印が付いている難解な特別問題は 0～9 点で評価される。a)、b)、c) などの小設問を含む場合は、配点が記されていることがある。

1. a) Millä tavoin kuvaan piirretyt soluelimet 1-4 osal- listuvat proteiinien tuotantoon? (4 p.)
   図に描かれている細胞小器官 1〜4 は、タンパク質の生成にどのように関わっているか？（4 点）

   b) Mitkä ovat soluelimissä 1-3 esiintyvien nukleiini-happojen rakenteelliset erityispiirteet? (2 p.)
   細胞小器官 1〜3 にある核酸の構造的特性は何か？（2 点）

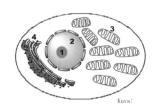

Kuva:

2. Kööpenhaminan yliopisto rakentaa uutta Plant Science Centre -keskusta, jonka rakennusten mallina on viherhiukkanen eli kloroplasti. Aktiivinen tutkimustoiminta keskittyy lasiseinäisiin kerroksiin, jotka muistuttavat kloroplastin pinomaisesti järjestäytyneitä kalvostoja eli graa- noja (nuoli 1).
Mitä fotosynteesin (yhteyttämisen) reaktioita kloroplastin kalvostossa tapahtuu? Mitä puolestaan tapahtuu kloroplastin välitilassa eli stroomassa (nuoli 2)?

コペンハーゲン大学は、新しいプラントサイエンスセンターを建設し、その建物は葉緑体をモデルにしている。活発な研究活動はガラス壁の階に集中していて、それらは葉緑体の積み重なった網状組織すなわちグラナのようである（矢印 1）。
葉緑体の網状組織では、どのような光合成反応が起こるか？
また葉緑体の隙間すなわちストロマでは何が起こるか（矢印 2）？

コペンハーゲン　プラントサイエンスセンター
〈http://cpsc.ku.dk/〉; 〈http://biology.tutorvista.com〉.
Luettu 16. 9. 2015.

第 1 章　コンピテンス基盤型教育とフィンランドの大学入学資格試験

3. Biologian kurssilla tehtiin koe, jossa lasipulloon laitettiin hiivaa, sokeria ja kädenlämpöistä vettä. Pullon suulle laitettiin tyhjä ilmapallo. Pullo asetettiin pimeään, lämpimään paikkaan, ja 3-4 päivän kuluttua ilmapallo oli pullistu- nut (kuva).

生物学の授業で、ガラス瓶に酵母、砂糖、ぬるい水を入れて、実験を行った。瓶の口に萎んだ風船を付けた。暗く、暖かい場所に瓶を3～4日置くと、風船が膨らんだ（写真）。

〈http://utenti.quipo.it〉.
Luettu 10.9.2015

　a) Mitä ilmiössä tapahtui?（4 p.）
　　何が起きたか？（4点）
　b) Miksi ilmapallo ei laajentunut enää lisää 3-4 päivän jälkeen?（2 p.）
　　3～4日経過した後は、それ以上風船が膨らまないのはなぜか？（2点）

4. Ihmisen aistit voidaan jakaa kemiallisiin ja fysikaalisiin aisteihin.
　ヒトの感覚は化学的感覚と物理的感覚に分けられる。
　a) Määrittele käsite kemiallinen aisti. Mitkä ihmisen aisteista ovat kemiallisia?（1 p.）
　　化学的感覚の概念を述べよ。ヒトの感覚の中で、化学的なものは何か？（1点）
　b) Kuvaa aistimuksen synnyn yleisperiaate.（3 p.）
　　感覚が生じる一般的な原理を説明せよ。（3点）
　c) Mitä erityispiirteitä liittyy makuaistimuksen syntyyn?（2 p.）
　　味覚が生じる際の特徴は何か？（2点）

5. Nimeä kuvien 1-6 lintulajit. Mikä on kunkin lajin pääravinto?
　写真1～6の鳥類の名称を記せ。鳥類の主な食料はそれぞれ何か？

Kuva 1: 〈http://www.suomenoja.fi〉; kuva 2: 〈http://fageltornet.se〉; kuva 3: 〈http://atlas3.lintuatlas.fi〉; kuva 4: 〈http://www.newhorizon-sonline.co.uk〉; kuva 5: 〈http://www.luontoportti.com〉; kuva 6: 〈http://www.tunturisusi.com〉. Luettu 30.8.2015.

第 III 部　海外における多面的・総合的評価の取組み

6. Alkaptonuria on harvinainen、 yhden geenin mutaatiosta johtuva aineenvaihduntasairaus. Ohei‑ nen kuva esittää taudin esiintymistä eräässä suvussa. Aiheuttaako alkaptonurian dominoiva（A）vai resessiivinen（a）alleeli? Entä sijaitseeko geeni autosomissa vai sukupuolikromosomissa? Mikä genotyyppi tai mitkä genotyypit ovat mahdol‑ lisia seuraavilla henkilöillä: Yrjö、 Alli、 Antti ja Tiina? Perustele vastauksesi. Vastauksessa ei edellytetä risteytyskaavioita.
アルカプトン尿症は、一つの遺伝子の突然変異によって起こる、めずらしい新陳代謝疾病である。下の図はある親族の疾患の現れ方を示したものである。
アルカプトン尿症を引き起こすのは、優性遺伝子（A）、または劣性遺伝子（a）のどちらか？またその遺伝子は常染色体に存在するか、または異形染色体に存在するか？次の人達、ユルヨ、アッリ、アンッティ、ティーナは、どの遺伝子型（一つまたは複数）であると考えられるか？その根拠を説明せよ。解答に交配図は必要ない。

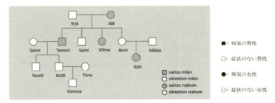

Kuva: YTL

7. Eliöyhteisöt koostuvat toistensa kanssa vuorovaikutuksessa olevista lajeista. Kahden lajin väli‑ nen vuorovaikutus voi olla toiselle tai molemmille lajeista hyödyllistä、 haitallista tai neutraalia.
生物群集、生物共同体は相互に関わる種から構成される。二種間の相互作用は片方または両方にとって、有益であったり、有害であったり、中立であったりする。

LAJIEN VÄLINEN VUOROVAIKUTUS	VUOROVAIKUTUKSEN LUONNEHDINTA
1. kilpailu	A. molemmille haitallista
2. mutualismi	B. toiselle hyödyllistä, toiselle haitallista
3. neutraali suhde	C. ei hyötyä tai haittaa kummallekaan
4. peto‑saalissuhde	D. molemmille hyödyllistä
5. pöytävierassuhde	E. toiselle hyödyllistä, toiselle

二種間の相互作用	VUOROVAIKUTUKSEN LUONNEHDINTA
1. 競争	A. molemmille haitallista
2. 共生	B. toiselle hyödyllistä, toiselle haitallista
3. 中立関係	C. ei hyötyä tai haittaa kummallekaan
4. 捕食‑被捕食関係	D. molemmille hyödyllistä
5. 片利共生関係	E. toiselle hyödyllistä, toiselle

a) Yhdistä kukin yllä kuvatuista lajien välisistä vuorovaikutuksista（1‑5）yhteen sitä koske‑ vaan luonnehdintaan（A‑E）. (2 p.)
上記の種間相互関係（1〜5）に当てはまる特徴（A〜E）を一つずつ選択せよ。(2点)

b) Esitä lajien välisistä vuorovaikutuksista 1、 2、 ja 5 kustakin kaksi esimerkkiä. (4 p.)
種間相互関係 1、2、5 について、それぞれ二つずつ例を挙げよ。(4点)

第 1 章　コンピテンス基盤型教育とフィンランドの大学入学資格試験

8. Taiteellinen ja tieteellinen näkemys ihmisen sisäelimistä voi olla varsin samankaltainen. Mitä sisäelimiä numeroidut nuolet 1-6 osoittavat? Kuvaa kullekin elimelle 1, 3 ja 6 kaksi keskeistä tehtävää ihmisen elintoiminnoissa.
ヒトの内臓は、芸術的、科学的に見ても概ね同じである。1〜6の内臓は何か？器官1、3、6の、ヒトの生体機能における重要な働きを2つずつ述べよ。

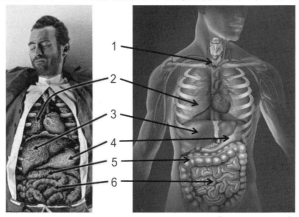

〈http://designtaxi.com〉.
〈http://portfolio.goldlilys-media.com〉.
Luettu 10. 9. 2015.

9. Tutkijat löysivät viljellystä bataatista maaperän bakteeristoon kuu- luvien lajien *Agrobacterium rhizogenes* ja *Agrobacterium tume- faciens* geenejä. Löydös viittaa siihen, että bakteeri-DNA:ta on joutunut bataatin genomiin jo hyvin kauan sitten. Ilmiö vahvistaa
oletusta, että geenit voivat luonnossa siirtyä lajista toiseen eivätkä pelkästään vanhemmilta jälkeläisille. Agrobakteeri siirtää DNA- jaksojaan bataattiin samalla mekanismilla, jolla tutkijat luovat la- boratoriossa geenimuunneltuja organismeja.

Bataatti（サツマイモ）

〈http://www.keittotaito.com〉.
Luettu 3. 9. 2015.

栽培されたサツマイモから、土壌細菌類に属するAgrobacterium rhizogenes と Agrobacterium tumefaciens の遺伝子が、研究者によって発見された。その発見は、細菌のDNAがサツマイモのゲノム中にずっと前から存在していたことを示している。これは自然界では、遺伝子はあるものから他のものへ、古いものから新しいものへとは限らず、移動していることを裏付けている。アグロバクテリウムは、研究者が研究室で遺伝子組み換えされた生物を生成するのと同じメカニズムで、サツマイモのDNA配列へ転移する。

a) Kuvaa agrobakteerien käyttö siirtogeenisten kasvien tuottami- sessa.
遺伝子組み換え植物を作製する際の、アグロバクテリウムの使用方法を説明せよ。

b) Millä tavoin luonnonoloissa perintöainesta voi siirtyä baktee- rista toiseen, ja miten tämä vaikuttaa bakteerien evoluutioon?
自然界では、遺伝物質はバクテリアから他方へどのような方法で移動するか、またこれはバクテリアの進化にどのような影響を及ぼすか？

205

第 III 部　海外における多面的・総合的評価の取組み

10. Sytokromi c on eräs soluhengityksessä tarvittava proteiini、 jonka polypeptidiketjun aminohap- pokoostumuksessa esiintyviä eroja on käytetty eliöiden sukulaisuussuhteiden selvittämisessä. Alla oleva taulukko esittää havaittuja aminohappokoostumuksen eroja viiden selkärankaisla- jin välillä. Oikeanpuoleinen kaaviokuva esittää taulukon aineiston perusteella piirrettyä evolu- tiivista sukupuuta.

シトクロム C はある細胞呼吸に必要なたんぱく質であり、そのポリペプチド鎖のアミノ酸組成に現れる違いは、生物の類縁関係を明らかにするために利用されている。下の表は、5つの脊椎動物の種のアミノ酸組成の違いを示している。右側の図は表の物質をもとに描かれた進化系図である。

Sytokromi c -polypeptidin toisistaan eroavien aminohappojen lukumäärä eri selkärankaislajien välillä

脊椎動物を識別するための、シトクロム C のポリペプチド鎖のアミノ酸の数

	aasi	evonen	kana	mustamamba	keisaripingviini
aasi ロバ	0	1	10	20	12
hevonen ウマ		0	11	21	13
kana ニワトリ			0	18	3
mustamamba ブラックマンバ				0	17
Keisaripingviini コウテイペンギン					0

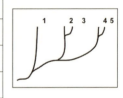

Kuva: YTL

a) Selitä, miksi polypeptidin aminohappomuuntelun perusteella voidaan päätellä eliöiden vä- lisiä sukulaisuussuhteita.
　ポリペプチドのアミノ酸の違いから生物の類縁関係がわかるのはなぜか説明せよ。

b) Mitä taulukon lajeja vastaavat sukupuun numerot 1-5? Perustele vastauksesi taulukossa annettujen tietojen pohjalta.
　表中の動物は、進化系図の 1〜5 のどれに相当するか？表の情報から、その根拠を説明せよ。

第1章 コンピテンス基盤型教育とフィンランドの大学入学資格試験

11. Viljalajikkeita on jalostettu valinta-, risteytys-, heteroosi- ja mutaatiojalostuksen avulla. Mihin nämä perinteiset jalostusmenetelmät perustuvat? Pohdi, mitä uusia mahdollisuuksia geenitek- nologia tuo viljojen jalostukseen.

選抜、交配、ヘテロシス、突然変異の育種によって、作物は品種改良されている。これらの伝統的育種方法は何に基づいているか？遺伝子技術は作物の品種改良にどのような新しい可能性をもたらすか説明せよ。

12. Geneettinen monimuotoisuus on edellytys lajien säilymiselle.

遺伝的多様性は種の保存に不可欠である。

a）Käsittele yhden Suomessa elävän uhanalaisen eläinlajin geneettisen monimuotoisuuden kaventumiseen vaikuttavia syitä.（6 p.）

フィンランドに生息するある絶滅危惧種の遺伝的多様性を狭める因子について説明せよ。（6 点）

b）Kuvaa lyhyesti, millä keinoin ihminen voi turvata uhanalaisten eläinlajien geneettisen mo- nimuotoisuuden säilymistä.（3 p.）

絶滅危惧種の遺伝的多様性を、人間はどのようにして守ることができるか簡潔に説明せよ。（3 点）

第 III 部　海外における多面的・総合的評価の取組み

7.2　試験問題の分類・分析ルール

　問題の分類は、1．難易度、2．出題内容（領域）、3．出題形式、4．コンピテンシーの 4 観点から行った。以下に記す。

7.2.1.　難易度による分類

　問題の難易度を三段階（1:易、2:中、3:難）に分類した。分類の基準として、単純に知識を問う問題に対して 1 を、与えられた情報の読み取りや正確な説明能力を要求する問題に対して 2 を、与えられた情報を処理、加工する能力を要求する問題に対して 3 を割り振ることにした。

7.2.2.　出題内容（領域）による分類

　日本の「生物の良問問題集：生物基礎・生物」（2016）（以下「問題集」と記す）に記された分類に従い、大カテゴリー、中カテゴリー、小カテゴリーの 3 段階で分類した。大カテゴリーは「問題集」の章番号に従い、「第 1 章　細胞と分子」から「第 10 章　生物の進化と系統」までの全 10 項目に分類した。各大カテゴリーはさらに中カテゴリーに分化され、「問題集」に従い「第 1 章　1　生体の構成」から「第 10 章　25　生物の系統」まで全 25 項目に分類した。中カテゴリーはさらに「問題集」6 ページから 11 ページの「問題番号」に従い小カテゴリーに分類した。大、中、小カテゴリーの各階層において「その他」の項目を設け、「問題集」に記載された分類に該当しないと判断された問題を「その他」に分類した。「その他」に分類した問題は、出題内容を「備考」に記述した。

　また、「問題集」の小カテゴリーの中に「出題テーマ＋(1)、(2)、(3)…」（例「細胞の構造(1)」、「細胞の構造(2)」…）と分類されているものはすべて「出題テーマ」（「細胞の構造」）としてまとめた。また、小カテゴリーの中に「出題テーマ＋出題形式」（例「遺伝情報の発現の計算」）と命名されているものはすべて「出題テーマ」（例「遺伝情報の発現」）としてまとめた。

　なお、結果での記述については、大カテゴリーのみとした。

208

7.2.3. 出題形式による分類

出題形式は、中山・猿田（2014）の分類基準、及び「問題集」に記された分類を元に、「一問一答」、「記述」、「論述」、「作図」、「グラフ」、「実験と観察」、「考察」及び「その他」の8項目に分けた。名前や用語の解答を「一問一答」に分類した。文章で解答し、用語、現象などについて説明するものを「記述」に分類した。文章で解答する問題のうち、出題者から与えられた条件や情報に従い、根拠と解答者の主張を述べるものを「論述」に分類した。グラフ、関係図、家系図等の作図、描図を「作図」に分類した。また、グラフ、読み取り問題を「グラフ」に分類した。実験の設計、実験データの読み取り、サンプリングデータの読み取りを含む問題を「実験と観察」に分類した。出題者から与えられた情報の加工や論の展開が必要な問題を「考察」に分類した。以上7項目に分類されないのは「その他」とした。

7.2.4. コンピテンシーによる分類

分類をする際に、鈴木（2016）において翻訳された「フィンランド新ナショナル・コア・カリキュラム」におけるコンピテンシー（L1〜L7）と、生物に関する目標（T1〜T14）、学習内容群（S1〜S6）との関係を参考にした。また前述したL1〜L7のコンピテンシーの指導目標（表1）から各コンピテンスを特徴づけると思われるキー・フレーズを抽出し、このキー・フレーズと照合して該当するコンピテンシーへ分類した。抽出したキー・フレーズを表2に記す。

表2　7つのコンピテンシーのキー・フレーズ

L1　「思考力と学び方を学ぶ力」
・課題を批判的に様々な角度から分析
・情報や知識・アイデアを探し、評価編集し自らの知識を構成しシェアする
・意識的な推論
・情報の構成とは何かを学ぶ
L2　「文化の理解と相互作用と表現能力」
・環境の文化的な意味を理解
・文化的なアイデンティティと積極的な自然との関係を構築

第 III 部　海外における多面的・総合的評価の取組み

・時代の連続の中で自分の位置を把握する
・何が人権違反として許されないのか認識（→分類の際には人権違反のみでなく、倫理観を問う問題も含めた）
・文化や伝統を伝達し、変更し、作り出すようになる。それらの福祉への意義。
・社会的な議論や意思決定に応用できる
・主張を作る力、自分の意見を建設的に表し倫理的に行動

L3　「自己のケアと周囲のケア、そして日常生活を安全に生きることへのスキル」
・健康、安全、人間関係、交通、テクノロジーの理解
・健康や幸福を促進する事、損ねる事、安全性の知識
・自分や他者の安全を守る
・賢くテクノロジーを選択
・消費者としてのスキル、経済を計画するスキル、管理するスキル

L4　「多様な読解力」
・様々な環境や状況で様々な道具を用い情報を収集、統合、変更、構成、発表、評価
・テキストを分析し構成する

L5　「ICT に関するスキルと能力」
・情報とコミュニケーション「前出 P. 6ICT に関するスキル（以降 TVT とする）」を扱う事、基本的な機能や主要コンセプトを理解し、利用する力
・TVT を、責任を持って安全や作業に最適なポージングを忘れずに利用する
・TVT を情報管理と探究的で創造的な活動に利用する
・TVT が与える影響を持続可能な発展の視点から評価し、責任を持つ消費者として行動をする

L6　「個の自立のための職業スキルの獲得と起業家精神」
・職業生活に関する知識を得る
・企業家的（事業的）やり方
・作業プロセスを計画し、仮説を立て様々な選択肢を試し、結論を探す
・問題予測、解決策を発見
・新しい可能性をオープンに受け入れる

L7　「持続可能な未来を構成するために自ら参加し影響を与える力」
・自分の勉強、学習作業と学習環境を計画し、実行し、評価するプロセスに参加する
・市民社会の参加や影響を与える力、それが可能な方法と学校外の集団的な活動についての知識と経験
・自然を守る事の大切さ
・メディアの与えるインパクトを評価し、メディアが提供する可能性を利用できる
・自分の経験を通して、影響を与えること、意思決定をすること、また責任を果たすこと

第 1 章　コンピテンス基盤型教育とフィンランドの大学入学資格試験

・自分の考えや意見を建設的に表せるようになる
・自分の提案を、関係する全ての者の公平や平等、公正な扱いと持続可能なライフスタイルの視点を含めて配慮する

　例えば、2010 年春に出題された「フィンランドでは人の活動は生物多様性にどのような影響を及ぼしてきたか？この多様性を衰退させたり豊かにしたりする、または維持する活動の例をあげよ。あなたの住む地域についてものべよ」という問題については、コンピテンシーの L1、L2、L4 を測るものとして分類した。

　また 2014 年秋に出題された「人類の影響によって、フィンランド、そして全世界で気候変動すると予測されている。次の左の図は、フィンランドの近年（1971～2000 年）の年平均気温と降水量を表している。右側の図は気候モデルをもとに予測された 2071～2100 年の気温（℃）と降水量（mm）である。気温の上昇は夏期よりも冬期の方が大きいと予想されている。また冬期はみぞれや雪などの降水量が現在より 10～40% 増加するが、夏期の降水量の変化は小さいとみられる。前述の変動は、フィンランドの自然生態系及び国の経済や林業にどのような影響を及ぼすか？」という問題については、コンピテンシーの L1、L6、L7 を測るものとして分類した。以下同様に作業を進めた。

8.　分類結果

8.1　全体的な特徴

　出題範囲は、日本の高等学校「生物」の領域全てに及んでおり、年 2 回の試験問題の実施を通して学習内容の全体をカバーしている。一部に生物用語の穴埋め式の問題も見られるが、基本的には科学的な知識や事実と言った情報を元に自分の考えを論理的に述べるといった、受験生の思考力や判断力、表現力を問う記述式や論述式が主となっている。試験時間が 6 時間というのもそれを後押ししている。全体的な特徴を以下に記す。

①細胞やゲノム、遺伝子解析や遺伝子操作に関する出題は 8 年間毎年続

211

第 III 部　海外における多面的・総合的評価の取組み

いている。

②生態系に関する問題は 8 年間毎年出題され、定量的なデータやグラフを元にした論述問題が多い。

③陸水学や水理学、湖沼学を基本にした母国フィンランドに関する思考問題が多い。

④一部の生物の形態やその生態、系統樹や進化に関するオーソドックスな出題が見られる。

⑤基本的な遺伝や伴性遺伝、ヒトの遺伝疾患に関する問題が頻繁に登場する。

⑥人体の基本的な構造や機能に関する出題が見られる。

⑦感染や手術などヒトの健康についての問題や、それに対する自分の考えを求める出題が多い。

⑧トピックな題材を元にした、倫理やそれに対する判断力を問う出題が見られる。

⑨シナプス小胞など、神経伝達に関する論述問題が見られる。

⑩全ての出題カテゴリーに共通して多様な読解力（L4）を測定する問題が多く、生物学に必要な基本的な系統分類、情報の読み取りと処理能力が要求されている。

⑪ L3 をヒトや動物の体の機能や疾患に対する理解を問う記述、論述問題によって測定している。

⑫ L6 を遺伝子工学や微生物工学の知識や技術的・倫理的課題を問う記述、論述問題によって測定している。

⑬ L7 を生態系と撹乱の実態についてデータの読み取りや対応策の提案のような論述と考察問題によって測定している。

8.2　難易度の分類

　一般問題では、1（易）の割合が 19% であるのに対し、3（難）が 11% と小さかった（図 1）。ジョーカー・クエスションのみでの内訳では、1（易）の問題はなく、2（中）が 33%、3（難）が 67% と最も高く

第1章　コンピテンス基盤型教育とフィンランドの大学入学資格試験

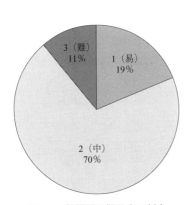
図1　一般問題の難易度の割合

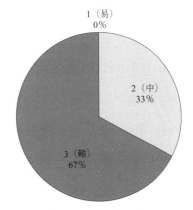
図2　ジョーカー・クエションのみの難易度の割合

なる（図2）。一般問題の内容を踏まえた上で、高度なコンピテンシー（知識・技能など）を要求する問題として、ジョーカー・クエションが設けられていることを裏づける結果となった。

8.3　出題範囲（領域）による分類

一般問題の出題内容では、「生物群集と環境」（18%）と「生物の進化とその系統」（16%）の割合が高く、二つ合わせて全体の34%を占めていた。ついで、「細胞と分子」（12%）、「遺伝情報とその発現」（10%）、「体内環境の恒常性」（9%）、「遺伝」（9%）の割合が高かった（図3）。ジョーカー・クエションのみの内訳では「生物群集と環境」の割合が25%と最も高くなっていた。反対に「細胞と分子」、「遺伝」の割合がそれぞれ3%と小さくなっている。「遺伝情報とその発現」、「体内環境の恒常性」の割合はジョーカー・クエションの否かに関わらずほぼ同じであった（図4）。

ユバスキュラ大学の生物教員養成課程における学士課程の科目群「生物の基礎（25op）」の構成を見ると、「微生物群の構造と多様性（9op）」、「生態学と進化学の基礎（4op）」、「陸水学の基礎（3op）」、「環境保護の

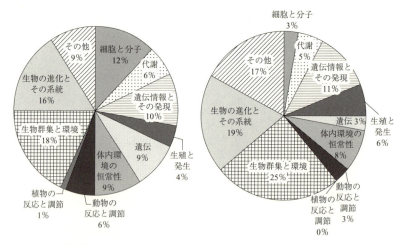

図3　一般問題での大カテゴリーの出題率　　図4　ジョーカー・クエスションでの大カテゴリーの出題率

基礎（3op）」、「生化学、細胞生物学と分子生物学の基礎（6op）」となっており、7割以上が生態学や生物の集団、進化に関する学びとなっている。また修了研究（20op）を除いた修士課程の科目群「生物学の内容を深める学習（40op）」の構成を見ると、「魚類の生物学と漁業（6op）」、「応用生態学（4op）」、「水に関する科目：湖水学他（4op）」、「環境保護学（4op）」、「自然科学の選択科目（8op）」、「フィールド学習（2op）」となっており、7割に達する（鈴木、2007、2011b）。これらのことは、初等中等教育におけるフィンランドの「生物」の学びが何を重視しているかを如実に物語るものであり、醸成すべきコンピテンシーにも大きく影響を及ぼしているものと考えられる。

　一方、日本では見られなくなった遺伝病や、人体に関する問題も大学入学資格試験に多く登場しているのも特徴である。これは、教科の中に人体（Ihminen itese）が位置づけられていることにもよるが、フィンランドの文化的歴史的背景の一つである「助け合う心」が広く社会に定着していることも見逃せない。ダウン症候群やクラインフェルター症候群

などの遺伝子を起因とした疾患が、ヒトの写真を用いて教科書で積極的に取り上げられており、正しい理解を促している。そのため、先の生物教員養成課程での学士課程の科目群の中にも、日本にはない「人体生理学（5op）」が配置されている。

8.4 出題形式による分類

一般問題の出題形式の内訳は、記述が44%と最も大きく、ついで論述（18%）、一問一答（16%）、実験観察（9%）、考察・その他（9%）、グラフ（2%）、作図（2%）の順であった（図5）。

「ジョーカー・クエスションのみでは論述が67%と最も高く、記述（18%）と合わせると自分の考えを記述する問題が85%に達する。次いで考察・その他（7%）、グラフ（4%）と続き、一問一答は2%となり、一般問題と異なり、単純な知識を問う問題がほとんどない（図6）。

フィンランドの教科書の章末に記述される問いを分析すると、初等中等教育を通して自分の考えを記述するものや、実験や観察を計画するものが多数を占める。また本文の至る所にMixi（なぜ？）という問いかけが記されている（鈴木、2014）。また、2008年春に実施された問10

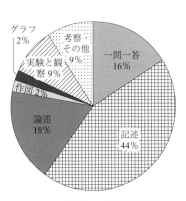

図5　一般問題の出題形式割合

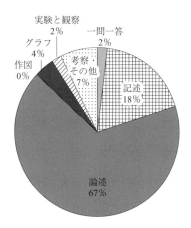

図6　ジョーカー・クエスションのみの出題形式割合

第III部　海外における多面的・総合的評価の取組み

の一般問題は、絶滅したマンモスのクローンを作る際の具体的なバイオテクノロジーの技術とともに、存続可能なマンモス母集団を作るときに直面する問題点について論述するものであった。前者に「解」は存在するが、後者に関しては「解」を定めるのは難しい。持っている倫理面の情報を整理しながら、自身の論を展開することになる。論理的思考や批判的思考は、重要な資質や能力であることは広く言われており、このような「解」のない問題を積極的に取り上げるのも、フィンランドにおける大学入学資格試験の特徴の一つである。

8.5　コンピテンシーによる分類

一般問題でのコンピテンシーの内訳は、L1（35%）とL4（24%）が大部分を占め、次いでL3（16%）、L6（10%）、L2（10%）、L7（5%）となり、L5が最も少なかった（図7）。今回の分類では、各設問に対し

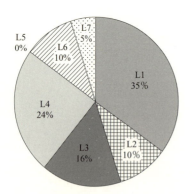

図7　一般問題におけるコンピテンシーの割合

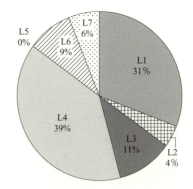

図8　ジョーカー・クエスションのみのコンピテンシーの割合

L1）思考と学び方を学ぶ力
L2）文化の理解と相互作用と表現能力
L3）自己のケアと周囲のケア、そして日常生活を安全に生きることへのスキル
L4）多様な読解力
L5）ICTに関するスキルと能力
L6）個の自立のための職業スキルの獲得と起業家精神
L7）持続可能な未来を構成するために自ら参加し影響を与える力

第1章　コンピテンス基盤型教育とフィンランドの大学入学資格試験

て複数のコンピテンシーが含まれている場合は、その重複を有効にしてカウントした。試験問題全体を通して、情報の取得、統合（L4）やそれに基づいた推論、情報の構成（L1）という生物学に必要な基礎的なスキルをベースに、その他のコンピテンシー（L2、L3、L6、L7）を同時に測るという内容になっていたため、このような結果となった。

ジョーカー・クエスションでのコンピテンシーの内訳は、L4（39%）が最大となり、L1（31%）が続く。次いでL3（11%）、L6（9%）、L2（4%）、L7（6%）であった（図8）。

L5については、特に出題の中には認められなかった。ICTの利用は普段の学習活動の中に豊富に盛り込まれており、それによって様々な学習目標が達成されていくという位置づけと考えられる。ただし、昨年度から本試験はCBT化が開始されており、L5に関する力やスキルが要求される問題の出題の可能性は十分予想できる。

8.6　分析項目間の関係

分析項目間の関係について以下に記す

8.6.1.　出題範囲（領域）とコンピテンシーとの関係

結果を図9に示し以下に要約する。

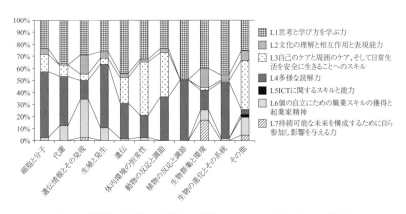

図9　出題カテゴリー（大カテゴリー）とコンピテンシーの関係

第 III 部　海外における多面的・総合的評価の取組み

① 全ての問題に共通して情報の取得、統合（L4）やそれに基づいた
推論、情報の構成（L1）という生物学に必要な基礎的なコンピテ
ンシーを要求している。

② L2 は出題カテゴリーの中でも「遺伝情報とその発現」、「生物群集
と環境」において割合が高い。「遺伝情報とその発現」では遺伝子
組み換えやクローンのように遺伝子工学に基づいた技術の利用と同
時に、倫理的課題が問われている。「生物群集と環境」では生態系
撹乱への人間活動の影響の認識や倫理観、またはそのような問題を
解決していくための行動姿勢や社会的議論の提起が問われている。

③ L3 は「遺伝」、「体内環境の恒常性」、「動物の反応と調節」におい
て割合が高い。それらの問題では遺伝病、体液循環、生体を構成す
る部位の機能と疾病のように、生体の構成や機能に関する知識や疾
病と健康維持に関する理解が問われている。

④ L6 は「代謝」、「遺伝情報とその発現」、「生殖と発生」、「生物群集
と環境」において割合が高い。「代謝」、「遺伝情報とその発現」、
「生殖と発生」においては、微生物工学、遺伝子工学、生殖医療に
おける技術利用とその課題、「生物群集と環境」においては、環境
修復や撹乱を抑える技術を利用したり、社会実装したりする際の課
題を予測することや対策を提案する能力が問われている。

⑤ L7 は「生物群集と環境」において割合が高い。環境問題を取り上
げて、その原因の理解と解決策を社会実装していくための方法を提
案させる問題がある。

8.6.2.　出題形式とコンピテンシーの関係

結果を図 10 に示し以下に要約する。

① L1、L4 はどの出題形式においても一定割合出現しており、ポイン
トとなるコンピテンシーと考えられる。

② L2 は「論述」問題においてその割合が高い。出題カテゴリーとコ
ンピテンシーの関係において、L2 は「遺伝情報とその発現」、「生

第1章　コンピテンス基盤型教育とフィンランドの大学入学資格試験

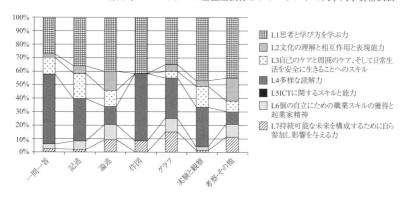

図10　出題形式とコンピテンシーの関係

物群集と環境」のカテゴリーにおいて割合が高かった。L2 は倫理的、社会的議論を呼ぶ題材に対して、自分の主張を建設的に意見し行動する能力である。出題カテゴリーとの関係も考慮すると、遺伝子工学技術の利用と倫理的課題、環境問題に対する意見と行動姿勢を論理的に論述する問題を通して L2 の能力を捉えようとしていると考えられる。

③ L3 は「一問一答」、「記述」、「論述」及び「実験と観察」において割合が高い。出題カテゴリーとコンピテンシーの関係において、「遺伝」、「体内環境の恒常性」、「動物の反応と調節」のように生体の構成や機能に関する知識や疾病と健康維持に関する問題を扱うカテゴリーにおいて、割合が高かった。これらの内容の基本的な理解をベースに、実験・観察データの読み取りや論理的な説明によって、L3 を捉えようとしていることがわかる。

④ L6 と L7 は論述とグラフにおいて割合が高い。出題カテゴリーとコンピテンシーの関係において、L6、L7 は「遺伝情報とその発現」、「生物群集と環境」のカテゴリーにおいて割合が高かった。これらのテーマに関する情報をグラフから読み取って考察する問題、また関連する社会問題への対策や主張を論述させる問題を通して、これ

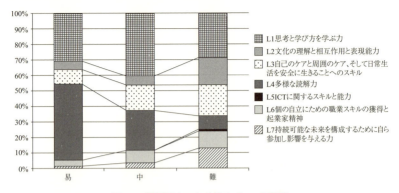

図11 難易度とコンピテンシーの関係

らのコンピテンシーを捉えようとしていると考えられる。

8.6.3. コンピテンシーと難易度の関係

結果を図11に示し以下に要約する。

① L1で問われる情報の構成や推論は、全ての難易度において主要なコンピテンシーである。
② L4の割合は難易度が高くなるにつれて低下し、他のコンピテンシー（L2、L3、L6、L7）の割合が高くなる。多様な読解力を基礎としながら、難易度が高くなるにつれて多様なコンピテンシー（L2、L3、L6、L7）を捉える出題へと移行している。

9. 日本の個別試験生物における「良問」は、何を測っていたのか？

最後に、日本における入試問題として個別試験の科目「生物」で出題された問題を、フィンランドの7つのコンピテンシーの観点から検討する。勿論これらのコンピテンシーは、日本の初等中等教育が志向するものと同一とは限らない。しかし、コンピテンス基盤型教育を見据えて日本の生物教育が進むと考えられる今、何らかの示唆を得ることができる

はずである。以下に代表的な例として、2つの「問題」とその考察を示す。2つの問題は、いずれも「生物の良問問題集　生物基礎・生物：旺文社」に掲載され、「必ず解いた方がいい50問」に選定されていたものである。

問題1

　血糖中のグルコース濃度（血糖濃度）を正常な範囲で保つことは極めて重要である。血糖濃度の調節には、すい臓から分泌される作用効果が反するホルモンであるインスリンとグルカゴンが働いている。これらのホルモンは、いずれも｡負のフィードバックによって制御される内分泌制御経路で働く。

　インスリンは、脳細胞を除く体の細胞ほとんどすべてを刺激して血液から細胞内へグルコースの　ア　を促進する。また、インスリンは　イ　や　ウ　でのグリコーゲンの　エ　を促進するとともに、組織中のグルコースの　オ　を促進することによっても血糖濃度を低下させる。

　グルカゴンは主として　イ　に働いて血糖濃度に影響を与える。血糖濃度が正常範囲以下に下がると、グルカゴンは　イ　にシグナルを伝達してグリコーゲンの　オ　を促進する。その結果、血糖濃度が増加し正常範囲内に戻る。

　視床下部には血糖濃度の調節中枢が存在し、｢交感神経、副交感神経などの自律神経や脳下垂体前葉を通じて血糖濃度を正常に保つしくみが働いている。｡糖尿病では血糖濃度を下げるしくみが働かなくなるため、血糖濃度が常に高くなり、尿細管での再吸収に見合わない高濃度のグルコースが原尿中に含まれるようになって、尿中のグルコースが排出される。高血糖が長い間続くことで目や腎臓の血管障害などの合併症が生じ、生命が脅かされる事態にいたることがある。

問1　文中の空欄に適語を入れよ

問2　下線部aの調節機構について、ヨウ素不足の食事を長期間続けたことが原因でチロキシンの合成が低下した場合に、ホルモン分泌にどのような変化が起こるか、「負のフィードバック」の語を用い100字程度で説明せよ。

問3　下線部bの血糖濃度を正常に保つ支配機構について、血糖濃度が低下した際に自律神経によって副腎から分泌されるホルモンの名称、そのホルモンを分泌する副腎内の部位、この際に用いた自律神経の名称を答えよ

問4　下線部cの糖尿病に関して、ある型の糖尿病では、自己免疫によってB細胞が破壊されることによって生じる。この型の糖尿病の患者にインスリンを経口投与した場合、血糖濃度を下げることができるかどうかについて、理由とともに80字程度で説明せよ。

この問題の出題内容（領域）は「体内環境の恒常性」で、テーマは「血糖濃度調節」である。出題形式は一問一答と論述である。この問題を分析すると、主に問4においてL1、L3、L4、L6のコンピテンシーを測ることができると思われる。血糖のグルコース濃度調節機構の理解をベースとし、ある型の糖尿病患者にインスリン投与という（医療）行為を行うとした場合の影響予測（L3、L6）を問う問題である。回答に必要なグルコース濃度調節機構の解説とある型の糖尿病の条件の説明は問題文で行われており、回答者がそれらの情報を読み取り、統合する能力（L1、L4）を測ることのできる出題である。

問題2
問1　生物多様性には3つの捉え方（段階）があるとされる。1つは種多様性であるが、ほかの2つを答えよ。
問2　生態系の種多様性は、かく乱による影響を受ける。例えば、オーストラリアのサンゴ礁では、台風などのかく乱の規模や頻度とサンゴ礁の種数に図1のような関係が知られる。
これに関して次の（1）、（2）に答えよ。
（1）図1のA付近におけるサンゴの種数がB付近と比べて少ない理由を、30字程度で説明せよ。
（2）図1のC付近におけるサンゴの種数がB付近と比べて少ない理由を、50字程度で説明せよ。
（3）
問3　生態系の炭素循環に対してサンゴはどのような影響を与えるか、50字程度で説明せよ。

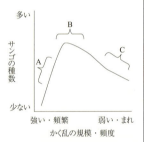

図1　かく乱の規模・頻度とサンゴの種数の関係

この問題の出題内容（領域）は「生物群集と環境」で、テーマは「かく乱と生物多様性」である。出題形式は論述である。この問題を分析すると、L1、L4、L7のコンピテンシーを、主に問2と問3において測ることが可能であろう。問2においては、かく乱が強い場合は、強いかく乱に耐えられる種しか生存できず、反対にかく乱が小さいときは安定し

た環境の中で種間競争が生じるため種の数が減少して行くということを
グラフから読み取り、解説できるか（L4、L1）が問われる。また問3
では、サンゴ礁が（単に炭素循環における役割ではなく）生態系の炭素
循環に与える「影響」を質問していることから、二酸化炭素の固定能力
により、サンゴの大気中の二酸化炭素を減少させ、気候変動に対する緩
衝機能を持つことの認識を問いたいという背景があると思われ、L7を
測ることができると考えられる。

　この二つの問題は全く異なる大学の入試問題であるが、問題を分析す
る中で学部として求める資質がどちらも明確にセットされており、それ
に基づいて作問されていることがわかる。

　以上に記したことはあくまでもフィンランドのコンピテンシーを当て
はめた一例である。日本の過去の良問の中には、それらの資質や能力を
十分測定できる問題があり、これからの作問に参考となるものが多く存
在するものと推察される。

10.　おわりに

　本稿は、コンピテンス基盤型教育とは何かを示し、フィンランドの初
等中等教育で醸成が進められている7つのコンピテンシーについて詳述
した。またフィンランドの大学入学資格試験「生物」8年分を分析し、
難易度や出題範囲、出題形式や測るコンピテンシーとそれらの関係につ
いて示した。最後に7つのコンピテンシーを軸に、日本の良問を振り
返ってみた。

　見逃してはいけないことは、フィンランドにせよOECD・DeSeCoプ
ロジェクトにせよ、母国やEU諸国の文化的歴史的背景を基にコンピテ
ンシーが策定されていることである。教育は文化であり、それらの背景
無くして学力や資質・能力、態度やスキルといった議論はあり得ない。
詳述したフィンランドの7つのコンピテンシーやDeSeCoプロジェクト
のキー・コンピテンシーには、日本にそのまま当てはめることが難しい
内容も散見される。

第 III 部　海外における多面的・総合的評価の取組み

　重要なのは、日本においてこれから 10 年後、20 年後に自己実現して
いく生徒や学生が、どのような資質や能力、態度やスキルが必要なのか
といった、ジャンルを超えた幅広い視点からの議論と共通理解が必要だ
と言うことである。それなくして日本型のコンピテンス基盤型教育の成
立は難しく、次期学習指導要領の焦点も定まらず、入試改革も旧態依然
の形で進むことになるであろう。

　逆にそれが可能となった時、医学教育改革のようにそれらを醸成する
より効率的・合理的な初等中等教育が可能となるはずである。その成果
を測る入学者選抜試験は、受験生のコンピテンシーを測る切れ味を増す
ことになるであろう。そのことが、逆に曖昧な各大学や学部のアドミッ
ションポリシーをより具体化させる起爆剤となると考えている。

【参考文献】

立田慶裕監訳（2006）．『キー・コンピテンシー——国際標準の学力をめざして—』、ド
　　　ミニク・S・ライチェン、ローラ・H・サルガニク編著、明石書店、199-221.

NGSS（2013）．『Next Generation Science Standards』、http://www.nextgenscience.org/next-
　　　generation-science-standards.

高大接続改革システム改革会議（2016）．『高大接続システム改革会議「最終報告」』、
　　　http://www.mext.go.jp/component/b_menu/shingi/toushin/__icsFiles/afieldfile/2016/06/
　　　02/1369232_01_2.pdf.

文部科学省（2017）．『高大接続会議の動向について』、http://www.mext.go.jp/
　　　component/a_menu/education/detail/__icsFiles/afieldfile/2017/02/15/1381780_3.pdf.

文部科学省（2017）．『新学習指導要領：平成 29 年 3 月公示』、http://www.mext.go.jp/
　　　a_menu/shotou/new-cs/1383986.htm.

White, R. W.（1959）. Motivation Reconsidered: the Concept of Competence. Psychological
　　　Review, 66, 5, 297-333.

Chomsky, N. 1965. Aspects of the Theory of Syntax. Cambridge: The MIT Press.

Argyris, C., Shon, D. A.（1978）.『Organizational Learning: A Theory of Action
　　　Perspective』、Addison-Wesley.

黄福寿（2011）．「コンピテンス教育に関する歴史的・比較的な研究」、『広島大学高
　　　等教育研究開発センター　大学論集』、（42）、1-18.

田川まさみ・田邊政裕（2006）：「コンピテンス基盤教育」、『千葉医学』、（81）、
　　　299-304.

第 1 章　コンピテンス基盤型教育とフィンランドの大学入学資格試験

古屋光一（2014）．「ドイツにおける物理教育のコンピテンシーについての最新動
　　向」，『科研報告書（研究課題番号 22300266）コンピテンス基盤型科学教育の創
　　造—初等・前期中等教育を中心に—．報告書』、102-105.

Ministere de l'education nationale, de L'enseignement Superirur et la Recherche（2014）.
　　『Programmes pour les cycles ②③④』.

Ministere de l'education nationale.（2015）．『Bulletin officiel spetial n° 11 du 26 novembre
　　2015』.

Perusoprtus　2020（2010）．『Opetus-ja　kulttuuriministerio・Koulutus-ja　tiedepolitiikan
　　osasto』.

Finnish　National　Board　of　Education（2004）．『National　core　curriculum　for　Basic
　　Education』、170-194.

Opetushallitus　Utbildningsstyrelsen　（2014）．『Perusopetuksen　Opetussuunnitelman
　　Perusteet 2014』、20-24.

Opetushallitus Utbildningsstyrelsen（2015）．『Lukion Opetussuunnitelman Perusteet 2015』
　　なお、大学入学資格試験は以下のサイトで見ることができる．https://yle.fi/
　　aihe/abitreenit

Hager, Paul /Gonczi, Andrew（1996）:「What is competemce?」Medical Teacher,（18）

鈴木誠編著、池田文人、猿田祐嗣、永井かおり、西島　徹、古屋光一著（2007）．
　　『フィンランドの理科教育—高度な学びと教員養成』—、明石書店.

鈴木誠（2011a）．「フィンランドの大学入学資格試験」、『化学と教育』、59（2）、
　　463-467.

鈴木誠（2011b）．「フィンランドの教員養成」『SYNAPSE』、5、22-25.

鈴木誠監訳著（2014）．『フィンランド理科教科書　生物編』、全 254 頁、化学同人.

鈴木誠（2015a）．「フィンランドのコンピテンス基盤型理科教育」、『化学と教育』、
　　63（10）、476-479、口絵 27.

鈴木誠（2015b）．「フィンランドの大学入学資格試験「生物」における基礎的分析」
　　『大学入試研究ジャーナル』、25、161-168.

鈴木誠（2016）．「コンピテンスに基づいた新しい教育課程の創造」、『理科の教育』、
　　65（2）、21-25.

中山迅、猿田祐嗣、森智裕、& 渡邉俊和（2014）．「科学的探究の教育における望ま
　　しい「問い」のあり方」．『理科教育学研究』、55（1）、47-58.

伊藤和修（2016）．『生物の良問問題集［生物基礎・生物］』、全 368 頁、旺文社.

第2章　中国の大学入試個別選抜改革
——調査書活用やAO入試の試み——

石井　光夫（東北大学）

はじめに

　本稿は、現在我が国で進められている入学者選抜改革における新共通テスト導入と大学個別選抜改革という2つの柱のうち、大学個別選抜改革に着目し、この改革と類似した方向を目指している中国の入試改革の実態を解明することを目的とする。中国では全国統一入試による入学者選抜が1952年から長年行われてきたが、1980年代以降こうした画一的硬直的な入試制度を改め、統一入試の多様化・弾力化とともに、統一入試による選抜のほかに大学個別の選抜審査による推薦入試（原語・保送入学）の実施や我が国AO入試に似た「独自事前選抜（原語・自主招生）」の試験的導入が行われ、入試の多様化・個性化の道が模索されてきた。その背景には過熱する受験競争の緩和や受験負担の軽減とともに、21世紀に求められる資質・能力の養成といったことがあり、この点我が国の改革動機とも共通する。

　中国政府は、2010年に向こう10年の教育改革全体の構想をまとめた「国家中長期教育改革および発展計画要綱」の中で大学入試における「総合評価」「多元的選抜」の推進などの方針を掲げ、さらに2014年にこの構想をさらに具体化した「入試制度改革深化に関する実施意見」を発表、現在この方針に沿った改革が逐次進められている。「総合評価」とは、一般入試においてこれまで唯一の選抜資料であった全国統一入試に加え、高級中学（高等学校）卒業試験である地方（省・市・自治区）単位の共通試験である「学業水準試験（原語・学業水平考試）」および高級中学での様々な記録「総合資質評価（原語・綜合素質評価）」を用いて総合的に判定するというものである。

第 III 部　海外における多面的・総合的評価の取組み

　本稿では、この入試制度改革のうち大学の個別選抜に関わるものとして、1)「総合資質評価」の活用および 2) 特別選抜である独自事前選抜を中心にみていく。

1.　大学入学者選抜の概要[1]

　中国の高等教育機関には①大学（原語・大学または学院）のほか、短期レベルの②専科学校（原語同じ）、③職業技術学院（原語同じ）の 3 種類がある。学部課程の「本科」は 4〜5 年、また短期課程として専科（2〜3 年）がある。大学にも専科課程が設けられている（表 1）。以下では煩雑を避けるためこれら高等教育機関をまとめて「大学」と呼ぶ。

　大学の入学者は、文化大革命（1966〜76 年）の一時期を除き、1952 年の全国統一入試導入以降その成績をもとに大学が選抜するという制度が基本的に採られてきた。全国統一入試という単一の筆記試験による選抜という画一的な制度が過度の受験競争や暗記中心の知識一辺倒で創造性や思考力を欠いた人材育成を招いたという反省、さらには大学の運営自主権拡大といった観点も加わり、1980 年代からその在り方が見直されるようになった。統一入試の試験科目構成の弾力化や一部地方単独出

表 1　高等教育機関の規模（2015 年）

	機関数	学生数	入学者数	進学率
大　　学 専科学校・ 職業技術学院	1,219 1,341	本科　1,577 万人 専科　1,049 万人	本科　389 万人 専科　348 万人	本科（24% 前後） 専科（22% 前後）
計	2,560	2,626 万人	738 万人	推計 46% 前後

　　注：進学率は中国で公表されていないので，独自に試算した。
　　　　進学者 738 万人／ 18 歳推計人口 1540 万人により計算。
　　　　1540 万人は 2015 年 1.55‰抽出調査 15 − 19 歳人口を 5
　　　　で除して算出した。
　　　　本科・専科の進学率は入学者数の比率で全体の進学率を
　　　　按分した。
　　　　国公私立の合計。大学数は，国立 110，公立 672，私立
　　　　420 となっている。
　　出典：国家統計局『中国統計年鑑』2016 年版および教育部
　　　　　『中国教育統計年鑑』2016 年版

題、また推薦入試や AO 入試に類似する独自事前選抜などの入試区分の導入など様々な面から多様化が模索されてきたのがこの 30 年来の動きであった。

このような大学入試改革は、受験生の負担軽減や受験機会の複数化をもたらし、また評価基準からみれば、詰め込まれた知識の判定から、考える力や応用力、創造性や発想力、またそれらを表現する力への判定を含めた「多元的な判定」へと向かってきた。

しかし現在、多様化が様々に試みられたとはいえ、大学入学者の圧倒的多数はいぜん国（教育部）が実施する全国統一入試の成績により選抜されている。一般に国立大学（1 割弱）は全国で、地方公立大学（6 割弱）は省単位で募集するが、国立大学も各省ごとに定員を割り振るので、いずれも省単位での競争選抜となる。私立大学（3 割強）は独自に募集地域を指定する。選抜作業はおおむね 3 つのグループに分けて時期をずらして行い、第 1 期グループは伝統ある有名大学が多く、第 2 期グループは一般大学、第 3 期グループは短期高等教育機関という順序になる。各グループごとに合格最低ラインを設定し、これ以上の受験者が選抜対象になる。中国ではこのような選抜方法について名前を付けていないが、ここでは「一般選抜」と仮に呼んでおく。

入試多様化への改革が進められた結果、入試区分でみれば、この一般選抜のほかに、募集規模は小さいものの、推薦入試、独自事前選抜、ま

表 2　主な入試区分

一般選抜	推薦入試	独自事前選抜	芸術・スポーツの特異な才能を持つ者の選抜
・1952 年〜 ・主として全国統一入試の成績により各大学が選抜。 ・ほとんどの学生が一般選抜で入学	・1984 年〜 ・大学が推薦資格者を筆記試験、面接等により選抜 ・全国で 5 千人程度（近年縮小）	・2003 年〜 ・大学が書類審査、筆記試験、面接等独自の方法基準で選抜 ・原則大学定員の 5% 以内 ・90 大学で実施	・1980 年代〜 ・大学で実技選考の後、全国統一入試で優遇措置 ・芸術 53 大学、スポーツ 273 大学で実施（2007 年）

（筆者作成）

第 III 部　海外における多面的・総合的評価の取組み

た、芸術やスポーツ面での特異な才能を持つ者に対する選抜などの「特別選抜」（原語・特殊類型招生）も行われている（表2）。これらの特別選抜にも、推薦入試を除き、全国統一入試の受験が課され、重要な選考資料になっている。

2.　大学入試改革の方向（2010年以降の入試改革）

中国共産党中央および国務院（内閣）は、2010年7月、向こう10年間にわたる教育政策の方針を示す「国家中長期教育改革および発展計画要綱」を公表した[2]。

序章を除いて4部構成で全22章、70条、2万7千字からなる同要綱は総合的な教育改革プランを提示しているが、入試制度改革は「第3部 体制改革」のなかで第12章として取り上げられている。科挙の伝統の下で長年激しい受験競争をもたらしてきた入試について、①試験の分類化（4年制大学と短期高等職業教育機関の試験分離）、②総合評価（地方の高級中学卒業試験や調査書の活用）、③多元的選抜（独自事前選抜等の多様な入試区分の推進）の3点の改革方向を示した。

2010年の「要綱」で示された入試改革の基本方向をさらに具体化した改革措置と工程表が国務院から「入試制度改革深化に関する実施意見」（2014年9月3日）[3] として公表された。「実施意見」は現行入試の主な問題として、1）点数主義が児童生徒の全面的発達に影響を与えている、2）1回の入試が人生を決め、そのことが児童生徒に過重な学習負担をかけている、3）地域や都市農村の入学機会に格差がある、4）初等中等学校で越境入学が横行している、5）試験点数の加点不正・入試選抜の規律違反が頻発していることをあげた。こうした問題の解決策として「実施意見」は次のような事柄を明示するとともに、2014年から改革の試行を開始し、2017年に本格実施、2020年までに新たな入試制度を確立するとしている。

1）募集計画と定員配分：各地方合格率の差の縮小、重点大学における農村出身学生の人数増加、越境受験の不正解消。

2）試験形態と内容：高級中学学業水準試験（省単位の共通卒業試験。全科目。1科目に付き2回受験可）と高級中学生総合資質評価の制度化（卒業および進学の重要な資料）。統一入試の試験内容改革（基礎的知識とともに総合性を強化、主体的思考力、知識の応用・問題分析、問題解決能力を重視）。

3）選抜方式：試験点数の加点・加点項目の大幅縮小・厳格抑制、独自事前選抜の規範化（聯合試験方式や専門訓練（サマーキャンプなどによる選抜）廃止、2015年から全国統一入試の後に選考）、選抜方式の改善（全国統一入試成績公表後に出願。大学の選抜グループ分け廃止、平行志願方式（志望順序を付けずに複数大学・学科を志願）の推進）。

　このうち1）に示された「重点大学（伝統威信のある大学で全国約100大学）における農村出身大学の人数増加」については2012年からすでに国家特別計画、地方特別計画及び大学特別計画として、農村出身学生の優遇選抜政策がとられている。

　「実施意見」は、さらに一般選抜の改革として以下の3点を確認した。

①入試科目の改革：従来の「3＋X」（言語・文学、数学、外国語に地域指定のX科目、多くは文科総合・理科総合試験を加える）のXを「高級中学学業水準試験」の3科目（政治、歴史、地理、物理、化学、生物から選択）に置き換える「3＋3」への移行

②選抜方式の改革：「2つの根拠、1つの参考」、すなわち全国統一入試と高級中学学業水準試験に基づき、高級中学総合資質評価を参考とする「多元的選抜方式」を検討する。

③改革実験の開始：2014年から上海市、浙江省で高級中学1年を対象に学業水準試験を実施し、高級中学生が卒業する2017年入試から「3＋3」の入試を開始する。

　「実施意見」発表後、上海市と浙江省以外の地方も同様の改革案を発表し、「実施意見」が目指した2020年前後には3分の2の地方でこの一般選抜改革が実施される予定になっている[4]。

第 III 部　海外における多面的・総合的評価の取組み

　以上の入試改革措置の中で、大学の個別選抜に関わるものがいくつか指摘されているが、「2 つの根拠、1 つの参考」によって選抜する方式、とくに「1 つの参考」とされる高級中学生総合資質評価の活用、我が国流に言えば「調査書の活用」の検討は、大学にとって筆記試験成績のみによる選抜から「多面的・総合的」評価による選抜への移行という変化の意味合いを持つことになる。また、2003 年の導入以降徐々に大学数や入学者数を拡大してきた独自事前選抜については、筆記試験中心の一般選抜との区分が明確でなくなり（連合試験実施や試験科目の多さ）、受験者の負担が大きくなったことから、本来の趣旨に立ち返った見直しも求められている。以下では、この個別選抜に関する 2 つの措置、高級中学総合資質評価の活用と独自事前選抜の見直しについて詳細に見ていきたい。

3.　高級中学総合資質評価の活用

3.1　従来の調査書

　高級中学段階では従来も生徒の個人記録文書が作成されており、これが受験時に大学に送られ、選抜の参考にされてきた。原語を「学生檔案」といい、「生徒記録」と仮に訳しておく。ちなみに「檔案」は現代中国において進学、就職の際に必ず引き継がれ、生涯にわたって管理される個人記録として作成されており、出身身分など政治的な記録を含む広範な内容を持つ文書であり[5]、「学生檔案」はその生涯にわたる「檔案」の最初に位置づけられる。

　教育部は 1984 年に高級中学での「生徒記録」作成に関する規定を設けており、それによれば、記録の内容として①生徒指導所見（原語・学年評語表）、②成績表、③体育測定表、④健康診断記録、⑤卒業生登録表（賞罰・活動記録等）、⑥家庭状況調査表（政治・刑事・経済問題等）とされており、大学入学者選抜に活用されるべきことが記されている[6]。

　同様に 1987 年に制定された大学入学者選抜規定においても高級中学

第 2 章　中国の大学入試個別選抜改革

卒業生は高級中学の「生徒記録」を受験時に提出することが記されており、また選抜には「徳知体」の全面的な評価を行うとあり、生徒記録が選抜に何からの形で活用すべき原則が示されていた[7]。

　現在では、こうした生徒記録を含む受験者情報全般を電子化し、「電子記録簿（原語・電子檔案）」として各大学の選抜資料とされるようになっている。2017 年の教育部規定には電子記録簿の内容について「受験者の基本情報、思想政治態度に関する（高級中学等の）評価、学業水準試験成績、生徒の総合資質を反映した情報、身体検査情報、全国統一入試成績」等が含まれるとし、「生徒の総合資質を反映した資料」が生徒記録または（すでに作成が開始されている地方では）総合資質評価を指しているとみられる[8]。

3.2　高級中学生総合資質評価

　入学者選抜のための新たな高級中学調査書である「総合資質評価」は2010 年の「要綱」で示唆されていたが、これを全国的に展開するために教育部は、2014 年 12 月、ガイドラインを公表した（「高級中学生総合資質評価を強化改善することに関する意見」）[9]。

　ガイドラインは評価の内容として、①思想品性徳性（共産党を含む社会団体活動、ボランティア等）、②学業水準、③心身健康状況（健康状況、体育・スポーツ成績等）、④芸術素養、⑤社会実習（労働作業、軍事訓練等）の 5 分野を示している。

　こうした評価対象になる活動や成績を、まず生徒が随時教員の指導を受けながら記録簿に記入していく。これを学期末に整理し、生徒間で確認し合って代表的な活動記録を選定、選抜資料にする記録には生徒が署名する。この記録を毎学期教室や公示ボード、学内ウェブに公表、担任教師や関係教師が審査の上署名する。各省・市・自治区の地方政府はこの総合資質評価の記録簿（檔案）の様式を定め、学校はこれに従って①5 つの分野の特記事項を期した成長記録、②生徒が卒業時に記述した個人報告と教員による評語、③典型的な活動資料とその証明を主たる内容

233

第 III 部　海外における多面的・総合的評価の取組み

とする記録簿を作成し、受験時に提出する。

　提出を受けた大学は、大学独自の評価体系と評価方法を制定し、教員や専門職員を組織して客観的な評価を下し、これを選抜に際しての「参考」にするとガイドラインは指示している。

3.3　総合資質評価の活用

　さてその「参考」の具体的な方法はどのようなものになるだろうか。じつは 2017 年入試の浙江省の学生募集規定（原語・招生工作規定）および上海市の同様の規定では総合資質評価の扱いには言及していない。浙江省では「筆記試験成績を中心とし、総合的に評価し、優秀者から合格にする」とある。上海市では大学の選抜規定に従って選抜するとのみある[10]。「総合的に評価し」の具体的な方法については何も指摘していない。

　2014 年に入試の総合革を試行することを決定した時点で、上海市および浙江省はそれぞれ改革文書を公表しているが、総合資質評価の活用については、一様に一般選抜ではなく、まずは AO 入試に類似する独自事前選抜での選抜資料とすることが語られていた。上海市は総合資質評価は「卒業および進学の重要な資料」としながら、「2017 年から、総合資質評価はまずは独自事前選抜において使用する」としていた。また、浙江省は総合改革についての Q&A で、総合資質評価の活用に関する質問に対し、「（浙江省の生徒対象の独自自薦選抜である）三位一体選抜では出願要件および 1 次選考の主たる資料の一つとし」一般選抜では「合否判定の参考とする」と答えている。どちらも独自事前選抜での選考資料とはするが、一般選抜では「参考」としながら、実質的には具体的に十分な活用には至っていないという状況になっている[11]。

　後述するように、清華大学では独自事前選抜において上海市と浙江省の受験者向けに特別の入試区分を設け、最初の書類選考に際し、総合資質評価の内容となっている学業成績や学校外の様々な活動記録、受賞記録などを報告させ、選考資料としている。

234

第 2 章　中国の大学入試個別選抜改革

4.　独自事前選抜

　大学が独自に選抜方法と評価基準を定めて行っている個別選抜として、推薦入試と独自事前選抜がある。

　推薦入試は、高級中学が生徒を推薦するのではなく、一定の資格要件を満たす受験者を大学独自の筆記試験や面接試験で選抜する方式の入試で、独自事前選抜を含むほかの選抜方式がすべて全国統一入試の受験を課しているのに対し、推薦入試のみ全国統一入試の受験を課さず、合格者を決定している。1984 年に開始、いく度かの制度変更を経て、2014年に資格要件を厳格に規定して募集規模を縮小した[12]。現在では、科学オリンピック国際大会集中訓練参加者（全国で 260 人程度）[13]、外国語学校成績優秀者（全国 16 校）を中心に募集が行われているに過ぎない。

　ここではとくに独自事前選抜の導入・展開と最近の改革動向をみていきたい。

4.1　導入・展開[14]

　多様化・多元化を進める中国の大学入試改革にとって「最も重要な改革であり、成功している」（教育部招生処長）とされてきた入試が独自事前選抜である。独自事前選抜とは大学が受験者を独自の方法と基準で選抜した後、全国統一入試で一定の成績を収めることを条件に最終的な合格を決定する入試である。2003 年 22 大学から出発し、その後次第に増えて 2012 年は 90 大学になった。しかし、1 千を超える全国 4 年制大学の 1 割にも達しておらず、入学者も 2 万人台と、実施大学入学定員の5% 程度に過ぎない。「試行」という冠も取れていない。全国的にみれば、推薦入試と同じく、きわめてごく一部の大学の実施に限られている段階である。2012 年以降は 90 大学から増えていない。しかし、ごく一部といっても清華大学や北京大学を始めとしていずれもトップレベルの伝統大学であり、受験生や高校に与える影響は少なくない。社会的にも大きな注目を集めている。

　教育部によれば、大学の自主権を拡大することが狙い、とされる。大

235

第 III 部　海外における多面的・総合的評価の取組み

学は、多元的試験、多元的選抜を通じて、優秀な学生を望んでいる。この優秀な学生とは、原語で「偏才、怪才、奇才」というが、一般選抜では入ることが難しいものの、特定分野では優れた才能を持つという学生、という説明がされている[15]。

　その実施はおおむね以下のような要領で行われてきた。

1) 募集定員は当該年度総数の 5% 以内とする。

2) 実施大学が定める募集要件を満たす当該年度卒業者は、本人が申請し、在学の高校の推薦を受け、高校を通じて関係資料を提出する。

3) 実施大学は専門家を組織し、公表した選抜方法によって受験者の資料を審査し、面接等の試験を行い合格候補者を選抜する。

4) 合格候補者は全国統一入試を受験し、成績が大学が定める合格ラインに達すれば、大学は一般受験者に先行して総合的に判定し、合格手続きをとる。

　上記の選抜方法には具体的に明示されていないが、実際にはほとんどの大学で学科筆記試験を課している。この筆記試験の難度は筆者が訪問した大学ではいずれも全国統一入試より高いという説明があり、また市販の解説書にも「全国統一入試より高く、（数学オリンピックなどの）学科コンクールより低い」とあった[16]。

　また、この学科筆記試験について 2010 年前後から有力大学が大学同士で連盟を結び、連合試験（共通試験）を実施するようになった[17]。受験のために移動する受験者の負担を軽減し、複数の大学を受験可能にするとともに、大学にとっても負担軽減や水準維持という利点があった。

4.2　改革—本来の主旨に立ち戻った規模縮小へ

　こうした経緯をたどった独自事前選抜について、優秀な学生が獲得できているという評価がある一方、受験者の負担を増す難度の高い筆記試験に傾斜する試験方法などに批判が出され、当初の狙いであった「偏才、怪才、奇才」という特定分野に優れた才能を持つ人材の獲得に重点

化し、規模を縮小する改革が行われた。

　教育部は、2013 年 3 月、関係大学を集めて大学独自事前選抜改革試行工作会議を開催した。同会議で挨拶した杜玉波教育部副部長（副大臣）は、改革試行 10 年間で試験合格候補者 19.8 万人、実際の入学者 10.7 万人を生んだ同選抜方式について、全国統一入試の点数だけによらない選抜方式の考え方や基準の初歩的な探求と確立などの成果を指摘し、教育部が 2007 年と 2010 年に専門家に委託して行った 2 度の追跡調査の結果によれば、独自事前選抜により入学した学生が「学業、研究、創造的活動、組織管理のいずれの面でも能力が明らかに突出している」と語った。

　副部長はその上でなお問題点があるとして、ア）一部大学が優秀な学生の青田買いに走っており、大学の専門性における特色を反映して総合評価によって人材を選抜する要求を十分実現していない、イ）一部大学が大規模な筆記試験を実施し、受験生の受験負担を増大させ、社会に「小型の全国統一入試」という批判がある、ウ）情報公開、選抜過程の監督、選抜審査の科学性・規範性などに一層の改善強化を要することを指摘した。これらの問題点は大学関係者や新聞報道などでも指摘されていた[18]。

　こうした問題点に鑑みて、同副部長は今後の見直し改善の方向として、ア）募集対象の明確化（特長・潜在的創造力を重視）、イ）総合評価体系の確立、ウ）3 つの合理的な確定（募集専攻、募集定員、試験科目）、エ）統一入試成績要件の緩和を示し、同月教育部から改めて「指導意見」として各地方・大学に通知された[19]。実際の見直しは 2014 年末に改めて教育部から指示があり、2015 年入試から実施された[20]。

　主な見直しの内容は以下の 4 点である。

　　ア）主な選抜対象を特定分野に特長を持ち、潜在的な創造力を備える
　　　　優秀な生徒とする。

　　イ）募集規模を厳格に抑制し、当面試行大学数と募集比率（全体の
　　　　5% 以下）を拡大しない。

第 III 部　海外における多面的・総合的評価の取組み

表 3　独自事前選抜の流れ

（出典）教育部「深化改革　規範管理」により筆者作成。
http://old.moe.gov.cn//publicfiles/business/htmlfiles/moe/s271/201412/181759.html

ウ）2015 年から選考を全国統一入試の終了後に行う。
エ）選考試験は大学単独で行い、連合試験や事前訓練を廃止、筆記試験の科目は原則 1 科目、最大 2 科目とする。

見直しされた独自事前選抜は 2015 年以降、表 3 のような日程で実施されることとなった。

4.3　個別大学の例―清華大学

独自事前選抜の例を清華大学について見てみよう[21]。

清華大学は 2003 年に独自事前選抜を最初に開始した 22 大学の一つで、入学者の 4 割を独自事前選抜で受け入れている。入学定員の 5% 以内という教育部規定をはるかに超え、なおかつ 2015 年以降の規模縮小政策以後もさほど規模は変わっていない。教育部の特別な承認を得ているとの大学の説明であるが、北京大学もほぼ同様の事情でこの 2 大学が独自事前選抜で突出している。

清華大学は、創立 100 周年の前年に当たる 2010 年に「新百年計画」と称していくつかの独自事前選抜のプログラムを開始、2012 年にこれを整理して主に 3 種類の独自事前選抜を実施するようになった。2016 年の独自事前選抜による入学者は約 1500 人、入学者全体 3400 人の 44% を占めた。

①トップリーダー計画（原語・領軍計画）[22]
　3 種類の独自事前選抜の中で入学者が最も多い。毎年 1000 人前後を

第 2 章　中国の大学入試個別選抜改革

受け入れる。

　出願要件：対象に大きな制限はなく、「総合的な学業成績が学年トップクラス」とある。自己推薦で応募する。浪人可。

　選考過程：志願者 4 万人の中から書類審査で 5 千人に絞る。学業成績や学校内外での活動歴、受賞歴、志願理由書、推薦書などを審査。1 次選考は全国 36 カ所の試験場で筆記試験を行う。試験科目は数学・理論、理科総合（物理・化学）または文科総合（言語文学・歴史）の 2 科目。合格者が大学での 2 次選考に進み、総合面接（全受験者）、学科・専攻面接（一部学科）、体力テスト（身体検査・垂直跳び等）を行う。書類審査優秀者は 1 次選考免除。

　合否判定：書類審査、1 次選考、2 次選考の成績を総合して判定し、合格候補者を確定。成績により全国統一入試成績への加点 10 点〜60 点（10 点刻み）を決定する。全国統一入試後、加点した成績により大学が設定する合格最低ラインに入れば正式な合格となる。

　優遇措置：入学後も大学が実施する特別教育プログラムや特別指導教師の配置などを優先的に受けることができる。

②独自事前選抜（原語・自主招生）[23]

2016 年まで英才計画（原語・抜尖計画）と呼んでいた。350 人前後が最終的に合格。

　出願要件：特定の学問分野に優れた才能を持ち、創造的な潜在能力を持つ以下の 3 種類の実績を持つ者。ア）研究創作分野＝科学技術発明、研究、文芸創作等、イ）才能突出分野＝人文社会、創造・設計等で突出した才能または特別優秀な学業成績、ウ）科学オリンピック分野＝数学、物理等の科学オリンピックで優秀な成績。浪人可。

　選考過程・合否判定：トップリーダー計画とほぼ同じ。1 次選考 2 次選考も同じ試験となる。合格候補者の加点範囲も 10〜60 点（10 点刻み）と同様。

　優遇政措置：特別養成プログラムが組まれ、専門分野の指導教員がつく。海外交換留学も優先的に推薦される。

239

第 III 部　海外における多面的・総合的評価の取組み

③自強計画（原語同）[24]

　農村貧困地区を対象にした大学独自のプログラム。最終的な合格者は約 100 人。このほか同様の国家プログラム（原語・国家専項計画）として一般選抜で合格ラインを下げて 250 人程度を受け入れている。

　　出願資格：辺境、貧困、民族等の地区の県以下の高級中学で成績優秀な生徒。浪人可。

　　選考過程・合否判定：トップリーダー計画とほぼ同じ。1 次選考の免除者はなし。合格候補者の加点範囲は 30〜60 点（10 点刻み）。

　　優遇措置：勤労奨学金を付与。指導教員の配置など。

　清華大学は、このほかに入試改革を先行した上海市と浙江省を対象とする独自事前選抜を 2017 年から実施した（「上海市領軍計画招生」「浙江省三位一体総合評価招生」）。書類審査、1 次選考、2 次選考の過程は同様であるが、合否判定に際し、ともに高級中学学業水準試験を判定資料に加えているところに違いがある。上海市は学業水準試験全科目の合格を前提として全国統一入試と大学選考成績により判定、浙江省は全国統一入試 60%、大学選考成績 30%、学業水準試験 10% の合計で判定した。

5.　結語

　以上みたように、中国は近年の入試改革において、推薦入試や独自事前選抜の導入・展開、一般選抜における高級中学卒業試験を兼ねる学業水準試験と総合資質評価の活用による「総合評価」「多元的選抜」への移行と、我が国が目指す「多面的・総合的」評価による入学者選抜と同じような方向の改革を模索してきた。以下、こうした改革の成果と問題点を整理してみたい。

5.1　多様化の進展と後退

　1980 年代後半から全国統一入試による選抜という画一的な入試に加えて、推薦入試、芸術・スポーツに特異な才能もつ者の選抜、独自事前

選抜、そして最近の農村出身者への特別選抜と様々な入試が導入され、入試の多様化が進んだ。これらの入試では、一度の統一入試成績だけでなく、高級中学での学業成績や様々な才能、活動成果、人物評価などを通じて入学者が選抜されてきた。全国統一入試のみによる選抜（一般選抜）でも、地方ごとの単独出題や科目設定（3 + X）が行われるようになり、多様化が進められた。2010年以降の入試改革でも地方の高級中学学業水準試験や生徒の多面的記録である総合資質評価の活用が提起されるようになった。この意味では画一・硬直化した大学入試に多様化の風穴が空いたと評価できよう。

　しかし、規模から見ると、400万人近い4年制大学入学者のうち、これら特別選抜を実施しているのはいわゆるトップ層の一部大学に限られ、入学者も数万人程度、全体の1、2パーセントに過ぎない。いぜんとして絶対多数が全国統一入試のみの一般選抜による入学者である。

　しかも、特別選抜も2010年以降の改革では縮小される傾向にあり、多様化が後退しているようにみえる。推薦入試は資格偽造などの問題により対象が厳しく限定され、とくに科学オリンピック優秀者が国際大会前の集中訓練参加者に限られたため、従来7千人程度とされた推薦有資格の科学オリンピック優秀者は約260人と大幅減少した。また資格要件の一つであった省レベル「優秀生徒」表彰者も2020年には廃止されることが決まっている。独自事前選抜でもミニ一般選抜になって生徒の負担過重を招いたとして、特異才能を持つ生徒の募集という本来の主旨に立ち返るため規模縮小が図られた。上記に紹介した清華大学や北京大学は例外として、多くの大学では規模縮減している。北京師範大学では募集専攻を減らし、従来400〜450人だった募集人員を250人に下げた[25]。

　募集枠縮小にはそれぞれの理由があるにせよ、もともとさほど大きくなかった特別選抜が結果としてますます小さくなった。

5.2　筆記試験（学力）中心の選抜

　多様な入試が導入され、統一入試以外の判定要素が加わったとして

第 III 部 　海外における多面的・総合的評価の取組み

も、筆記試験あるいは学力重視の試験選抜の優位は動かない。それは、1）最終合格要件としての全国統一入試、2）推薦入試や独自事前選抜における筆記試験の重要性、3）面接試験における学力要素の試験などにみられる。ここでいう「学力」とは、最近の我が国のいわゆる学力3要素全てを含むものではなく、「知識・技能」や「思考力・判断力・表現力」といった学力である。

　推薦入試以外の特別選抜は、それぞれ合格ラインを下げる優遇措置があるとはいえ、すべて全国統一入試で一定の成績を収めなければならない。また推薦入試や独自事前選抜ではほぼすべての大学で筆記試験が課される。教育部の指示で科目数を2科目まで限定されたが、試験科目は清華大学の例でも分かるように総合科目となり、基礎となる高級中学の履修科目の4、5科目にわたった試験内容になっている。面接試験でも志望動機や将来計画といった質問とともにテーマを与えて知識や思考力を問う試験を行っている[26]。

　また、一般選抜の改革で全国統一試験のみによらない「2つの根拠、1つの参考」の選抜に移行するとしたが、2つの根拠とは全国統一入試と各地方の学力水準試験であり、これも筆記試験準拠の入試であることには変わりがない。

　こうした筆記試験中心の選抜は、知識や思考力といった学力の確保には効果があるものの、一方で「意欲・態度」を含む新しい学力を多面的・総合的に評価する入試への転換という点では十分ではなく、また受験準備のための教科学習負担はいぜんとして重く生徒にかかっている。

5.3　総合資質評価の活用の限界

　「1つの参考」とされた高級中学の学業や様々な活動記録である「総合資質評価」の活用は、我が国の学力3要素の3番目になる「主体性を持って多様な人々と協働して学ぶ態度」にも通じる評価方法となるとみられるが、先にみたように独自事前選抜では十分に活用されている方向にあるものの、絶対多数が受験する一般選抜では現在のところ積極的な

役割が期待できない。

　改革を先行させた上海市や浙江省でも改革後最初の高級中学卒業者の受験となる 2017 年入試でその活用に具体的に言及していないことは前述したが、清華大学の 2017 年一般選抜でも「総合資質評価を参考にする」としつつ、「全国統一入試の高得点の者から合格とする」として実際には十分活用しないことを暗に示している[27]。

　この点は我が国と同じく、一般選抜の今後の課題となるであろう。北京市では総合評価（2 つの根拠 1 つの参考）に関する文書作成（実施プラン）を今後の課題としている[28]。この文書で具体案が示されるかどうか注目したい。

おわりに

　中国大学入試における大学の個別選抜について、高級中学に導入されつつある総合資質評価の活用と特別選抜としての独自事前選抜をみてきた。我が国の高大接続改革で進められようとしている「多面的・総合的」評価による入学者選抜の中国版は、現実には、全国統一入試を始めとする筆記試験中心の選抜の有り様を大きく変革するまでには至っていない状況が確認できた。

　一方、我が国の改革で指摘されている「多様な背景を持った学生の受け入れ」については、推薦入試や独自事前選抜はもちろん、芸術やスポーツに特異な才能を持つ学生の受け入れ、さらにごく一部ではあるが、18 歳未満の「少年クラス」など様々な選抜装置は制度的に確立してきている。これをトップ層の大学だけでなく、一般大学にもどのように広げていくかが課題の一つになるであろう。また、2012 年から始まった貧困農村出身学生の特別枠にも注目したい。教育における公平公正を掲げた 2010 年教育改革・発展計画要綱の理念の政策化であるが、こうした入試の例は台湾や韓国でも最近みられる[29]。我が国医学部の地域枠とは若干異なり、同様の入試は我が国にはない。この農村枠の入試の推移も同様に今後注視していきたい。

第 III 部　海外における多面的・総合的評価の取組み

【注・参考文献】

1) とくに注記等がある以外は、『東アジアにおける入試多様化と学力保証に関する研究』研究成果報告書（平成 24〜26 年度化学研究補助金基板研究 (c) 課題番号 24530984　研究代表者　石井光夫）「第 2 章　中国」、および『東アジア諸国における大学入試多様化に関する研究』研究成果報告書（平成 17〜19 年度科学研究補助金基盤研究 (C) 課題番号 17530548　研究代表者　石井光夫）、「第 2 章　中国」による

2) 共産党・国務院が教育改革に関してこのような政策文書を作成するのは、現代化を目指す改革開放政策が開始された 1978 年以降、1985 年および 1993 年に続く 3 度目で、「人材資源強国」を作り上げる総合的な教育戦略を定めている。具体的には、1) 高等教育総在学率を現在の 25% から 40% に引き上げるなど教育普及発展の目標を掲げ、また 2) 教育管理運営の分権化と学校権限の拡大、設置運営主体の多元化、入試多様化などの改革措置、および 3) 農村への優秀な教員の確保策や GDP 比 4% の教育投資などの保障措置を明示した。（『中国教育報』2010 年 7 月 29 日）

3) 「国務院関於深化考試招生制度改革的実施意見」2014 年 9 月 3 日
http: //www. moe. gov. cn/jyb_xxgk/moe_1777/moe_1778/201409/t20140904_174543. html（2016 年 10 月 19 日）

4) 「中国教育報」2016 年月 26 日

5) 『岩波現代中国事典』岩波書店、1999 年、926 頁

6) 教育部「関於高中建立学生檔案的暫行規定」1984 年 2 月 22 日、国家教育委員会弁公庁編『基礎教育法規文件選編』北京師範大学出版社、1988 年所収、371 頁。

7) 国家教育委員会「普通高等学校招生暫行条例」1987 年 4 月 21 日、教育部研究室編『中華人民共和国現行高等教育法規彙編』人民教育出版社、1999 年 3 月所収、568 頁。

8) 教育部「2017 年普通高等学校招生工作規定」
http: //gaokao. chsi. com. cn/gkxx/zszcgd/zszc/201702/20170224/1586551085-3. html（2017 年 8 月 28 日）

9) 教育部「関於加強和改進普通高中学生綜合素質評価的意見」2014 年 12 月 10 日
http: //old. moe. gov. cn/publicfiles/business/htmlfiles/moe/s4559/201412/181667. html（2017 年 8 月 16 日）

10) 「2017 年浙江省普通高校招生工作実施意見」
http: //gaokao. chsi. com. cn/gkxx/zc/ss/201705/20170517/1605539468-10. html（2017 年 8 月 28 日）
および「上海市 2017 年普通高等学校招生志愿填报与投档录取实施办法」
http://www.shmec.gov.cn/html/xxgk/201703/420032017004.php（2017 年 8 月 28 日）

11) 「2104 年編制『上海市深化高等学校考試招生綜合改革実施方案』状況」

244

第 2 章　中国の大学入試個別選抜改革

http://www.shmec.gov.cn/web/jyzt/zygz11/jyzt_show.php?area_id = 3019&article_id = 83609（8 月 28 日）

「浙江省 2017 年新高校招生志願填報百問百答」

http://www.zjedu.gov.cn/news/149725150824772727.html（2017 年 8 月 28 日）

12）教育部「関於做好 2014 年普通高等学校招収保送生工作的通知」

http://gaokao.chsi.com.cn/gkxx/bss/201401/20140122/739531051.html（2017 年 9 月 4 日）

13）清華大学招生弁公室によれば、この 260 人を北京大学と清華大学でそれぞれ半々受け入れ、ほかの大学にはほとんど行かないとのことである。清華大学招生弁公室インタビュー（2016 年 9 月 19 日）

14）1）に同じ。

15）教育部招生処インタビュー（2004 年 9 月 9 日）

16）『全国重点高校自主招生備考指南　高一、高二基礎版』華東師範大学出版社、2013 年

17）この試験連盟には、a. 総合大学独自事前選抜連合試験（北京大学など 11 大学）、b. AAA 試験（高水準大学自主選抜学業能力試験）（清華大学など 6 大学）、c. 卓越大学連盟連合試験（北京理工大学など 9 大学）、d. 北京 5 大学連合試験（北京科技大学など）などがあった。

18）劉明利ほか「高考自主選抜録取改革政策的探索与思考―北京大学主届自主選抜録取改革的畢業生状況調査報告」北京大学、2007 年。鄭方賢「中学校長談十年自主招生改革　称尚未達予期目標」『文匯報』2012 年 3 月 22 日。王志武「高考后自主招生対考生有利」『中国教育報』2012 年 3 月 26 日。『人民日報』2012 年 2 月 24 日。『中国広播網』http://www.chinanews.com/2012/02-04/3645022.shtml（2012 年 2 月 6 日）など。

19）教育部「関於進一歩深化高校自主選抜録取改革試点工作的指導意見」

http://www.moe.gov.cn/publishfiles/business/htmlfiles/moe/moe/s4559/201303/149963.html（2013 年 4 月 12 日）

20）教育部「関於進一歩完善和規範高校自主招生試点工作的意見」

http://old.moe.gov.cn//publicfiles/business/htmlfiles/moe/s4559/201412/181761.html（2017 年 8 月 16 日）

21）1）および清華大学招生弁公室インタビュー（2016 年 9 月 19 日）

22）「清華大学 2017 年領軍人材選抜招生簡章」

http://www.join-tsinghua.edu.cn/publish/bzw/7545/2017/20170329140223715750746/20170329140223715750746_.html（2017 年 9 月 12 日）

23）「清華大学 2017 年自主招生簡章」

http://www.join-tsinghua.edu.cn/publish/bzw/7545/2017/20170313143328067925673/20170313143328067925673_.html（2017 年 9 月 12 日）

24）「清華大学 2017 年自強計画招生簡章」

245

第 III 部　海外における多面的・総合的評価の取組み

http://www.join-tsinghua.edu.cn/publish/bzw/7545/2017/20170406083442873377800/
20170406083442873377800_.html（2017 年 9 月 12 日）

25）北京師範大学招生弁公室インタビュー（2016 年 9 月 20 日）

26）例えば 2012 年の面接試験で与えられたテーマの例として以下のようなものが
報道されている（教育部考試中心『2016 年普通高等学校招生全国統一考試大綱
的説明』高等教育出版社、273 頁、2016 年）。

・国際マーケットの大多数の商品は中国製品であるが、利益は外国企業がもっ
ていく。あなたの考えは？（北京大学）

・ベーコン曰く「金は忠実な男奴隷で、悪徳な女主人である」あなたの考え
は？（同）

・自分を変える（原語・穿越）ことが 1 度許されるなら、いつ、どんな人間に
なり、何をしたいか（清華大学）

・時代が英雄を作るのか、英雄が時代を作るのか（上海交通大学）

27）「清華大学 2017 年本科招生章程」

http://gaokao.chsi.com.cn/zsgs/zhangcheng/listVerifedZszc--infoId-1814957720, method-
view,schId-3.dhtml（2017 年 9 月 13 日）

28）北京教育考試院インタビュー（2017 年 9 月 20 日）

29）台湾の「繁星計画」、韓国ソウル大学の「地域均衡選抜」。いずれも農村部の生
徒の入学を促進するプログラム。詳細は、上記 1）石井の科研費報告書を参照。

246

第3章　州立大学学士課程入学者決定プロセス
―― アメリカ合衆国最高裁判所判例に現れたプロセスの検討[1] ――

木南　敦（京都大学）

1.　学士課程入学者の決定

1.1　はじめに

　我が国において高大接続が論じられる際、アメリカ合衆国の大学の学士課程入学者決定プロセスが言及されることがある。アドミッションズオフィスという部署とアドミッションオフィサーという大学職員についても言及される。アメリカ合衆国の大学の入学者決定といっても、それは一様ではない。大学によって学生の受け入れ方が異なることはよく知られているとおりである。第一に、学生として受け入れる予定者数を大幅に上回る入学希望者から学生として受け入れる者を決定する大学がある。第二に、大学が定めている学力水準に達している入学希望者はひとまず、全員受け入れるという大学がある。第三に、入学を希望する者はすべて受け入れるという大学がある。

　このうち第一の種類の大学は、選抜性の高い大学あるいは競争性のある大学ということができる。アイビーリーグに属する大学をはじめ、名の通った私立大学と州を代表するとみられる州立大学とは、この種の大学に属する。本稿は最初に、選抜性が高く競争性のある大学の入学者決定プロセスの概略を紹介する。そのつぎに、アメリカ合衆国最高裁判所で州立大学学士課程入学者決定が争われた事例を材料として、州立大学の入学者決定プロセスの概要を取り上げて、州を代表するとみられる州立大学の大学プロセスの特徴を探ることにする。

第 III 部　海外における多面的・総合的評価の取組み

1.2　出願

　大学に入学を希望する高校の生徒は、入学を希望する大学所定の書類を用意して送付する。このように大学に書類を送付することを出願といい、出願をする者を出願者ということにする。多くの大学は、出願を受け付けるために、いくつか提供されているネットを利用する仕組みのいずれかを利用している。出願書類は通常、SAT あるいは ACT といった標準テストの結果、高等学校作成書類（成績表や在学中の学校の教員による推薦状や評価書）や、大学が指定した課題について出願者が書いたエッセイからなる。

　出願者は、出願の際に手数料を大学に支払う。手数料の金額は、アイビーリーグに属する大学で 70 ドルから 80 ドル程度である。州を代表するような公立大学でもほぼ同額である。出願者の経済状況によっては、この手数料が免除される。標準テストの受検料も、受検者の経済状況によっては免除される。例えば、2017 年から 2018 年までの間に SAT を受検する場合、出願者を含む 4 人家族の年間収入が所得税、社会保障税、控除対象保険料、寄付控除額等を差し引く前に 45510 ドル以下であれば、SAT の受検料やテスト結果の報告手数料の支払いが一定回数まで免除される[2]。さらに、多くの大学は、この免除を受けた者には出願に必要な手数料を免除する。

1.3　早期審査と通常期審査

　出願書類を受け取った大学は書類の審査を始める。その結果に基づいて、大学は、学生として受け入れると決定した者に受け入れオファーをする。この審査は早期審査と通常期審査に分けられる。ある年の秋学期に入学を希望する者について、早期審査はその前年の 11 月 1 日に受付が締め切られ、その前年の 12 月中旬から下旬の間にその結果が出願者に通知される。通常期審査はその年の 1 月 1 日に受付が締め切られ、その年の 3 月下旬までにその結果が出願者に通知される。大学は、早期審査でも通常期審査でも決定には同じ判断基準を使用する。

248

第3章　州立大学学士課程入学者決定プロセス

　早期審査の結果、大学は、受け入れのオファー、受け入れないという
通知、および、最終判断をせず通常期において再審査の対象とするとい
う決定のうちいずれか一つを出願者に伝えられる。早期審査を受けるに
は、出願者が他大学出願について制約を受け入れることが求められるこ
とがある。この制約は、Single-Choice Early Action や Early Decision と呼
ばれる早期審査を実施する私立大学が用いるものである。

　Single-Choice Early Action では、出願者は、受け入れのオファーを必
ず承諾するという拘束を付さない州立大学と国外大学による早期審査を
受けることができるが、私立大学による早期審査を受けないことが求め
られる。このほか、Early Decision と呼ばれる早期審査を実施する私立
大学がある。この場合は、ある大学が出願者の第一希望校であることを
前提にして、その大学が受け入れのオファーをすれば必ず承諾するとい
う条件と、他の大学に Early Decision も Single-Choice Early Action も求
めないという条件とが加わる。

　早期審査には、希望大学を絞り込んでいる者にとって早く審査結果を
知ることができる利点がある。大学にとっては、受け入れのオファーを
した出願者のうちオファーを承諾し入学手続きをするものを早く知るこ
とができる。通常期審査の場合は、入学希望者は数校の大学に出願書類
を送付する。一人の出願者は、出願した大学全部のうち複数の大学から
受け入れのオファーを得ることがままある。出願者が大学から奨学金そ
の他の経済支援を希望している場合、大学は、受け入れのオファーをし
た出願者に経済支援の内容も伝える。出願者は、経済支援の内容も勘案
して、受け入れのオファーのあった大学のうち一校に入学手続きをす
る。

1.4　入学者決定の実情

　ある大学について、出願者数に比べてオファーをした者の総数が少な
く、オファーを得た者のうち入学手続きをする者の割合が高いと、その
大学を強く希望する者が多数いることを意味する。今日、人気の高い私

249

第 III 部　海外における多面的・総合的評価の取組み

立大学の場合、出願者中でオファーを受ける者は 10 パーセントに満た
ない。しかし、この状況は以前からみられたものではないといわれる。
1960 年代まで、大部分の人たちはその居住地に近い大学に入学した。
その当時、アイビーリーグに属する大学であっても大学所在地域に暮ら
している高校生徒が入学する大学であって、授業料を払う能力がある者
の大部分が入学のオファーを受けた。1950 年代、ハーバード大学は学
士課程の出願者の 60 パーセントにオファーをしたという[3]。

　それでは、現在の状況はどうであろうか。2016 年学士課程入学者に
ついて、アイビーリーグに属する大学[4] と MIT の発表した数字は表 1
のとおりである[5]。

　この表に示した大学の場合、出願者中オファーを受ける者の割合は約
6 パーセントから約 10 パーセントの間である。半世紀の間に、高い人
気を誇る私立大学の入学者の決定は、大きな変化を示したということが
できる。それでは州立大学の状況はどうであろうか。表 2 は、州を代表
するとみられる州立大学について、2016 年秋に学士課程に学生として
入学した者について入学者決定の状況を示すものである[6]。

　州を代表するとみられる州立大学では、出願者中受け入れのオファー
を受ける者の割合は、20 パーセント弱から 40 パーセント程度である。
州立大学は州民に高等教育を提供するために設立される。このため、州
立大学は、州の住民資格を有する志願者から所定の方式で定められる数
の学生を受け入れることが求められる。州の住民資格を有する学生の学

表 1

大学名	出願者	オファーを受けた者の数	入学者数
Dartmouth	20675	2190	1121
Harvard	39041	2110	1663
Yale	31445	1988	1371
Brown	32390	3014	1681
Cornell	44965	6337	3315
Columbia	36292	2279	1424
Princeton	29303	1911	1306
Pennsylvania	38918	3674	2491
MIT	29020	1511	1110

第3章　州立大学学士課程入学者決定プロセス

表2

大学名	出願者	オファーを受けた者の数	入学者
Michigan	55504	15871	6689
Texas	47511	19182	8719
UC Berkeley	82581	14436	6253
UCLA	97121	17474	6545
Virginia	32377	14068	3683

費が低く設定される。また、入学者数が多いという特徴がある。このようなことを考慮すると、州を代表するとみられる州立大学は、アイビーリーグに属する大学ほどではないけれども、選抜性が高く競争性のある大学ということができる。

1.5　審査の具体例──ブラウン大学の場合

ブラウン大学は、アイビーリーグに属する、1764年設立の私立大学である。その学士課程入学者決定の審査をみることにする[7]。出願者は、標準テストの結果、成績書類および推薦状のほかに、ブラウン大学の指定する内容のエッセイも送付しなければならない。出願書類の概略は表3のように整理できる。なお、ブラウン大学もまた、それが定める科目を高等学校において学習して単位を修得することを要求し、さらに一定の科目を学習して単位を修得することを推奨する。

ブラウン大学は、書類を受け取ったあと、同大学卒業生によるインタビュー・プログラムを用いて、出願者を対象とするインタビューを実施する。大学のキャンパスにおいて、大学を訪問する出願者を含む入学希望者のインタビューは実施されない。インタビュー役は、インタビューの相手方である出願者の出願書類を見ることがない。インタビュー役を無償で引き受ける卒業者が、出願者に1対1で対面して実施するもの、地域ごとに指定されたインタビュー日に出願者が選択した時間帯に実施するもの、および、インターネットを利用した映像対話サービスを使って実施するものがある。インタビューは、早期審査では10月下旬から12月上旬まで、通常期審査では12月から翌年2月下旬までの間に実施

第 III 部　海外における多面的・総合的評価の取組み

表 3

標準テスト	SAT with Essay または ACT with Writing の結果を提供すること。 SAT Subject Tests の結果から 2 つを選んで提供することを推奨する。 8 年制の Program in Liberal Medical Education を希望する場合、生物、化学または物理から 1 つの Subject Test の結果を提供することを強く推奨する。
成績書類	出願者の高等学校の全科目の正式学業成績証明書 最終学年の秋学期科目の最終成績報告と春学期の履修科目の一覧
推薦状	主要科目（science, social studies, mathematics, foreign language, English）を出願者に教えた 2 名の教員による推薦状（Bachelor of Science の学位を取得することを考えている場合や、Program in Liberal Medical Education を選択する場合、推薦状のうち少なくとも 1 通は、mathematics または science を教えた教員によるものであること）
エッセイ	Chemistry、Computer Science、Engineering、Geology、Mathematics または Physics に関心があるという者は、Science/ Engineering essays を書くこと。 Program in Liberal Medical Education および Brown/ Rhode Island School of Design Dual Degree Program を選択する場合、それぞれのプログラムについて指定されているエッセイを書くこと。
補足資料	出願者は、この他に資料を出願時に送付することは要求されず、期待されない。しかし、出願者には補足する資料を送付することができるとされる。補足資料には音楽や画像や映像も含まれる。

される。出願者全員がインタビューの対象とされないことがあるため、インタビューを受けなかったことは消極材料にならない。

　出願書類に含まれる要素やインタビューはどのように重みづけられるか。ブラウンのほか、イェール、プリンストン、コーネル、ダートマスの各大学と MIT による重みづけは表 4 のとおりである[8]。

　ブラウン大学の学士課程入学のウェブサイトのページは、「実をいうと、当大学の出願者の半数以上のものは、ブラウン大学から入学のオファーを受けるに足りる資格を有しているが、当大学はそのうち非常に低い割合のものにしかオファーをすることができない。」という[9]。ブラウン大学は、ウェブサイトの Admission Facts というページで入学者決定について数値を示している。それを表 5 から表 9 までに整理した[10]。2016 年秋の学士課程入学者について、出願者は 32390 名であり、受け入れのオファーを得た者は 3015 名で出願者の 9.3 パーセントであり、入学者は 1691 名である。なお、このときの College Board による SAT は、Critical Reading、Math と Writing の 3 つのセクションから構成され、それぞれのセクションは 200 点から 800 点の点数で評価された。

　ブラウン大学は、学士課程入学のウェブサイトのページのなかで、入学者決定プロセスについて「学業成績やテスト点数といった数値にされ

表4

	非常に重要	重要	考慮する	考慮しない
アカデミックな要素				
高校学業の厳しさの程度	BYPCD	M		
席次	BYPD	C	M	
GPA	BYPCD			
標準テストの結果	BYPCD		M	
エッセイ	BYPCD		M	
推薦状	BYPCD		M	
アカデミックでない要素				
インタビュー		M	BYPCD	
課外活動	YCD	BPDM		
才能や能力	BYPC	M		
性格や資質	BYPCMD			
家族で初めて大学進学			BYPCDM	
卒業生の子であること			BYPCD	M
居住地域			BYPCDM	
住民である州			BYC	PDM
宗教				BYPCDM
人種			BYPCDM	
ボランティア活動		D	BYPCM	
就労経験			BYPCM	D
志願者の興味の水準			P	BYCDM

B（Brown）, Y（Yale）, P（Princeton）, C（Cornell）, D（Dartmouth）, M（MIT）

うる基準の組み合わせにのみ依拠するよりも、当大学の入学者決定プロセスは、一人ひとりの出願者が、ブラウン大学における活気ある教育研究、社交及び課外活動に寄与し、またそれから利益を受ける様を見いだすように我々を試すものである。」という[11]。この入学者決定プロセスが、大学が発表した数値に現れているということができる。

　ブラウン大学は、出願者の半数以上のものは、ブラウン大学から入学のオファーを受けるに足りる資格を有しているという。ブラウン大学は、オファーを受けるに足りる資格を有しているとされた出願者から、学業成績やテスト点数といった数値にできる基準には現れない要素を加えて審査をして選ぶことによって、受け入れのオファーをしているということになる。

　これは、ブラウン大学に限らず、アイビーリーグに属する大学においてみられる状況である。表10は、スタンフォード大学やシカゴ大学を

第 III 部　海外における多面的・総合的評価の取組み

表 5

	出願者	オファーを受けた者	オファーを受けた者における割合	入学者
卒業生代表	1603	306	19%	118
卒業生次席代表	738	100	14%	39
上位 10 パーセント	7938	812	10%	382
上位 20 パーセント以下	2426	46	2%	34
順位を提供しない学校の卒業者	22026	2157	10%	1275

表 6

College Board Test (Critical Thinking)	出願者	オファーを受けた者	オファーを受けた者における割合	入学者	入学者中の割合
800	2292	523	23%	241	21%
750-790	3514	535	15%	271	24%
700-740	5035	516	10%	292	26%
650-690	4009	283	7%	172	15%
600-640	2730	145	5%	95	8%
550-590	1509	54	4%	42	4%
< 550	1492	21	1%	18	1%

表 7

College Board Test (Math)	出願者	オファーを受けた者	オファーを受けた者における割合	入学者	入学者中の割合
800	3615	570	16%	261	23%
750-790	4412	604	14%	314	28%
700-740	4068	443	11%	252	26%
650-690	3654	266	7%	162	14%
600-640	2293	135	6%	95	8%
550-590	1252	46	4%	35	3%
< 550	1287	13	1%	12	1%

表 8

College Board Test (Writing)	出願者	オファーを受けた者	オファーを受けた者における割合	入学者	入学者中の割合
800	12059	414	20%	181	16%
750-790	4681	690	15%	343	30%
700-740	4667	497	11%	306	27%
650-690	3988	283	7%	166	15%
600-640	2289	110	5%	66	6%
550-590	1469	65	4%	53	5%
< 550	1428	18	1%	16	1%

表 9

ACT の点数分布	出願者	オファーを受けた者	オファーを受けた者における割合	入学者	入学者中の割合
36	464	132	28%	53	6%
33-35	6714	769	11%	414	50%
29-32	6132	421	7%	267	32%
26-28	1833	87	5%	72	9%
< 26	1181	21	2%	19	2%

第 3 章　州立大学学士課程入学者決定プロセス

表 10

大学名	出願者	オファーを受けた者の数	入学者数
Stanford	43997	2118	1739
U Chicago	31411	2498	1591
Duke	31671	3430	1723
CalTech	6855	553	235
Johns Hopkins	27094	3234	1313
Northwestern	35100	3743	1985
Rice	18236	2785	981
Vanderbilt	32442	3487	1601

始め名高い私立大学の入学者決定の数値を示す[12]。このような大学で
も、入学審査において数値で示されうる要素に加味される要素は質的な
ものである。出願者にとっては、ある大学からオファーがあった理由
や、別の大学が届かなかった理由はわかりづらいと考えられる。

1.6　州立大学における審査

　すでに述べたように、州を代表するとみられる州立大学には、これま
で言及したたぐいの私立大学ほどではないが、選抜性が高く競争性のあ
る大学が存在する。このような州立大学の出願書類は、ブラウン大学を
例にとって紹介した私立大学の場合と変わりがない。州立大学の審査の
特徴は、表 11 が示すように、インタビューが実施されないことと、書
類に含まれる要素の重みづけが表 4 に示した私立大学の場合とやや異な
ることである。

　州立大学の入学者決定は、それぞれの大学に適用される法令や高等教
育政策によって形成されている。州立大学の入学者決定は、州政府の機
関による決定として裁判所で争われることがある。以下では、ミシガン
大学アンアーバー校とテキサス大学オースティン校との学士課程入学者
決定を争う事件で明らかになった決定プロセスを紹介することにする。

第 III 部　海外における多面的・総合的評価の取組み

表 11

	非常に重要	重要	考慮する	考慮しない
アカデミックな要素				
高校教育課程の厳格さ	B L M T V			
席次	T V			B L M T
GPA	B L M V			T
標準テストの結果	B L	M T V		
エッセイ	B L	M T V		
推薦状	V	M	B T	L
アカデミックでない要素				
インタビュー				B L M T V
課外活動		B L T V	M	
才能や能力		L T V	M	B
性格や資質	V	B L M	T	
家族で初めて大学進学			B L M T V	
卒業生の子であること			M V	B L T
居住地域			L M V	B T
住民である州	V		B M T	L
宗教				B L M T V
人種			T V	B L M
ボランティア活動		B L T	M V	
就労経験		B L T	M V	
志願者の興味の水準			M T	B L V

B（UC Berkeley），L（UCLA），M（University of Michigan at Ann Arbor），
T（University of Texas at Austin），V（University of Virginia）

2.　ミシガン大学の場合

2.1　はじめに

　ミシガン大学アンアーバー校やテキサス大学オースティン校の学士課程入学者決定が合衆国最高裁まで争われた理由は、大学が、学生の多様性を確保することが高等教育機関として役割を十分に果たすのに必要と考え、少数人種に属する出願者の人種要素として考慮する方法を入学者決定において利用したことにある。

　合衆国憲法修正第 14 条第 1 項は、州による人種差別を禁ずる。州立大学は、州の機関であるから、合衆国憲法修正第 14 条第 1 項の適用対象である。州立大学が、学生の多様性確保の観点から入学者決定プロセスで人種要素を考慮に入れるとしよう。この人種の利用が修正第 14 条第 1 項によって禁じられる人種差別にあたると主張して、こうした入学

者決定を争って訴えを提起することができる。なお、合衆国の法律である 1964 年 Civil Rights Act 第 6 編は、合衆国から資金補助を受けるプログラムおよび活動につき人種や皮膚の色に基づいて差別をすることを禁止する。州立大学も私立大学も、合衆国から補助金を受けると、第 6 編の対象適用となる。また、州の憲法の規定によって、州立大学が入学者決定の際に人種を考慮することを禁止するところがある[13]。

　合衆国憲法修正第 14 条第 1 項に基づいて州による行為の効力が争われると、合衆国最高裁は、目的と目的達成に選択された手段の両方から検討して結論を導くという方法を用いる。州が目的達成のために人種という分類を用いるとする。この場合、その目的が正当であり、かつ非常に重要なものであることと、州が用いる手段がこの目的にぴったりと適合していることが必要とされる。

　合衆国最高裁は、大学が、高等教育機関として役割を果たすためにその学生集団の多様性を確保することは、大学にとって許容される非常に重要である目的であるとしている[14]。大学には、この目的を達成するように入学者を決定するにあたって裁量があるとしても、入学者決定に用いられる手段はこの目的にぴったりと適合していることが求められる。

　合衆国最高裁が初めてこの種の訴えに判断を示した事例は、カリフォルニア大学デイビス校メディカルスクールの入学者決定であった。同校メディカルスクールは、その学生集団において少数しか在学していない少数人種に属する学生の入学を図って、メディカルスクールの役割を十分に果たせるように学生集団の多様性を確保しようとした。この目的を達成するために、一般の入学者決定プロセスとは別に、少数人種に属する出願者のうちから学生として受け入れる人数枠をあらかじめ定めるという方法を用いた。同校メディカルスクールに出願したが受け入れのオファーがなかった者が、この枠がなければ受け入れのオファーを得ることができたと主張してそのオファーをするように求め、さらに、同校メディカルスクールが入学者決定の際に人種を考慮することを禁ずるよう求めて訴えを提起した。この訴えは、合衆国最高裁が判断するに至っ

第 III 部　海外における多面的・総合的評価の取組み

た。Regents of the University of California v. Bakke である[15]。

　合衆国最高裁の判決では、この出願者の入学の求めは認められた。し
かし、このメディカルスクールが入学者決定の際に人種を考慮すること
を禁止するという求めは認められなかった。パウエル裁判官が、合衆国
最高裁判決の結論を決した意見を表明した。パウエル裁判官の意見は次
のようにいう。大学は、入学者決定の際に人種を考慮することは合衆国
憲法修正第 14 条第 1 項に照らして許容される。しかし、そのように考
慮して達成する目的である多様性は多種の要素や性質を含むものであ
り、そのなかで人種は重要な要素であるが一つの要素である。人種的多
様性だけに焦点を合わせた入学者決定方法は多様性の達成にはならない
というのである。パウエル裁判官はこのように述べて、ある人種に属す
る出願者から予め定めた数の入学者を決定する方法を使用することは、
合衆国憲法修正第 14 条第 1 項に照らして許容されないとした[16]。

　州立大学が、高等教育機関として役割を果たすようにその学生集団の
多様性を確保する目的達成のために、入学者決定の際に人種要素を考慮
することは、大学が人種要素を考慮する方法によっては適法と判断され
る。入学者決定の際に人種要素を考慮する州立大学から受け入れのオ
ファーを得られなかった出願者がこの人種の使用が合衆国憲法修正第
14 条第 1 項に反すると主張して訴えを提起すると、この方法によって
はその主張がいれらることがある。このような訴えを扱った事例から、
州立大学の入学者決定プロセスの内容を知ることができる。

2.2　ミシガン大学アンアーバー校の学士課程入学者決定

　ミシガン大学アンアーバー校の College of Literature, Science and the
Arts の学士課程の入学者決定プロセスの概略は、1995 年と 1997 年の入
学者決定を争って提起された訴えから知ることができる。この訴えは合
衆国最高裁まで争われた。Gratz v. Bollinger である[17]。

　ミシガン大学アンアーバー校の College of Literature, Science and the
Arts の学士課程入学者は、同大学の Office of Undergraduate Admissions

258

第 3 章　州立大学学士課程入学者決定プロセス

が定めたガイドラインに基づいて決定された。決定に際していくつかの要素が考慮された。そのような要素には、出願者の高校学業成績、標準テストの結果、出願者が在学した高校の質、出願者の受けた教育課程の厳格さ、居住区域、卒業生の子であること、リーダーシップ、人種が含まれた。この訴訟に関連する期間中には、アフリカ系アメリカ人、ヒスパニック系アメリカ人、原住アメリカ人が少数人種と扱われていた。

2.3　表の利用の時期

1995 年と 1996 年とは、アドミッションカウンセラーが、個々の出願者を標準テストの結果と、GPA と SCUGA という要素との組み合わせで算出された GPA2 とを用いて評価した。SCUGA には、個々の出願者につき、高校の質（S）、教育課程の厳格さ（C）、出願者の特別の事情（U）、居住区域（G）及び卒業生の子であること（A）が含まれた。出願者の SCUGA の値と GPA とを組み合わせて GPA2 という値が算出された。GPA2 を横軸、SAT または ACT の数値を縦軸とする表がガイドラインに基づいて用意され、審査担当アドミッションカウンセラーがこの表に当てはめて、個々の出願者に受け入れのオファーをする、受け入れのオファーをしない、追加情報を得るために判定を遅らせる、再審査のために判定を延期するという判定結果を導き出した。

1995 年と 1996 年とは、GPA2 の数値と SAT または ACT の点数との数値が等しい出願者は、その人種に応じて異なる判定を受けた。1995年には、4 種類の表が、グループ分けされた出願者の審査に使用された。第一は州内の少数人種に属さない出願者、第二は州外の少数人種に属さない出願者、第三は州内の少数人種に属する出願者、第四は州外の少数人種に属する出願者であった。1996 年には 2 種類の表が使用された。州内の出願者と州外の出願者用の表であった。しかし、表の同じセル枠には、出願者が少数人種に属する場合とそうでない場合とに分けて、入学者決定における扱いが定められていた。

1997 年、大学はこの入学者決定プロセスを一部変更した。なかでも、

第 III 部　海外における多面的・総合的評価の取組み

GPA2 算出の公式が変更され、SCUGA のうち U というカテゴリーに割り当てられる値が追加された。これによって、出願者は、少数人種に属すること、社会経済的に不利な状況にあること、少数人種の生徒が顕著に多い高校に在学していること、出願者が入学を希望する教育単位において少数人種の比率が小さいことによって追加点を得られた。

2.4　選抜インデックスの使用

　1998 年の学年から、ガイドラインは、表と SCUGA によるポイントの算出が用いられなくなった。それに代えて、選抜インデックスが導入された。選抜インデックスのもとでは、出願者は最大 150 点を得ることができた。インデックス値の区分によって次のような判定が導かれた。値が 100 から 150 までならば受け入れのオファーをする、値が 95 から 99 までならばオファーをするかそれとも決定を再審査のため決定を先送りする、値が 90 から 94 までならば再審査のため決定を先送りするかそれともオファーをする、値が 75 から 89 までならば追加情報を得るために決定を遅らせるかそれとも再審査のため決定を先送りする、値が 74 以下ならば追加情報を得るために決定を遅らせるかオファーをしない、という扱いであった。

　インデックスは、学業要素と学業以外の諸要素とに分けて算出された。前者は出願者の学業に関する種々の要素であり、後者は人種を含めて同大学が多様性のある学生を集める上で重要と考えられる要素である。前者には、高校の成績の GPA、標準テストの結果、高校の質、高校教育課程の厳格さといった要素に最大 110 点が割り当てられた。後者には最大 40 点が割り当てられた。州の住民であることに 10 点、卒業生の子であることに 4 点が与えられ、優れたエッセイに最高 3 点が、志願者個人の業績、リーダーシップや公的奉仕活動に最高 5 点が割り当てられた。出願者が、少数人種に属するという要素、少数人種の生徒が顕著に多い高校に在学しているという要素、または運動部の選手として入学を勧誘されているという要素を備えていると、機械的に 20 点が割り当

てられた。

2.5 フラグ制度の追加

1999 年から、入学決定審査委員会が設けられた。この際に、入学者決定プロセスには、アドミッションカウンセラーが、選抜インデックスによる点数を割り当てたのちに、インデックスに基づいてオファーをする対象とされていない出願者にフラグをつけ、フラグがつけられた出願者を委員会による審査に付すことができるプロセスが追加された。

アドミッションカウンセラーは、ある出願者につき、学業に関して準備ができていること、選抜インデックスの値がミシガン州住民でない場合 75、ミシガン州住民である場合 80 以上であること、大学が評価する性質の一つを備えていることのすべてが満たされている場合には、フラグをつけることができる。このほか、選抜インデックスの値が高くても、出願書類のなにかが受け入れのオファーをするのに適さないかもしれないと示唆する場合にフラグをつけることができる。さらにまれには、カウンセラーが、出願書類全体を読んでみると選抜インデックスの値は出願者の真の将来性を反映しないと信ずる理由がある場合にフラグをつけることができる。入学決定審査委員会は、フラグのついた出願者について審議するために定期的に会合を開催する。委員会は、受け入れのオファーをするかしないか、それとも、最終決定を延期するかを決めた。

2.6 合衆国最高裁の判断

合衆国最高裁は、ミシガン大学アンアーバー校の College of Literature, Science and the Arts の学士課程入学決定プロセスは、用いられる手段が目的にぴったりと適合していることという要件を満たさないと判断した。受け入れのオファーを確実にする選抜インデックスの値 100 の 5 分の 1 の値に相当する 20 を、人種要素のみを理由として少数人種に属する出願者であれば機械的に割り当てる大学の方針は、教育における多様

第 III 部　海外における多面的・総合的評価の取組み

性という目的を達成するようにぴったりと適合していないという[18]。

2.7　入学者決定プロセスの変遷

　ミシガン大学アンアーバー校の College of Literature, Science and the Arts の学士課程の入学者決定プロセスについて、1995 年に利用されていたものから 2002 年に利用されていたものまで概要を知ることができた。当初は、GPA2 を横軸とし、SAT または ACT の数値を縦軸とする表がガイドラインに基づいて用意された。出願者の GPA2 と SAT または ACT の数値によって、個々の出願者をその表の枠に当てはめて決定をしていた。

　1998 年、この決定プロセスに代えて、選抜インデックスを用いた決定方法が導入された。選抜インデックスを用いた決定方法は、それまで横軸の値と縦軸の値を決定した要素を数値にして、選抜インデックスを算定して、その値を用いて決定をする方法とみることができる。1999 年に追加されたフラグ制度は、選抜インデックスによる決定における数値利用に反映されにくい質的要素を考慮するために用いられたと考えられる。

2.8　ミシガン大学ロースクールの場合

　Gratz 事件の合衆国最高裁判決と同日、Grutter v. Bollinger で合衆国最高裁の判決があった[19]。Grutter 事件では、ミシガン大学ロースクールにおける入学者決定が同じように争われていた。ロースクールの入学者決定方針によると、アドミッションオフィサーは、出願者の学士課程 GPA とロースクール出願者が受験を求められる標準テスト（LSAT）のほか、出願書類に含まれるパーソナルステイトメント、推薦状、および出願者がロースクールの活動と多様性に貢献する方法の記述を含むエッセイをもとに出願書類一式を個別に審査した。この方針は多様性を人種に限定して定義しなかったが、少数人種に属する学生がロースクールにとって独自の寄与できるように確保するために少数人種に属する学生が

そのために必要十分な人数、入学することを方針として含んだ。この必要十分な人数は臨界量（critical mass）と呼ばれた。

　合衆国最高裁は、ロースクールの入学者決定プログラムは、目的にぴったりと適合しているという要件を満たすと判断した。このプログラムは少数人種に属する出願者に一定数また比率の入学者の枠を設定するものではないとする。さらに、プログラムは、一人ひとりの出願者の出願書類一式を大いに個別的かつホーリスティックに審査し、そこでは学生の多様性に寄与しうるすべての要素が入学者決定において人種と並んで意味ある形で考慮されているという。さらにまた、ぴったりと適合していることは、考えうるあらゆる人種中立の代替策を検討し尽くすことを求めず、大学が求める多様性を達成しそうな実行可能な人種中立の代替策を真剣に誠実に検討することを求めるという。そして、ロースクールが求められる検討を十分にしたと認めた[20]。

　この時には、ミシガン大学ロースクールの出願者数は約3500、入学者数は約350であった。Gratz事件で、ミシガン大学側は、出願者数と出願情報の提示形式とが、ミシガン大学ロースクールで用いられていた方法をCollege of Literature, Science and the Artsの学士課程の入学者決定で用いることを実際には実行しがたくすると主張した。これについて、合衆国最高裁は、出願者の書類一式を個々に考慮することを可能にする入学者決定プログラムの実施は運営上困難であるという事実は、憲法に照らせば疑義のある制度を憲法に適合させることにはならないとした。なお、ミシガン州では、州立大学が入学者の決定で人種を考慮することは、2006年に住民投票（Proposal 2）によって追加されたミシガン州憲法第1編26条によって禁止されている。

2.9　まとめ

　ミシガン大学アンアーバー校のCollege of Literature, Science and the Artsとロースクールの入学者決定プロセスにみられる差異は、個々の出願者の出願書類一式を用いるホーリスティック審査である。この審査は

第 III 部　海外における多面的・総合的評価の取組み

個々の出願者ごとに個別に実施される。表4と表11において、各種の要素について示される「非常に重要」、「重要」、「考慮する」、「考慮しない」という扱いは、ホーリスティック審査でそれぞれの要素がおおよそ持つ重みを示す。ホーリスティック審査でどのような要素がどのような重みを持つかは、それ以上には示さない。また、出願者全体を通じて同じ重みがあるかも判然としないと考えられる。学生集団の多様性を確保するために入学者決定の際に人種要素を考慮に入れるとして、ある出願者に考慮される人種要素があることに割り当てられる重みは、同じ人種要素という属性をもつ出願者全体を通じて一律であるとは限らない。これは、ホーリスティック審査の特徴の現れであると考えられる。

3.　テキサス大学の場合

3.1　はじめに

　1996年、第5巡回区合衆国控訴裁判所は Hoopwood v. Texas で、テキサス大学ロースクールの入学者決定における人種要素の考慮が合衆国憲法修正第14条第1項に反すると判断した[21]。この入学者決定では、Texas Index と呼ばれるインデックスの値が出願者の学士課程 GPA と LSAT に基づいて算出された。このインデックスは、出願者に順位をつけ、また、出願者のロースクールにおける成功の可能性を予測するために事務上の便宜として利用されていた。このインデックスだけではなく、出願者の学士課程教育の厳格さ、専攻分野の困難さ、学業評点と在学した大学の成績評価の傾向（成績インフレーションなど）や、出願者の背景、生活経験、前途など数値にならない要素も考慮された。

　このインデックスは、出願者は、受け入れのオファーの対象者と推定する者、オファーの対象者としないと推定する者、および裁量対象者に分類するために用いられた。第一に、この3つの分類に分けるインデックス値は、アフリカ系とヒスパニック系のアメリカ人という少数人種に属する出願者にはそうでない出願者より低く設定された。この目的は、この二つの少数人種のテキサス州内大学卒業者中の割合にほぼ対応する

264

ように、入学者の 10 パーセントがヒスパニック系アメリカ人、5 パーセントがアフリカ系アメリカ人とすることと説明された。第二に、出願書類からこの二つの少数人種に属することがわかると、それに目印をつけた。少数人種に属する出願者が裁量対象者に該当する場合、別の決定プロセスの対象とされた。第三に、受け入れのオファーをする者の空き待ちリスト作成では、少数人種に属する対象者のみのリストが用意された。

　第 5 巡回区合衆国控訴裁判所は、学生の多様性の達成をすることは、修正第 14 条第 1 項に基づく判定において州が達成することができる非常に重要な目的たり得ないと判断した。大学側は、この判決を不服として合衆国最高裁に控訴裁判決の審査を請求したが、合衆国最高裁はこの請求を認めなかった[22]。そのため、控訴裁判決は、テキサス州を含む第 5 巡回区において先例として扱われることになった。その後、Grutter 事件の合衆国最高裁判決は、学生の多様性の達成という目的は重要な州の利益であり、州立大学がこの目的を達成するために用いる入学者決定プロセスにおいて人種を考慮要素とすることは、その考慮方法によっては許容されるとしたことは先に紹介したとおりである。

　2008 年、テキサス大学オースティン校の学士課程の入学者決定を争う訴えが提起された。入学者決定プロセスの内容は、この事件の判決から知ることができる[23]。

3.2　1996 年までの入学者決定

　この時期、テキサス大学オースティン校は、学士課程入学者をAcademic Index（AI）というインデックスと出願者の属する人種とを考慮して決定した。出願者の AI は、標準テストの結果、出願者の高校の席次に示される学業成績、同校が求める高校教育課程の程度を出願者が超えている度合いに基づいて算出された。

第 III 部　海外における多面的・総合的評価の取組み

3.3　Hopwood 事件控訴裁判決後

1997 年、テキサス大学オースティン校は、Hopwood 事件控訴裁判決に従うために、新しい入学者決定プログラムを導入した。この入学者決定プログラムは出願者の人種要素の考慮をやめ、それに代えて Academic Index（AI）と Personal Achievement Index（PAI）とを使用した。このうち、AI は、出願者の高校席次と標準テストの結果から公式によって機械的に算出される。これに対し、PAI は、出願者の高校席次と標準テストの結果に表出しない要素のホーリスティック審査を通じて出願者が大学にもたらす潜在的貢献として算出された。その算出には、出願者のリーダーシップと就労経験、受賞内容、課外活動、コミュニティにおける活動、その他の特別な事情で出願者の背景をみることができるもの（親がひとりの家庭育ちであること、家庭で英語以外の言語を話すこと、家庭で重要な役割を果たしていること、および家庭の一般的社会経済状況）が考慮された[24]。

1997 年、テキサス州の立法部は、Top Ten Percent Law として知られる法律を制定した。この法律の内容は、この法律に基づいて定められた条件をみたす州内高校の学年順位の上位 10 パーセント以内の生徒は、テキサス大学を含む州立大学に出願すると、それだけで自動的に入学できるというものである。

3.4　Grutter 事件と Gratz 事件の合衆国最高裁後の動き

2004 年、テキサス大学オースティン校は、新しい入学者決定プログラムを導入し、人種をはっきりと使用する方法に戻った。このプログラム導入のもとになった提案は、登録学生数が 5 名から 24 名までの間のクラスのほとんどで、少数人種に属する学生が有意義な程度まで登録していないという調査結果に相当程度依拠していた。このほか、大学が学士課程在学者を対象として実施したサーベイ結果によると、少数人種に属する学生は孤立を感じるといい、全学生の半数以上が多様性から得られる利益が完全に生じるには教室における少数人種に属する学生の割合

第 3 章　州立大学学士課程入学者決定プロセス

は不十分であると感じると回答した。

　この提案は、同校では少数人種に属する学生の人数が臨界量に達していないことと、この欠点を是正するためには学士課程入学者決定プログラムにおいて人種のはっきりとした考慮が必要であると結論した。提案を実行するために、2004 年秋の出願では、大学は、出願者が属する人種という要素を PAI の算出の際に考慮する要素に含めた。大学は、出願の際に、あらかじめ示された 5 種類の人種のいずれに該当するかを示すことを出願者に求めた。

3.5　2004 年以降の入学者決定プログラム

　テキサス大学オースティン校は、出願者を次の 3 種類に分類する。出願者はそれぞれの分類のなかで互いに比較される。それは、テキサス州住民出願者、テキサス州住民以外の国内出願者、および国際出願者である。入学者総数の 90 パーセントはテキサス州住民に割り当てられる。

　テキサス州住民出願者は、Top Ten Percent Law に定められる高校上位 10 パーセントに該当する者と、それに該当しない者に分けられる。前者に属する出願者は自動的に受け入れのオファーを得ることができる。この場合には人種要素の考慮はない。Top Ten Percent Law に定められる高校上位 10 パーセントに該当する者に受け入れのオファーをすると、テキサス州住民出願者対象のオファー可能数の残りが、その他のテキサス州住民出願者に割り振られる[25]。このような出願者は、AI と PAI に基づいて相互に比較されて審査される。出願者の AI の値が十分に高いと、それだけで受け入れのオファーを得る。出願者の AI の値が相当に低いと、それだけでオファーをしない対象であると推定される。このように推定された出願者は、上席アドミッションオフィサーが出願書類一式を審査して、まれには AI の値にもかかわらずそれを詳細審査の対象とすることがある。

　PAI は 3 つの値を用いて算出される。同校が出願者に書くように求めるエッセイ 2 通の評価の値と、出願者の出願書類一式の評価に基づく

267

第 III 部　海外における多面的・総合的評価の取組み

Personal Achievement Score と呼ばれる値である。エッセイは 1 から 6 までの値がつけられる。この値は、エッセイを書き物として読み、考えの複雑さ、展開の実質さ、および言語の才能に基づいてホーリスティックに評価して決められる。Personal Achievement Score も 1 から 6 までの値がつけられる。PAI を算出する際、Personal Achievement Score の値には、2 通のエッセイの評価の値の平均値よりやや大きい重みが与えられる。

　Personal Achievement Score は、出願者をみたとき AI には適切に反映されていない長所を備えた入学資格ある者を識別するように設計される。アドミッションオフィサーは、この値を決める際に、出願者のリーダーシップの質、受賞と表彰の内容、就労経験、課外活動への関与を評価する。加えて、Personal Achievement Score は特別な事情と呼ばれる要素を含む。この要素は、出願者の社会経済的地位とその在学する高校、出願者の家庭の地位と家庭における責任、出願者の在学する高校における標準テストの平均とその点数の比較、および出願者の属する人種を反映するものである。アドミッションオフィサーは、このような捉えどころのない要素を査定するために出願者のエッセイを読むが、エッセイを書き物として持つ質からみるのではなく、それをそこから出願者に関して得られる情報の源として読む[26]。Personal Achievement Score の各要素はそれぞれ個別に考慮されることもなく、個々の要素に数値が割り当てられてその数値が合算されることもない。

　同校の全体を通じて AI と PAI の算出プロセスは共通であるが、大学内の学校または専攻分野ごとに入学者について決定される。テキサス州民出願者は、Top Ten Percent Law によってテキサス州の州立大学に入学できるとしても、テキサス大学オースティン校の学校および専攻分野のうち希望するところから受け入れのオファーを確実に得ることはない。学校および専攻分野の大部分では、Top Ten Percent Law による出願者は自動的に受け入れのオファーを得る。同校の学校および専攻分野には、Top Ten Percent Law による出願者に機械的に受け入れのオファーをする

268

と、この種の出願者が学校および専攻分野における入学者数の 80 パーセント以上を占めるところがある[27]。このような状況を避け、Top Ten Percent Law による出願者以外の者にも受け入れのオファーをできるように、同校は、一定の学校および専攻分野で Top Ten Percent Law による入学者の割合をその入学者数の 75 パーセント以内とする方針を採用する[28]。

Top Ten Percent Law による出願者のうちで第一希望の学校または専攻分野で自動的にオファーを得なかったものは、それぞれ希望する学校または専攻分野で残る入学者の枠、もし必要ならば第二希望の学校または専攻分野で残る入学者の枠のなかでオファーを得るために、それぞれの AI と PAI をもとにして競争することになる。

アドミッションオフィスは、希望先である学校または専攻分野ごとに AI と PAI によるマトリックス表を用意する。AI と PAI との両方が等しい出願者は、このマトリックス表の同じ場所に置かれる。学校および専攻分野の連絡担当者は、出願者の AI の値と PAI の値とが組み合わされているところに位置する出願者を分ける階段状の判定線を引いて、受け入れのオファーをするかそれともしないかを決定する。第一希望の学校または専攻分野でオファーを得られないと、このような出願者は第二希望の学校または専攻分野で受け入れのオファーをするかしないかの判定を受ける。このようにして出願者が加わるために判定線が調整される。

Top Ten Percent Law による出願者であれば、第一希望または第二希望の学校または専攻分野でオファーを得られないとしても、だれもがリベラルアーツ内の専攻を宣言していない者として自動的に入学することができる。それ以外の出願者は、リベラルアーツ内の専攻を宣言していない者としてまだ残っている入学者枠でオファーを得るために、AI と PAI をもとにして競争することになる。

このようにしてある学年の秋学期第 1 学年入学者が決定されるが、テキサス大学オースティン校に出願締め切り期日までに出願したテキサス州住民出願者がまったく入学できなくなることはない。秋学期入学者と

第 III 部　海外における多面的・総合的評価の取組み

される代わりに、夏学期プログラムまたは Coordinated Admissions Program と呼ばれるプログラムに受け入れるというオファーがある。秋学期入学者として受け入れのオファーを僅差で得られなかったテキサス州住民出願者は、夏学期プログラムに受け入れるというオファーを得ることができる。夏学期プログラムは、夏の間に同校で学びはじめ、それを終えてから秋になると、秋学期新規入学者として入学する学生に合流する。毎年約 800 名が夏学期プログラムに入学する。

　残りのテキサス州住民出願者は Coordinated Admissions Program に自動的に入学する。Coordinated Admissions Program に入学した者が、テキサス大学システムに属する他の大学に入学して第 1 学年の間学び、30 単位を習得し、その間の GPA が 3.2 以上であるという条件などを満たすならば、テキサス大学オースティン校に転校することが保障される。

3.6　裁判所における 2004 年以降の入学者決定方針の扱い

　テキサス大学オースティン校学士課程に出願したが 2008 年秋学期入学のオファーを得られなかった者が、同校の入学者決定方針に基づいた決定を合衆国憲法修正第 14 条第 1 項に基づいて争う訴えが提起された。Fisher v. University of Texas at Austin である。この事件で、同校の入学者決定プログラムが、大学の学生の多様性確保という目的の達成にぴったりと適合しているものかが争われた。テキサス州西地区合衆国地方裁判所はこの訴えを退けた[29]。控訴を受けた第 5 巡回区合衆国控訴裁判所は原審の判断を支持した[30]。これを不服として原告側がこの判断の審査を合衆国最高裁に求めたところ、合衆国最高裁は審査をすると決定した[31]。

　合衆国最高裁は、原審が、同校の入学者決定プログラムが多様性確保の目的達成にぴったりと適合しているかについて判断する際に、それが審査に用いた判断基準が適切なものでないことを理由として、事件を第 5 巡回区合衆国控訴裁に差し戻した[32]。第 5 巡回区合衆国控訴裁はふたたび、多様性確保の目的達成にぴったりと適合していると判断した[33]。

270

第3章　州立大学学士課程入学者決定プロセス

これを不服として原告側がこの判断の審査を合衆国最高裁に求めたところ、合衆国最高裁は審査をすると決定した[34]。合衆国最高裁は原審の判断を支持した[35]。この合衆国最高裁判決の結果、同校の入学者決定方針は、合衆国憲法修正第14条第1項に照らして許容されるに至った。合衆国最高裁は法廷意見の最後で次のように述べる。テキサス大学オースティン校では、入学者決定の異なるアプローチがいかに多様性を伸ばすかそれとも多様性を弱めるかについて貴重なデータが利用可能になっている。同校は、このデータを使い続けて、その入学者決定プログラムの公正さを詳細に点検し、変わりつつある人口動態が人種要素を考慮する方針の根拠を損なっていないかを評価し、かつ、同校が必要とみている人種による優遇措置の積極および消極の効果を確かめなければならない。当裁判所が、今日、同校の入学者決定方針を肯定したことは必ずしも、同校が同じ方針を改良することなくそれに依拠し続けることができることを意味しない。同校は、その入学者決定方針に関してたえず議論し、考察しつづける義務を引き続き負っている、というのである[36]。

3.7　まとめ

テキサス大学オースティン校の2004年以降の入学者決定方針は、1997年制定の Top Ten Percent Law を前提とする。同校の授業料は、州住民である学生であれば、学校と専攻分野で額は異なるものの、1万ドルから1万1千ドルである。また、1学年の入学者の90パーセントは州住民とすることが決められている。州内高校の上位10パーセントの生徒は、州内外の私立大学を希望しない場合、同校の教育課程の要求水準を満たせるという自信があり、大学生活を送る資力があれば、同校に出願すると考えられる。もっとも、Top Ten Percent Law の条件を満たす出願者は同校に入学することができるが、第一希望の学校または専攻分野に入学できるとはかぎらない。

2015年秋学期第1学年入学者のうち、97.8パーセントの新入学生が高校の順位を出願時に示した。入学者中71.5パーセントまでが高校上

271

第 III 部　海外における多面的・総合的評価の取組み

位 10 パーセントの生徒であり、入学者中 91.7 パーセントまでが高校上位 25 パーセントの生徒であった[37]。2015 年秋学期第 1 学年入学者のうち、入学者中 73.2 パーセントまでが高校上位 10 パーセントの生徒であり、入学者中 90.7 パーセントまでが高校上位 25 パーセントの生徒であった[38]。

　出願者のうち Top Ten Percent Law によって第一希望の学校または専攻分野に入学するもの以外には、AI と PAI をもとにして受け入れのオファーをするかしないかを決定する。このうち PAI の値はホーリスティック審査を使って決定される。Top Ten Percent Law は制定の経緯から知られるように、州立大学の入学者の多様性を確保する方法であった。テキサス大学オースティン校における入学者決定では、ホーリスティック審査を盛り込んだ入学者決定方針が、少数人種に属する志願者について人種要素を考慮して、学生集団の多様性を確保するのに用いられる。同校のホーリスティック審査の特徴は、そこで考慮される出願者の属する人種という要素が、それ自体で数値とされることなく、出願書類全体から得られる情報の一つの要素として、アドミッションオフィサーによるインデックス値の決定に利用されることである。

　なお、テキサス大学オースティン校でアドミッションズオフィスが入学者決定用に AI[39] と PAI をもとにして作成するマトリックス表の例として、Fisher 事件の第一審の裁判手続に大学側から提出された資料に含まれていたものを次の図に示す[40]。

第3章　州立大学学士課程入学者決定プロセス

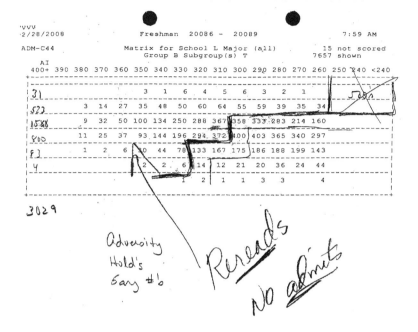

4. むすび

　本稿では、アメリカ合衆国の学士課程入学者決定について、私立と州立との大学のうち選抜性が高く競争性のあると考えられる学校の例を取り上げて検討した。

　取り上げた大学では、私立であれ州立であれ、出願者のなかで大学の教育課程の要求水準を満たす資質を備えている者は、入学予定者数を十分に上回る状況があると考えられる。このような状況にあるから、大学は学生の多様性を達成するホーリスティック審査が可能になるということができる。個々の大学は、その教育課程の要求水準を満たす資質を備えている出願者のなかから、入学者の多様性の達成に寄与すると考える要素を決めて、出願書類一式からその要素を見つけ出す。このホーリスティック審査をして、アカデミックな資質を示す要素と、入学者ひいて

第 III 部　海外における多面的・総合的評価の取組み

は学生の多様性達成に役立つと判断される要素をもとに、個々の出願者に受け入れのオファーをするかを決めることになる。決定プロセスがホーリスティック審査ということは、それがそういう以上に説明しようがないことでもある。そのため、出願者の立場からすれば、こうした決定プロセスは不透明であると映るであろう。

　大学は、高等教育機関として役割を果たすために学生集団の多様性確保という目的達成のために少数人種に属する学生を受け入れることが寄与するとして、出願者が少数人種に属することを受け入れのオファーをする方向に働く積極要素と扱うことは、その扱いかたが一定の条件を満たすと、合衆国憲法修正第 14 条第 1 項と 1964 年 Civil Rights Act 第 6 編に照らして許容されている。人種要素をホーリスティック審査のなかで考慮することは、扱いかたが許容されるという判断につながる。

　どの人種が少数人種であるかは、アメリカ合衆国社会の成り立ちのなかで定まることである。このいきさつから、人種要素がこのような積極要素と扱うことが許容されることに留意する必要がある。出願者の属する人種という要素を受け入れのオファーをしない方向に働く消極要素とすることは決して許されない。そのため、入学者という集団のなかで、社会では少数人種である人種に属する者の数を限定するように人種要素を考慮することは許されることではない。それは、特定の高校や地域から入学する学生の数を制限することとは大いに異なるのである。

【注】

1)　本稿は、独立行政法人日本学術振興会科学研究費補助金・基盤研究（A）（研究課題名「高大接続改革の下での新しい選抜方法に対する教育測定論・認知科学・比較教育学的評価」）（課題番号 16H02051）による助成を受けた研究の成果の一部である。なお、本稿で利用したウェブサイトのページの内容は、原稿完成時において確認したものである。

2)　Https://collegereadiness.collegeboard.org/pdf/sat-fee-waiver-student-brochure.pdf.

3)　Wendy Nelson Espeland & Michael Sauder, Engines of Anxiety: Academic Ranking,

第 3 章　州立大学学士課程入学者決定プロセス

Reputation, Accountability 12-13（2016）.

4）　アイビーリーグに属するコーネル大学は、4 つのカレッジを独自に運営するほか、ニューヨーク州と締結した契約に基づいて 4 つのカレッジを運営している。ペンシルベニア大学では、School of Nursing に約 150 名の学士課程学生が入学し、また、Wharton School に約 650 名の学士課程学生が入学する。このため、コーネル大学とペンシルベニア大学との入学者は、アイビーリーグに属する他大学より値が大きくなる。

5）　表の数値は https://oir.harvard.edu/fact-book/college_admission のほか、各大学の common data set の 2016-2017 版による。なお、Common Data Set は、The College Board と大学入学案内類出版事業者が協力して実施している Common Data Set Initiative の成果である。この事業は大学入学に関心のある者に提供されるデータの質と正確さの向上と、データを提供する者のデータ提供に伴う負担軽減とを目的とする。大学の Common Data Set は、大学名と Common Data Set をキーワードにして検索すると、個々の大学のサイトにあるデータを見つけることができる。

6）　各大学の Common Data Set の 2016-2017 版による。

7）　ブラウン大学のウェブサイトのうち、学士課程入学を扱ったページと、同大学の common data set の 2016-2017 版による。

8）　各大学の common data set の 2016-2017 版による。

9）　https://www.brown.edu/admission/underground/apply.

10）　https://www.brown.edu/admission/undergraduate/explore/admission-facts.

11）　https://www.brown.edu/admission/undergraduate/apply.

12）　表の数値は https://collegeadmissions.uchicago.edu/page/profile-class-2020、https://apply.jhu.edu/discover-jhu/get-the-facts/、及び各大学の common data set の 2016-2017 版による。

13）　カリフォルニア州では、1996 年に住民投票（Proposition 209）によって追加されたカリフォルニア州憲法の規定（第 1 編 31 条）がこれにあたる。また、ミシガン州では、2006 年に住民投票（Proposal 2）によって追加されたミシガン州憲法第 1 編 26 条がこれにあたる。この二つの州の公立大学の入学者決定において人種が考慮されないことは表 11 に現れている。

14）　Regents of the University of California v. Bakke, 438 U.S. 265（1978）; Grutter v. Bollinger, 539 U.S. 306（2003）; Fisher v. University of Texas at Austin, 570 U.S. ___, 133 S. Ct. 2411（2013）.

15）　438 U.S. 265（1978）.

16）　*Bakke*, 438 U.S. 265（1978）. 原告は、入学者決定の際に人種を考慮することは、合衆国憲法修正第 14 条第 1 項にも 1964 年 Civil Rights Act 第 6 編にも違反すると論じ、受け入れのオファーをするように求めただけではなく、今後カリフォルニア大学デイビス校メディカルスクールが入学者決定の際に人種を考慮しな

275

第 III 部　海外における多面的・総合的評価の取組み

いように求めた。カリフォルニア州最高裁判所は原告の求めの両方を認めた。
合衆国最高裁では、4 名の裁判官が、1964 年 Civil Rights Act 第 6 編を根拠とし
て、カリフォルニア州最高裁の判決を支持する意見を表明したが、合衆国憲法
修正第 14 条第 1 項に基づく主張については判断しなかった。パウエル裁判官
は、合衆国憲法修正第 14 条第 1 項による判断と 1964 年 Civil Rights Act 第 6 編
とは同じ基準によると扱ったうえで、原告の入学に関する州最高裁の判断を支
持したが、大学は入学者決定の際に人種を考慮することができるものの、この
メディカルスクールが用いた方法は許容されないという意見を表明した。残る
4 名の裁判官は、カリフォルニア州最高裁の判決全部を覆すという意見を表明
した。この結果、合衆国最高裁は、原告の入学に関する求めを認めた原審の判
断を支持した。しかし、このメディカルスクールが入学者決定の際に人種を考
慮しないという求めを認めた原審の判断は支持しなかった。この合衆国最高裁
判決は、大学が入学者決定の際に人種を考慮することを許容するものであると
理解されることになった。本文は、この理解にしたがって、パウエル裁判官の
意見に依拠した。

17)　539 U.S. 244（2003）.

18)　合衆国最高裁は、この入学者決定方針は 1964 年 Civil Rights Act 第 6 編にも違
反していると判断した。

19)　539 U.S. 306（2003）.

20)　合衆国最高裁は、ミシガン大学ロースクールの入学者決定は、合衆国憲法修正
第 14 条第 1 項に照らして許容されるものであり、その結果、それが 1964 年
Civil Rights Act 第 6 編に反するという主張は成り立たないと判断した。

21)　78 F. 3d 932（5th Cir. 1996）.

22)　Texas v. Hoopwood, 518 U.S. 1033（1996）.

23)　Fisher v. University of Texas at Austin, 631 F. 3d 213（5th Cir. 2013）; Fisher v.
University of Texas at Austin, 570 U.S. ___, 133 S. Ct. 2411（2013）; Fisher v.
University of Texas at Austin, 758 F. 3d 663（5th Cir. 2014）.

24)　テキサス大学は Hoopwood 事件の 1996 年控訴裁判決後、少数人種に属する入学
者が減少したことに対処するために学生募集活動を拡充した。

25)　2008 年、入学者の 81 パーセントは Top Ten Percent Law によって入学した者で
あった。このような者は、テキサス州住民に割り当てられる入学者数の 88
パーセントを占めた。この結果、Top Ten Percent Law の対象にならない州住民
出願者向けの受け入れオファーの数は大学全体で 1216 であった。

26)　査定に当たるアドミッションオフィサーは、ホーリスティック審査の専門家と
して全米で認められている者が実施する訓練を毎年受ける。2005 年の調査研究
の結果によれば、このホーリスティック審査のためにファイルを読んだ者の間
の評点値の差は、評価回数全部の 88 パーセントで 1 点の差に収まったという。

27)　このような学校および専攻分野には School of Business、College of

276

Communication、School of Engineering、School of Kinesiology、School of Nursing などがあった。実技やオーディションを必要とするといった様々な理由から、School of Architecture、School of Fine Arts にも、Honors Program のうちいくつかには Top Ten Percent Law が適用されない。

28) この結果、School of Business は、Top Ten Percent Law による志願者のうち、高校上位 4 パーセント以内であり、この学校を第一希望とするものだけが自動的に入学することができたということがあった。

29) Fisher v. University of Texas at Austin, 645 F. Supp. 2d 6587（W.D. Tex. 2009）.

30) Fisher v. University of Texas at Austin, 631 F. 3d 213（5th Cir. 2013）.

31) Fisher v. University of Texas at Austin, 565 U.S. ___, 132 S. Ct. 1536（2012）.

32) Fisher v. University of Texas at Austin, 570 U.S. ___, 133 S. Ct. 2411（2013）（Fisher I）.

33) Fisher v. University of Texas at Austin, 758 F. 3d 663（5th Cir. 2014）.

34) Fisher v. University of Texas at Austin, 576 U.S. ___, 135 S. Ct. 2888（2015）.

35) Fisher v. University of Texas at Austin, ___ U.S.___, 136 S. Ct. 2198（2016）（Fisher II）.

36) *Fisher II*, 136 S. Ct. at 2214-15.

37) テキサス大学オースティン校の common data set の 2015-16 版による。

38) Https://admissions.utexas.edu/explore/freshman-profile.

39) AI は、SAT または ACT の結果と高校における順位をもとに重回帰分析の手法を使って導き出される PGPA（Predicated Grade Point Average）と高校教育課程の評価に基づく加点がある。後者は、出願者が同校が定める最低限の高校学習科目要件を 3 つの指定された分野のうち少なくとも 2 つで上回っていると、0.1 ポイントが加点される。出願者の AI の最高値は 4.1 であり、これはマトリックス表における 410 にあたる。University of Texas at Austin — Investigation of Admission Practices and Allegations of Undue Influence, Summary of Key Findings, Final Report to the Office of the Chancellor of the University of Texas System, at 30（February 6, 2015）（Report by the Kroll law firm）, available at https://www.utsystem.edu/sites/default/files/assets/kroll-investigation-admission-practices.pdf.

40) Affidavit of Kedra B. Ishop, Exhibit C, Defendants' Statement of Facts, Tab 7, Fisher v. University of Texas at Austin（U. S. Dist. Ct. W. Tex.）, *available* at https://utexas.app.box.com/s/qbpnszm3zqnr5mao7yw6y1fg9egmimur（Defendants' Statement of Facts.pdf ファイルのうち、USCA5 1934 というページにある）。

277

第4章　米国の大学入学者選抜と Holistic Review
——日本の多面的・総合的な評価への示唆——

樫田　豪利・田中　光晴・宮本　友弘 (東北大学)

1.　はじめに

1.1　日本が志向する多面的・総合的な評価

　日本で現在進められている大学入学者選抜改革の主眼は、受験生の「学力の3要素」について多面的・総合的に評価する入試に転換することにある（文部科学省、2017）。この点について、今回の改革の端緒となった中央教育審議会（2014）の「新しい時代にふさわしい高大接続の実現に向けた高等学校教育、大学教育、大学入学者選抜の一体的改革について〜すべての若者が夢や目標を芽吹かせ、未来に花開かせるために〜（答申）」では次のように述べている。「特に、18歳頃における一度限りの一斉受験という特殊な行事が、長い人生航路における最大の分岐点であり目標であるとする、我が国の社会全体に深く根を張った従来型の「大学入試」や、その背景にある、画一的な一斉試験で正答に関する知識の再生を一点刻みに問い、その結果の点数のみに依拠した選抜を行うことが公平であるとする、「公平性」の観念という桎梏は断ち切らなければならない。……既存の「大学入試」と「公平性」に関する意識を改革し、年齢、性別、国籍、文化、障害の有無、地域の違い、家庭環境等の多様な背景を持つ一人ひとりが、高等学校までに積み上げてきた多様な力を、多様な方法で「公正」に評価し選抜するという意識に立たなければならない。」（中央教育審議会、2014：7-8）。ここでいう「高等学校までに積み上げてきた多様な力」が「学力の3要素」、「多様な方法で「公正」に評価する」が「多面的・総合的な評価」に帰着したといえよう。

第 III 部　海外における多面的・総合的評価の取組み

　具体的な入試の課題として、文部科学省（2017）は、一般入試については、①出題科目が1〜2科目に限定されている場合がある、②記述式問題の出題を実施していない場合があり、実施している場合でも、複数の情報を統合し構造化して新しい考えをまとめる能力などの評価は十分でない、③「話すこと」「書くこと」を含む英語4技能を総合的に評価する必要がある、としている。また、ＡＯ入試や推薦入試については、「知識・技能」や「思考力・判断力・表現力」を問わないものとして受け取られ、本来の趣旨・目的に沿っていない面があり、入学後の大学教育に円滑につなげられていない、としている。こうした認識に基づき、学力3要素の多面的・総合的な評価という観点からの改善策が示された。

1.2　本章の目的

　上記した中央教育審議会（2014）の答申を契機に、各大学は、多面的・総合的な評価に向けての準備に取り組み始めた。そこには、大きく二つの方向がみられた。

　一つは、「学力の3要素」を多面的・総合的に評価するための方法・技術の研究開発である。例えば、アドミッション・ポリシーの整備（植野、2017）、「主体性をもって多様な人々と協働して学ぶ態度」の評価法（西郡他、2016；山路他、2017）、ICTを活用した出願・出題（西郡他、2016；西郡他、2017；井上他、2017）、などがある。

　もう一つは、多面的・総合的な評価の先行事例として、米国のHolistic Reviewを参照するものである。例えば、大阪大学高等教育・入試研究開発センター（2016）は、主催の国際セミナーにおいて米国オレゴン大学の入試部長を招聘し、Holistic Reviewについての講演を行っている。また、民間企業においても、米国から学ぶといった観点からの報告がなされている（相川、2016；中田、2016など）。

　このうち、本章では後者について検討したい。米国のHolistic Reviewについては、具体的な方法を中心に紹介されることが多い。しかし、上

記 1.1 で示した通り、今回の入試改革は、日本社会に根差した大学入試
や公平性に対する価値観の転換に動機づけられている。そうした動機か
らの「学力の 3 要素の多面的・総合的な評価」である。翻って、米国の
Holistic Review についてのこれまでの報告をみる限り、Holistic Review
をなぜ行うかの根本的な理由が見えてこない。大学入試に対する根本的
な価値観を考慮せずに方法論のみを参照しても、日本の現実に適する情
報を得ることはできないであろう。ましてや、無批判にそのまま借用す
ることはあってはならない。

　本章では、こうした意識のもと、米国における Holistic Review につい
て訪問調査結果を交えながらあらためて検討し、日本が向かおうとする
多面的・総合的な評価との異同や示唆を導出したい。

2.　米国における Holistic Review

2.1　Holistic Review の概要

　ここでいう "Holistic" とは受験生の「全体像」を意味する。Holistic
Review あるいは Holistic Admission とは、学業成績にとどまらず、経
験、属性などを含めて受験生の人物全体を評価することである。米国の
大学であっても、アイビー・リーグなど、選抜性の高い名門大学におい
て採用されている（田中、2014）。

　その起源は、ロバーツ・竹内（2017）によれば 1920 年代に遡る。当
時、学力だけをみる入試を行っていたアイビー・リーグでは、優秀なユ
ダヤ系の学生やカトリックの学生が高得点を取り、入学者に占める割合
が増加した。アイビー・リーグの関係者は、大学を WASP 以外の学生
に乗っ取られると危惧し、レガシー（Legacy：親や親戚が卒業生である
者）など上流階級の白人に有利な学力以外の特性も考慮する Holistic
Admission を考案するに至ったという。これにより、どんなに学力テス
トで高得点を取ろうとも、「校風に合わない」という理由で不合格にす
ることが可能となった。その後、時間がたつにつれて「個性を尊重す
る」あるいは「多様性による教育の活性化」などのスローガンのもと、

第 III 部　海外における多面的・総合的評価の取組み

他の名門大学も採用するようになった。

　また、ロバーツ・竹内（2017）によれば、Holistic Admission では、貧困階層出身者、親が大卒ではなく大学に初めて進学する世代（First Generation という）、運動や芸術の優れた才能、リーダーシップ、ボランティア活動などの地域コミュニティへの貢献、ユニークな人生経験、レガシーであることが有利とされる。さらに、Affirmative Action という積極的差別是正措置により人種を考慮し、マイノリティ人種の入学を優先する大学もある。

　Holistic Review においての具体的な評価対象は、アプリケーションの記載内容である。アプリケーションについては次項で詳しく述べる.

2.2　米国の入試制度と共通アプリケーション

　米国の難関大の入試には Holistic Review が選抜の手法として取り入れられている。日本で近年進められている「多面的・総合的」な入試改革の流れを相対的に観察する上で、Holistic Review という考え方が、どのように具体的なツールに落とし込まれ、システム化されているのかを知ることは有意義である。本節では、簡単に米国の入試制度の概要を押さえ、コアリションを含むアプリケーションについて検討してみたい。

2.2.1.　アメリカの入試の概要

　National Center for Education Statics の Digest of Education Statistics 2015 51st Edition[1)] によると、米国の高等教育機関は、まず学位授与機関（Degree-granting institutions）と非学位授与機関（Non-degree-granting institutions）に分けられる。学位授与機関は、2 年制の College と 4 年制の College に分けられる。

　アメリカの大学入試には、開放型（Open）、一定基準以上選抜型（Selective）、競争型（Competitive）の 3 つに分かれるが（金子、1986：455-456）、4 年制 College において競争型は上位 15%、一定基準以上選抜型は 70% で、その他は開放型とされる（荒井、2005）。2 年制 College においては開放型をとる大学が多数である。この度の調査訪問校は、い

282

ずれも競争型に位置づけられる大学であった。

　米国における入試手続きについて概要を押さえておきたい。アメリカの入試は、各大学の定めた入学要件にしたがって入学者が選抜されており、全州を統一するような枠組みはない。日本でもよく知られているように、多くの大学は、SAT（Scholastic Assessment Test）や ACT（American College Test Program）のスコア、Essay、推薦状などを提出書類としている。また、オンライン出願が進んでおり、出願書類（Application Form）の共通化が図られ、一般的に受験者はこの共通フォームを用いて複数の大学に併願するのが常である。

　各大学により出願要件が異なるため、一様に述べることはできないが、おおよそ、志願者は、入学を希望する大学の出願要件に合わせ、高等学校の学業成績、教師などからの推薦状、学力診断テスト（SAT や ACT など）のスコア、小論文の提出が求められる。この他、大学関係者（OB、OG なども含む）による面接などが行なわれるケースもある。アメリカの大学ではこれらの情報をアドミッションズ・オフィサーが総合的に判断し入学者を決定することが特徴である。National Association for College Admission Counseling[2]（以下、NACAC）によれば、各大学が入学者選抜において「かなり重視する」と答えた項目は、「大学進学予備コース（College prep Courses）の成績」が 79.2% で最も高く、次いで「高校での全授業での成績」（60.3%）、「ハイレベルな授業の履修歴」（60.2%）、「アドミッションテスト（SAT、ACT）」（55.7%）、「エッセー・論述」（22.1%）、「カウンセラーの推薦」（17.3%）であった（NACAC、2015：17）。

　出願時期は、早期入試と一般入試に分けられる[3]。早期入試の場合、おおよそ 11 月上旬に願書が締め切られ 12 月中には合否通知が出される。一般入試の場合は 12 月上旬から入学審査が始まり 1 月上旬に願書を締め切り、合否通知は 4 月頃となる。

　以上のように出願手続きや書類も多岐にわたり、受験者にはこれらをひとつひとつ把握することが求められる。SAT を主催する非営利団体

第 III 部　海外における多面的・総合的評価の取組み

である The College Board では、受験生のための準備チェックリストを提供しており、細かく出願までの流れが紹介されている[4]。

2.2.2.　共通化されたアプリケーション

受験者にとって大学毎に異なった書式の出願書類をそれぞれの大学ごとに準備することの負担は大きい。

この負担を軽減することを目的に、40 年前から出願のオンライン化、書式の共通化が進んでいる。志願者はオンラインで出願に関する情報をシステム内の個人エリアに入力すると、再入力せずに同じ情報を各大学への出願に使用・提出することができる。

The Common Application（以下、CA）は、The Common Application という非営利団体が運営する共通オンライン出願システムであり、1975年に創設された。2017 年 9 月現在、747 大学がこのアプリケーションによる出願を受け入れている。CA の目的は「大学の出願プロセスにおける公平性、アクセス性、完全性を促進する信頼性の高いサービスの提供」であるとされる。

2007 年には、営利団体の Applications Online 社が The Universal College Application（以下、UCA）を開発した。2017 年 9 月現在その受入れ機関は 23 である。

2016 年には特に全米の難関大学が CA の代替として The Coalition for Access、Affordability and Success（以下、Coalition）を開発した。2017年 9 月現在、113 の加盟があり、2018/ 2019 年度入試では、19 校追加され、132 となる予定である。

Coalition での出願を受け入れるためには、Coalition という大学連合体に加盟しなければならないが、この加盟には、最近 6 年間の卒業率が70% を超えること、低所得学生の割合が 20% 以上であることなど、一定の基準が設けられている[5]。

以上 3 つが代表的な共通フォームである。CA の特徴はなによりもまずその受入れ大学の多さである。CA を使用しての出願のみ受け入れている大学（排他的ユーザー）も多く存在する。また、CA の歴史は古い

ためほとんどの高等学校の教師やガイダンスカウンセラーが CA につい
て指導することができるという。

　これに対し UCA は比較的最近開発されたフォームであるが、CA と
非常によく似ている。Holistic Review の観点で言えば、アドミッション
ズ・オフィサーが志願者の作成した制作物や映画のようなオンラインコ
ンテンツへのアクセスが可能で、より多くの情報量を閲覧することがで
きる。ただし、UCA による出願を受けいれている大学は CA による出
願も受け入れている場合がほとんどであるため、よほど進学したい大学
が決定している場合を除いては UCA を活用する意義は薄まる。

　Coalition に特徴的なものは、高校の時からの教材や成果物をクラウド
上に保存できる The Locker というサービスを提供している点である。
ポートフォリオのようなものを想像すればわかりやすいが、本人以外の
人間が個人の The Locker にアクセスすることはできない。その代り、
Collaboration Space という別のシステムを利用し、The Locker の中身を
他の人と共有することができる。これを通じて受験生同士やアドミッ
ションズ・オフィサーなどと意見交換することが可能だという。
Holistic Review という観点も強く意識されており、各種スコアのみなら
ず様々な活動実績を保存・活用することができる。

　これらの共通フォームは、大学が独自に設定することができる枠を
持っている。大学は、ここに短い質問や、追加のエッセイなど独自の課
題を課すことができる設計となっている。ちなみに各大学が複数のアプ
リケーションを受け入れていたとして、そのどちらか一方のフォームを
使用した志願者が他より優先されるということはない。表 2 に示した通
り、求められる記述内容についてはそれほど差が無い。

　今回の訪問調査した UCB と MIT では、共通アプリケーションのいず
れも受け入れていない。UCB を含む UC Schools では、UC application と
いう UC 独自のアプリケーションフォームを採用しており、MIT も同様
に My MIT という独自の出願フォームを有している[6]。

　UCB の担当者によれば、共通フォームは、「自分の大学が取りたい学

第 III 部　海外における多面的・総合的評価の取組み

表 2　米国における大学出願共通フォーム

	Common app	Coalition app	Universal College app
運営主体	Common application 社 非営利団体	大学連合体 非営利団体	Applications Online 社 営利団体
加盟大学	747 大学	113 大学	23 大学
内容項目	－ Profile Personal Information/Address/Contact Details/Demographics/Geography/Language/ Citizenship/Scholarship information/Common App Free Waiver － Family Household/Parent1/Parent2/Sibling － Education Current or Most Recent Secondary School/Other Secondary Schools/Colleges & Universities/Grades/Current or Most Recent Year Courses/Honors/Community-Based Organizations/Future Plans － Testing Test Taken（ACT, SAT/SAT Subject, AP, IB, TOEFL, PTE Academic, and IELTS） － Activities － Writing Personal Essay － College Require	－ Profile ・ Personal ・ Contact ・ Demographic ・ Citizenship ・ Family ・ High School ・ 9th -11th Grade Coursework ・ 12th Grade Coursework ・ College Information ・ College Coursework ・ SAT/ACT ・ Subject Test ・ English Proficiency ・ Financial Aid ・ Honors & Distinctions ・ Academic Interests ・ Extracurricular Activities	－ Payment Information － Personal Information － Family Information － Academic Information － AP/IB Test Scores － Standardized Test Information － Academic Distinctions － Extracurricular and Volunteer Information － Employment Information － Activity Description － Personal Statement － Multimedia Information － Additional Information － Discipline Information － Authorization
採用大	Stanford, Harvard	Stanford, Harvard	Harvard

生像を判別するのに適したフォームではない」ことが理由だという。MIT でも同様に、他の共通フォームについてよい印象を持っていなかった。

　米国の入試選抜は、Holistic Review の観点から、Coalition のように高校の活動実績を蓄積し（ポートフォリオ）、それを選抜資料として活用することに見られるように、志願者に対してより多くの情報を提供することを求める傾向がある。一方で、NACAC の調査にもあるように、大学が選抜の際重視するのは相変わらず各種テストのスコアであり、エッセーや活動実績などの重要度は相対的に低かった。

　SAT や ACT などのスコアのみによる選抜は行なわれていないが、スコアが一定以上とれる生徒ばかり出願してくるような競争型大学においては、スコアでは差がつかず、むしろその他の情報を活用し選抜を行な

第 4 章　米国の大学入学者選抜と Holistic Review

表 3　訪問調査対象大学の概要

	Stanford University	UC Barkly	Harvard University	MIT
訪問日	2017．3．16	2017．3．17	2017．3．20	2017．3．22
ヒアリング対象	教授（入試委員）	AO1 名	未実施	AO2 名
設立年	1891 年・私立	1868 年・州立	1636 年・私立	1861 年・私立
College & School	7	14	13	6
教員数	2153 名	1522 名	1741 名	1036 名
学生数	学部　7034 名 大学院　9880 名	学部　27126 名 大学院　10455 名	学部　6636 名 大学院　14192 名	学部　4524 名 大学院　6852 名
入試 （2016/ 2017） 志願者数 合格率 入学率	43997 名 4.8% 82.1%	82581 名 17.5% 43.3%	39506 名 5.2% 82.8%	20247 名 7.2% 73.5%
卒業率	93%	90.9%	97.5%	92.2%
QSrank2018 THErank1028	2 位 3 位	27 位 18 位	3 位 6 位	1 位 5 位

注 1　それぞれの数値は、各大学の Web サイトより引用、筆者作成。
注 2　ヒアリング対象の「AO」とはアドミッションズ・オフィサーを意味する。

い、大学の多様性を確保していると考えられる。この点について次節で詳しく見てみたい。

2.3　事例検討—大学訪問調査より

　筆者 3 名は、米国の入試制度及び Holistic Review を調査し、日本における「多面的・総合的」評価に向けた示唆を得るべく、2017 年 3 月に米国 4 大学に対し訪問調査を行ない 3 大学でヒアリング調査を行なった。訪問調査先と調査の概要については表 3 の通り。

　各大学では、入試関係者（アドミッションズ・オフィサーや学部の入試委員）に対し 1 時間程度ヒアリングを行なった。ヒアリングはあらかじめ質問項目を送付し、通訳を介し、半構造化インタビューで行なわれた。インタビュー・データは録音し、文字起こしを行なった。主な質問項目は表 4 の通りである.

　以下では、アドミッションズ・オフィスの体制、評価の観点、アド

第 III 部　海外における多面的・総合的評価の取組み

表 4　共通質問項目

1. 学部入学のマネジメントについて／2. 入試関連組織について／3. 選抜資料の使用について（GPA、推薦状、エッセイ、インタビュー等）／4. 入学手続きに関して／5. 選抜プロセスについて（基準、評価観点、採点システム等）／6. 優秀な人材確保の戦略について
7. 特別な人材のための入試枠組みの有無／8. 現在の入試制度の課題と今後の見通し

ミッションズ・オフィサーの研修について紹介する。

2.3.1.　アドミッションズ・オフィスの体制

アプリケーションで提出される大量の情報を読み込み、分類することがアドミッションズ・オフィサーに求められているが、どのように実施しているのだろうか。

前項で触れた共通アプリケーション・フォームのアカウントは 8 月から登録できる。MIT やスタンフォード大学の出願締め切りは Early Action では 11 月中旬、Regular Action では 12 月～1 月である。また、合否の通知は Early Action では 12 月中、Regular Action では 4 月中、入学するかどうかの返答は 5 月となっている。UCB では出願締め切りは 11 月 30 日、合否の通知は 3 月末までで、入学するかどうかの返答は 5 月 1 日となっている。単純に割り振ると、一日 200 名から 600 名ほどの書類を読むことになる。訪問調査で訪れた 3 月はまさに「読み込み」の時期であった。

この作業を行なうために、スタンフォード大学では 5 人一組の選抜委員会が数百準備され、一組が志願者 80 名ほどを担当する。選抜委員はアドミッションズ・オフィスと学部の推薦によって決められるとのことであった。委員となることは義務であり、「奉仕」と位置付けられている。選抜委員会の構成や各委員会への志願書の振り分けはアドミッションズ・オフィスが行ない、志願書の内容と選抜委員の専門性とをマッチングさせている。選抜委員会の構成には入試担当歴の豊富な人とそうでない人を組み合わせるだけではなく、分野のバランスも考慮している。なお、スタンフォード大学におけるアドミッションズ・オフィサーは選抜の最終決定には関与しない。アドミッションズ・オフィサーは、広報活動なども行なう専門職の位置付けであり、実務者として大学の組織、

スタンフォード大学の入試の特徴についてよく理解していることが求められる。マーケティングという点から志願者と年齢が近い若い人の方が望ましいとのことであった。

MIT のアドミッションズ・オフィスのスタッフは 24 人であるが、選抜の時期には 5〜10 名の臨時職員を雇用する。選抜の作業は 3 つのグループに分かれて分担して行なわれ、一つのグループは 6、7 名の担当者からなり、一人の担当者が担当する入学志願者は最低で 1000 人程度であり、重複しているとのことであった。志願者一人の評価にかける時間は 5〜10 分程度であるが、30〜40 分かけることもあり、その際、研修を受けた卒業生のボランティアによる志願者の生活環境（住んでいる地域の雰囲気や通学している学校について）についての調査結果や志願者とのインタビューに基づくレポートも参考にしているとのことであった。

UCB では、8 万人を超える志願者に対応するために、専任スタッフに加え、読込時期（reading season）だけは非常勤の外部評価者（external reader）を雇用している。外部評価者は、高校のガイダンス・カウンセラー、大学のアドミッションズ・オフィスの元職員などであり、専任スタッフが 40 人程度、外部評価者を含めると 100 人超の体制となる。専任スタッフは、カリフォルニア州、それ以外の他州、海外といった志願者の居住地域ごとに分担している。担当地域について、専門的な研修を受け、当該地域の教育事情等に精通している。志願者 1 名につき、担当者 2 名以上で読むため、一人あたり 1000 人近いアプリケーションを読むことになる。平均して 1 日最大 40 人ほどであるため、読込時期中は、自宅に引きこもって読むことになる。この作業のための閲覧システムがあり、同じ担当地域のチーム内では評価期間中に毎週ネットで会議を開き、今シーズンの状況や評価の仕方についての意見交換を行なっている。

なお、出願に際し、提出をもとめる SAT や ACT のスコアは正式なスコアを添付させるわけではなく、自己申告である。合格通知後に確認作

289

第 III 部　海外における多面的・総合的評価の取組み

業を行なうため、担当者によれば、虚偽の申告をするケースはほとんど
ないという（あった場合は入学許可取り消しとなる）。数万のアプリ
ケーションを処理する上での工夫を垣間見た。

2.3.2.　合否を決める視点

　米国では、複数の大学に同時に出願できることから、志望倍率は日本
と比べて高い値となる。また、各大学では過去の出願データ（SAT、
ACT や GPA の統計資料など）がネット上で提供されている。このよう
に受験者への情報提供の環境が整っているため、訪問した競争型大学で
は学びに必要な基礎学力が担保されている状態にあると思われる。した
がって、選抜において重視される条件は大学のアイデンティティに馴染
める人材であるかどうかという点に絞られてくる。そのような人材を見
抜くあるいは適切に評価できる専門家としての働きがアドミッション
ズ・オフィサーに求められている。また、大学の価値は、大学本体の社
会への貢献だけではなく、同窓生の社会への貢献、そしてそのネット
ワークの広がりにあると考えられているように感じる。

　入学許可者を決める際、日本では透明性、客観性に重きを置き、不合
格者が納得できる仕組みとなっている。一方で、訪問校では、その大学
の気風に合うのか、また、学年や大学全体としての学生の資質の多様性
が保たれているか、在学中や卒業後において大学への学生からの貢献が
期待できるかという視点に立っているようである。

　そのことについてスタンフォード大学のアドミッションズ・オフィ
サーは、「入学時点で優秀かどうかではなく、入学後、卒業後のことを
判断する。大学に対しどのような貢献ができるのかを見る。卒業した後
に活躍し母校を愛し、寄付金を送るような人物になるかどうかを見る。
卒業生のつながりが大学の付加価値であり、その組織を作っていくとい
う視点でも選抜を行なっている」と述べていた。

　MIT においても、「選考では一つの社会を作るという考えで MIT の目
的や文化（科学によって課題を解決するという考え方）にあった人物で
あるかどうかを大切にしている。言い換えれば、人を雇うときのような

感覚である。すなわち、MIT のコミュニティに合った人物であるのか、何をしようとしているのか、いままでに何をしてきたのかを評価する。その評価の際に、評価項目（筆者注―詳細は説明されなかった）ごとに評価をするが、その平均点は出さない。担当者は出願書類や資料のすべてに目を通し、活動実績からは学校外での様子を読み取り、推薦書からは学校でのクラス内での様子を読み取る。その評価は、レーティングやルーブリックで表現されるが、最終的には人間的な感覚で決定を行なっている。」とのことであった。また、「親が MIT 出身かどうかは他大学とは異なって影響しない。」とのことであった。大学の気風に合う学生を選ぶというスタンスは、スタンフォード大学も MIT も共通である。詳細は説明されなかったが、選抜に用いる評価基準について問うと、MIT では、スタンフォード大学で開発された選抜基準を参考に 20 年かけて独自に改良を重ねてきたものだとのことであった。

　UCB ではアドミッションズ・オフィスが、あくまで最終選抜に向けての周到な事前準備（プロファイル）が重要な役割の一つであることがうかがえた。MIT やスタンフォード大学と同様に「Barkley に合う学生をいかに選ぶかが重要」であるが、「最終的な決定は、各学部の選抜委員会（selection committee）で行なわれる」とのことであった。この選抜委員会は、学部の教授及びアドミッションズ・オフィスの上級スタッフから構成される。志願者は、出願の際、学部を選ぶ。アプリケーションは当該学部に回される。アドミッションズ・オフィスは、第一段階（評価する段階）であり、選抜委員会に対して提案（recommendation）するだけである。選抜委員会には、すべての志願者の情報を提出する。アプリケーションの評価の際、学部によって重視する条件が若干異なることもある。選抜にあたっては、カリフォルニア州の規定にも従っている。

　UCB の場合、アドミッションズ・オフィスのスタッフの第一の仕事が、8 万以上のアプリケーションの仕分けであること、そして、そこにスタッフの多大の労力がかけられている。UCB 独自のアプリケーションを一人一人丁寧に読み込んで、多面的・総合的な評価を行なっている

第 III 部　海外における多面的・総合的評価の取組み

とのことであった。しかしながら、量を考えるとにわかに信じがたく、仕分けするための何らかのメルクマールがあるように感じた。また、2年前から推薦状の使用を開始したことから、志願者の識別が難しい状況がうかがえる。多面的・総合的な評価を進めていくと、そのために必要な材料がますます増え、労力がますます増えていくことが示唆された。

スタンフォード大学の場合は、スタンフォード大学だからできる入試という印象が強い。受験者が優秀であることを前提に何か特別なことに秀でた学生を多数から「選べる」という強みだと思う。バランスやダイバーシティという単語はこの大学の受験の環境であれば意味をなす。高校との連携や入試が高校にどのような影響をおよぼすかということではなく、あくまでも大学の将来や、「投資」の対象として選抜を位置づけているような印象を受けた。アドミッションズ・オフィスが担う役割ではマネジメントの意味合いが大きいことがわかった。

2.3.3.　アドミッションズ・オフィサーの研修・育成について

アドミッションズ・オフィサーを養成する仕組みが大学にあり、専門職として認知されている。また、NACAC（https://www.nacacnet.org）が研修や養成のための教材の開発と販売、人的交流や研修のための大会を主催している。

UCB での非常勤雇用者への研修は、11 月の初旬から末までに行なわれる。研修の内容は、アドミッション・ポリシーから始まり、歴史、教授の研究、クラブ、イベント等の解説を通して、UCB の特徴を十分に理解してもらう。その上で、エッセイを読むポイント（どのような学生が UCB に合っているか）についての感覚を互いに共有するようにしている。

一方で、スタンフォード大学のように、個々の選考委員それぞれが、スタンフォード大学の校風を理解し、その観点から志願資料を判断できるという前提に立って、全ての判断を任せている大学もある。そのため、エッセイの評価は主観的だが委員間の評価の違いは十分に協議される。

292

3. おわりに

本章では、日本の「多面的・総合的」評価への示唆を得るべく、米国の入試制度と近年注目されている Holistic Review という概念に注目し、訪問調査での資料を基に検討してきた。

書類による審査が大きなウェイトを占める米国の入試選抜において、より多くの情報を書きこんでもらうことが必要となる。同時にそれは受験者への負担となるわけだが、Holistic Review という考え方がこれを正当化しているように思えた。実際、Holistic Review への批判として、WASP 優遇の口実だというものがある（竹内、2017：158）。上流階級の白人に有利な学力以外の特性も考慮する Holistic Review という見立てである。そこでは、「校風に合わない」ことが不合格の口実となる。

日本とアメリカの入試のあり方の違いがなぜ生じるのか、日本とアメリカの大学という組織の性質に対する感覚の違いを考える必要がある。日本の大学は教育を行うことによって技能・資質を付与し、人材を社会に供給することを目的とした活動を行なっている。そのため、どこで、どのような教育を受けたかに志願者は価値を見出している。

一方で、今回訪問したアメリカの大学では卒業しても同じ団体の構成員であるというアイデンティティを持った人材を育てることを目的として活動しているように見受けられた。そのことは選抜に関わる同窓会の存在に感じることができる。したがって志願者は、大学に入学することもさることながら、その同窓生に名を連ねることに価値を見出しているのではないだろうか。アドミッションズ・オフィサーが行なっていることは、大学にとって、次の世代の同窓生を「スカウト」していると言えるのではないだろうか。この点が日本における入試との相違点となって現れているように思われる。

第 1 節でみたように日本における「多面的・総合的」評価と第 2 節でみた Holistic Review は表面的には、受験者を既存のスコアのみに頼らずより多くの情報をもって全人的に評価するという点で共通する部分がある。しかし、日本では結果的に「多面的・総合的」な評価を「公正」に

第 III 部　海外における多面的・総合的評価の取組み

行なうことが求められるがゆえに、しばしば点数化や標準づくりが問題
となる。一方、米国における Holistic Review は、一部の競争型大学にお
いて、スコアでは差がつかないという前提から、「学内環境の多様性」
を確保することやその大学の校風にあった学生を選抜するという目的を
達成するために用いられていることがわかった。そして最終的な評価に
ついても必ずしも点数化されていなかった。

　外国の事例紹介が政策的に都合の良い形で本来の趣旨とは違った形に
翻訳され現場を翻弄することはよくある。議論を国内にとどめず相対的
な視点から検証することは重要なことだが、ある教育要素を導入する借
用国の政策目的が貸与国の元来の導入目的と顕著に異なる場合、借用国
の政策決定者はその要素に絡む貸与国の教育制度・方法を正確にコピー
しようとするのではなく、その要素のみを借用しようと決断する。この
場合、そこで構想される教育制度・方法は、その模倣国の制度・方法と
似ても似つかないものになることがある（田中、2005：7）。我々はこの
点に十分に注意しながら、入試改革の議論を進めるべきではないだろう
か。

【付記】
　本稿のうち、宮本が 1 と 2. 1 を、田中が 2. 2 を、樫田が 2. 3 を、3 を樫田と田中が
執筆した。

【注】
1)　"Digest of Education Statistics 2015 51st Edition"、https://nces. ed. gov/pubs2016/
　　2016014.pdf（2017 年 9 月アクセス）
2)　NACAC（全米大学アドミッション・カウンセリング協会）は、大学のアド
　　ミッションズ・オフィサーと高校のガイダンス・カウンセラー、教育コンサル
　　タントなどが加盟する専門職団体である。
3)　NACAC による定義は以下を参照のこと.
　　https://www.nacacnet.org/globalassets/documents/publications/research/soca17final.pdf

第 4 章 米国の大学入学者選抜と Holistic Review

4) The College Board web サイト https://www.collegeboard.org/（2017 年 9 月アクセス）

5) The Coalition for Access、Affordability and Success Web サイト、http://www.coalitionforcollegeaccess.org/eligibility-criteria.html（2017 年 9 月アクセス）

6) MyMIT Web サイト https://my.mit.edu/uaweb/login.htm（2017 年 9 月アクセス）

7) 二宮皓（1996）「比較教育学の研究法」、吉田正晴『比較教育学』、福村出版、27-28 頁。尚、教育借用の理論的考察については、田中正弘（2005）「教育借用の理論—最新研究の動向—」『人間教育』第 41 号、29-39 頁を参照されたい。

【引用文献】

相川秀希（2016）．アメリカの先行モデルから学ぶ高大接続システム改革：米国の高大接続カンファレンス：NACAC（National Association for College Admission Counseling）大学マネジメント、12(3)、31-40.

アキ・ロバーツ・竹内洋（2017）．アメリカの大学の裏側「世界最高水準」は危機にあるのか？朝日新聞出版

荒井克弘編著（2005）．高校と大学の接続—入試選抜から教育接続へ、玉川大学出版部.

中央教育審議会（2014）．新しい時代にふさわしい高大接続の実現に向けた高等学校教育、大学教育、大学入学者選抜の一体的改革について（答申）（中教審第 177 号）http://www.mext.go.jp/b_menu/shingi/chukyo/chukyo0/toushin/1354191.htm（2017 年 9 月 26 日）.

井上敏憲・中村裕行・前村哲史・植野美彦・立岡裕士・岡本崇宅・大塚智子（2017）．四国地区国立 5 大学共通のインターネット出願と多面的・総合的評価への取り組み 大学入試研究ジャーナル、27、91-96.

金子忠史（1986）．アメリカ—大学入学決定における多様性と統合化、中島直忠編著、世界の大学入試、時事通信社、1986 年、450-478.

文部科学省（2017）．高大接続改革の実施方針等の策定について（平成 29 年 7 月 13 日）http://www.mext.go.jp/b_menu/houdou/29/07/1388131.htm（2017 年 9 月 26 日）.

NACAC（2015）．*State of College Admission*.

中田麗子（2016）．「大学での成功」を予測する？〜アメリカの大学アドミッションから学ぶ ベネッセ教育総合研究所 http://berd.benesse.jp/assessment/opinion/index2.php?id = 4843（2017 年 9 月 26 日）.

西郡大・園田泰正・兒玉浩明（2016）．「多面的・総合的評価」に向けた佐賀大学の入試改革 大学入試研究ジャーナル、26、23-28.

西郡大・山口明徳・松高和秀・長田聡史・福井寿雄・高森裕美子・園田泰正・児玉浩明（2017）．デジタル技術を活用したタブレット入試の開発：多面的・総合

第 III 部　海外における多面的・総合的評価の取組み

的評価に向けた技術的検討　大学入試研究ジャーナル、27、63-69.

大阪大学高等教育・入試研究開発センター（2016）.「大阪大学高等教育・入試研究開発センター発足記念国際セミナー—多面的・総合的入学者選抜の最前線—」報告書 https://www.chega.osaka-u.ac.jp/uploads/2016/10/6e47c1b0fd4d055f6acf1469 3774080c.pdf（2017 年 9 月 26 日）

高見茂・西川潤（2017）. 米国の公立大学における Dual Enrollment による高大接続の展開とその意義—ニューヨーク市立大学の CollegeNow プログラムを事例として—、京都大学大学院教育学研究科紀要、63 号、421-444.

田中正弘（2005）.「教育借用の理論—最新研究の動向—」『人間教育』第 41 号、29-39.

田中義郎（2014）. ホリスティック入学選考の時代　アルカディア学報、No. 564. https://www.shidaikyo.or.jp/riihe/research/564.html（2017 年 9 月 26 日）

植野美彦（2017）. 徳島大学生物資源産業学部の個別選抜改革：高大接続改革実行プランを受けた多面的・総合的評価の設計と実施　大学入試研究ジャーナル 27、1-7.

山路浩夫・椿美智子・髙谷真弓（2017）. 多面的・総合的評価の実現に向けた追跡調査・分析の試み　大学入試研究ジャーナル、27、15-22.

おわりに

宮本　友弘・石井　光夫（東北大学）

　現在進められている高大接続改革において、個別大学の入試には、"大学入学共通テスト（以下、新共通テスト）の活用"と"多面的・総合的な評価への転換"、という2つの課題が突きつけられている。このうち、前者は文部科学省が主導しているため、各大学の裁量の自由度は、後者に比べはるかに小さい。また、新共通テストにはまだ未確定の部分が多い。そのため、各大学は新共通テストの動向と対応に心を砕いている。

　新共通テストに対しては、一般に、新機軸として打ち出された記述式問題の導入と民間の英語4技能試験の活用が論点となりやすい。本書の第II部の各論考で示されている通り、高校現場の関心の多くはそこに向けられている。本年度の11月には、試行調査（プレテスト）が実施され、また、大学入学共通テストで活用する英語外部検定試験の選定要件（大学入試英語成績提供システム参加要件）が公表されたりするなど、その全貌が明らかになりつつある中、そうした傾向はますます強まっている。

　しかしながら、第I部第3章の倉元論文では、新共通テストがもたらす別の重大な問題を指摘した。記述式問題の採点により大学入試センターからの各大学への新共通テストの結果通知は現状よりも1週間遅れるため、東北大学のセンター試験を利用するAO入試の実施が困難になるという。入試改革の先導的な取り組みとして高い評価を受けてきた東北大学の入試設計が、あろうことか、高大接続改革において危機にさらされるという皮肉な状況に至っている。この危機を乗り切るために、筆者らを含め、東北大学の入試スタッフは腐心している。

倉元論文では、現場のあらゆる努力を灰燼に帰す結果を「重要なディテール」と表現しているが、東北大学の「日程問題」と同様に、新共通テストを活用することによって、各個別大学には、これまで想定してこなかった重要なディテールが精鋭化する可能性が十分にある。

　一方、多面的・総合的な評価への転換に向けては、各大学の独自性が色濃く発揮される。それだけに各大学の見識や力量が試されることになる。第Ⅰ部第4章の西郡論文の副題に、"地方国立大学の挑戦" とあるが、まさにこの状況を物語っている。

　第Ⅲ部では海外の事例がいくつか紹介されたが、いずれの国においても、入試の設計に腐心し、意匠を凝らしながらも、折り合いをつけている状況が理解できる。倉元が提示した「妥協」の原則にも通ずる状況といえよう。入試に万能薬はなく、試行錯誤することは万国共通といえる。この意味で、海外の事例を参照しつつも、各大学は総力を挙げて「挑戦」することが重要といえる。

　高大接続改革をめぐる混とんとした状況において、本書が、それを乗り越えるための何らかを示唆を与えられるならば、幸甚である。

執筆者一覧

花輪　公雄（東北大学理事［教育・学生支援・教育国際交流担当］／
　　　　　　　　　　　　高度教養教育・学生支援機構長）

石井　光夫（東北大学高度教養教育・学生支援機構教授）

宮本　友弘（東北大学高度教養教育・学生支援機構准教授）

山地　弘起（独立行政法人大学入試センター研究副統括官）

島田　康行（筑波大学人文社会系教授）

倉元　直樹（東北大学高度教養教育・学生支援機構教授）

西郡　　大（佐賀大学アドミッションセンター教授）

阿部　　淳（秋田県立湯沢高等学校校長）

清水　和弘（福岡大学附属大濠中学校・高等学校副校長）

秦野　進一（東北大学高度教養教育・学生支援機構特任教授）

鈴木　　誠（北海道大学高等教育推進機構教授）

木南　　敦（京都大学大学院法学研究科教授）

樫田　豪利（東北大学高度教養教育・学生支援機構特任教授）

田中　光晴（東北大学高度教養教育・学生支援機構講師）

企画　編集担当　　宮本　友弘
　　　　　　　　　田中　光晴
企画担当　　　　　石井　光夫
　　　　　　　　　関内　　隆
　　　　　　　　　（東北大学高度教養教育・学生支援機構特任教授）

個別大学の入試改革

Reforms in admission systems
at individual universities

© 東北大学高度教養教育・学生支援機構 2018

2018 年 3 月 20 日　初版第 1 刷発行

編　者　東北大学高度教養教育・学生支援機構

発行者　久道 茂

発行所　東北大学出版会

　　　　〒 980-8577　仙台市青葉区片平 2-1-1
　　　　TEL：022-214-2777　FAX：022-214-2778
　　　　http://www.tups.jp　E-mail:info@tups.jp

印　刷　亜細亜印刷株式会社

　　　　〒 380-0804　長野市三輪荒屋 1154
　　　　TEL：026-243-4858 ㈹　FAX：026-241-0674

ISBN978-4-86163-306-5　C3037
定価はカバーに表示してあります。
乱丁、落丁はおとりかえします。

JCOPY ＜出版者著作権管理機構 委託出版物＞

本書の無断複製は著作権法上での例外を除き禁じられています。複製される場合は，そのつど事前に，出版者著作権管理機構（電話 03-3513-6969，FAX03-3513-6979，e-mail: info@jcopy.or.jp）の許諾を得てください。

「高等教育ライブラリ」の刊行について——

　東北大学高等教育開発推進センターは高等教育の研究開発、全学教育の円滑な実施、学生支援の中核的な役割を担う組織として平成16年10月に設置された。また、本センターは平成22年3月、東北地域を中心に全国的利用を目指した「国際連携を活用した大学教育力開発の支援拠点」として、文部科学省が新たに創設した「教育関係共同利用拠点」の認定を受けた。この拠点は大学教員・職員の能力向上を目指したFD・SDの開発と実施を目的としている。

　本センターはその使命を果たすべく、平成21年度までに研究活動の成果を東北大学出版会から9冊の出版物として刊行し、広く社会に公開・発信してきた。それはセンターを構成する高等教育開発部、全学教育推進部、学生生活支援部の有機的連携による事業で、高大接続からキャリア支援に至る学生の修学・自己開発・進路選択のプロセスを一貫して支援する組織活動の成果である。これらの出版は高等教育を専門とする研究者のみならず、広く大学教員や高校関係者さらには大学教育に関心を持つ社会人一般にも受け入れられていると自負しているところである。

　そうした成果を基盤として、共同利用拠点認定を機に、活動成果のこれまでの社会発信事業をより一層組織的に行うべく、このたび研究活動の成果物をシリーズ化して、東北大学高等教育開発推進センター叢書「高等教育ライブラリ」の形で刊行することとした次第である。「高等教育ライブラリ」が従来にもまして、組織的な研究活動成果の社会発信として大学関係者はもとより広く社会全体に貢献できることを願っている。

　　　　　　　　　　平成23年1月吉日　木島　明博（第3代センター長）

高等教育の研究開発と、教育内容及び教育方法の高度化を推進する

高等教育ライブラリ

東北大学高等教育開発推進センター
東北大学高度教養教育・学生支援機構

■高等教育ライブラリ1

教育・学習過程の検証と大学教育改革

2011 年 3 月刊行　A5 判／定価（本体 1,700 円＋税）

■高等教育ライブラリ2

高大接続関係のパラダイム転換と再構築

2011 年 3 月刊行　A5 判／定価（本体 1,700 円＋税）

■高等教育ライブラリ3

東日本大震災と大学教育の使命

2012 年 3 月刊行　A5 判／定価（本体 1,700 円＋税）

■高等教育ライブラリ4

高等学校学習指導要領 vs 大学入試
—— 高等教育の規定要因を探る ——

2012 年 3 月刊行　A5 判／定価（本体 1,700 円＋税）

■高等教育ライブラリ5

植民地時代の文化と教育 —— 朝鮮・台湾と日本 ——

2013 年 3 月刊行　A5 判／定価（本体 1,700 円＋税）

■高等教育ライブラリ6

大学入試と高校現場 —— 進学指導の教育的意義 ——

2013 年 3 月刊行　A5 判／定価（本体 2,000 円＋税）

■高等教育ライブラリ7

大学教員の能力 —— 形成から開発へ ——

2013 年 3 月刊行　A5 判／定価（本体 2,000 円＋税）

■高等教育ライブラリ 8

「書く力」を伸ばす —— 高大接続における取組みと課題 ——

2014 年 3 月刊行　A5 判／定価（本体 2,000 円 + 税）

■高等教育ライブラリ 9

研究倫理の確立を目指して —— 国際動向と日本の課題 ——

2015 年 3 月刊行　A5 判／定価（本体 2,000 円 + 税）

■高等教育ライブラリ 10

高大接続改革にどう向き合うか

2016 年 5 月刊行　A5 判／定価（本体 2,000 円 + 税）

■高等教育ライブラリ 11

責任ある研究のための発表倫理を考える

2017 年 3 月刊行　A5 判／定価（本体 2,000 円 + 税）

■高等教育ライブラリ 12

大学入試における共通試験の役割

2017 年 3 月刊行　A5 判／定価（本体 2,100 円 + 税）

■高等教育ライブラリ 13

数理科学教育の現代的展開

2018 年 3 月刊行　A5 判／定価（本体 2,100 円 + 税）

■高等教育ライブラリ 14

個別大学の入試改革

2018 年 3 月刊行　A5 判／定価（本体 3,200 円 + 税）

東北大学出版会

〒 980-8577　仙台市青葉区片平 2-1-1

電話　022-214-2777　FAX　022-214-2778

URL : http://www.tups.jp　E-mail : info@tups.jp

東北大学高等教育開発推進センター編　刊行物一覧

「学びの転換」を楽しむ　―東北大学基礎ゼミ実践集―
A4 判／定価（本体 1,400 円＋税）

大学における初年次少人数教育と「学びの転換」
―特色ある大学教育支援プログラム（特色 GP）東北大学シンポジウム―
A5 判／定価（本体 1,200 円＋税）

研究・教育のシナジーと FD の将来
A5 判／定価（本体 1,000 円＋税）

大学における学生相談・ハラスメント相談・キャリア支援
―学生相談体制・キャリア支援体制をどう整備・充実させるか―
A5 判／定価（本体 1,400 円＋税）

大学における「学びの転換」とは何か
―特色ある大学教育支援プログラム（特色 GP）東北大学シンポジウム II ―
A5 判／定価（本体 1,000 円＋税）

ファカルティ・ディベロップメントを超えて
―日本・アメリカ・カナダ・イギリス・オーストラリアの国際比較―
A5 判／定価（本体 1,600 円＋税）

大学における「学びの転換」と言語・思考・表現
―特色ある大学教育支援プログラム（特色 GP）東北大学国際シンポジウム―
A5 判／定価（本体 1,600 円＋税）

学生による授業評価の現在
A5 判／定価（本体 2,000 円＋税）

大学における「学びの転換」と学士課程教育の将来
A5 判／定価（本体 1,500 円＋税）